全局谈判

合力布局价值共创与分享

胡定成 _ 著

中信出版集团 | 北京

图书在版编目（CIP）数据

全局谈判：合力布局价值共创与分享 / 胡定成著 .
北京：中信出版社，2024.11. -- ISBN 978-7-5217
-6981-4

Ⅰ.F715.4
中国国家版本馆 CIP 数据核字第 2024BH7184 号

全局谈判：合力布局价值共创与分享

著者： 胡定成
出版发行： 中信出版集团股份有限公司
（北京市朝阳区东三环北路 27 号嘉铭中心　邮编　100020）
承印者： 北京通州皇家印刷厂

开本：880mm×1230mm　1/32　　印张：11.5　　字数：234 千字
版次：2024 年 11 月第 1 版　　　　印次：2024 年 11 月第 1 次印刷
书号：ISBN 978-7-5217-6981-4
定价：79.00 元

版权所有·侵权必究
如有印刷、装订问题，本公司负责调换。
服务热线：400-600-8099
投稿邮箱：author@citicpub.com

目录

推荐序
前　言

第一章
概说谈判

到底什么是谈判 _003

对谈判的常见误解 _021

谈判改变历史 _024

谈判成就商业 _026

国际知名谈判方法论 _028

第二章
谈判的基本模型

和谈判相关的经济学概念 _039

谈判的三大要素 _041

谈判的基本模型 _044

基于谈判模型的四大推论 _064

我们应该如何对待谈判 _074

第三章
商业谈判的核心策略

商业谈判的价值 _081

商业谈判的分类 _086

分配式谈判的核心策略 _088

共创式谈判的核心策略 _106

谈判的四重境界 _119

第四章
商业谈判"八步法"

分　析 _ 128

计　划 _ 138

准　备 _ 144

开　场 _ 147

提　议 _ 153

反　馈 _ 156

磋　商 _ 160

成　交 _ 165

第五章
商业谈判礼仪

礼仪的内涵和原则 _ 171

商务会议礼仪 _ 173

商务宴请礼仪 _ 182

商务交谈礼仪 _ 186

商务通信礼仪 _ 192

第六章
商业谈判实务

采购谈判 _ 201

销售谈判 _ 216

开发投资谈判 _ 224

资产交易谈判 _ 229

并购谈判 _ 235

建设工程谈判 _ 244

租赁谈判 _ 251

聘用谈判 _ 255

欠款催收谈判 _ 261

第七章
如何与不同的相关方谈判

如何与强势的对手谈判 _268

如何与弱势的对手谈判 _270

如何与政府机构谈判 _272

如何与上司谈判 _274

如何与下属谈判 _277

如何进行跨部门谈判 _281

如何与朋友谈判 _282

如何进行跨国谈判 _284

第八章
如何化解谈判难题

如何吸引对方到谈判桌前 _291

如何驱离纠缠不休的谈判对手 _293

如何得体地拒绝对方 _294

如何进行高风险事项的谈判 _298

如何突破谈判僵局 _302

第九章
商业谈判之"忌"

谈判心态之"忌" _307

谈判计划之"忌" _310

谈判实施之"忌" _314

谈判礼仪之"忌" _318

合同订立之"忌" _320

第十章
商业谈判之"力"

商业谈判中的硬实力 _323

商业谈判中的情绪力 _328

商业谈判中的认知力 _332

商业谈判中的影响力 _338

商业谈判中的关系力 _341

结　语

致　谢

推荐序

二十年前，我在香港和胡定成先生首次见面，当时我担任一家跨国工程咨询公司交通业务亚洲区总裁，正在寻找一名具有国际视野的中国专业人士来领导中国区交通业务。我认定胡先生就是我要找的人。他在我的领导下工作了十多年，而我们的友谊也一直延续至今。

胡先生和他的团队在上任后不久就拿下了公司在中国的第一个高速铁路项目，随后又拿下了更多项目。他是一个自驱力很强的人，不需要我的太多督导就能每年取得出色的业绩。我们真的很享受一起工作的时光。

胡先生取得优良绩效的一个重要原因是他非凡的谈判技能。在与客户、合作伙伴和国际团队成员打交道时，他能够解决许多棘手难题。例如，由于巨大的文化冲击以及与当地伙伴之间的冲突，一位来自欧洲的总咨询师在到达项目现场开始工作仅一个月就提出辞职，这立即给项目带来了危机。通过与这位专家进行坦诚的沟通，胡先生成功地把他留在了公司，并把他派到另一个项目担任技术专家（事后证明他在这个岗位上表现得非常出色）；同时，在公司全球兄弟办公室的支持下，胡先生迅速委任了另一位国际专家担任总咨询师，这位国际专家后来被证明是一位强有力的项目领导者。

胡先生对高效能人际互动有着无与伦比的热情。在过去的二十多年里，他一直潜心研究和实践商业谈判，最终建立了一个严谨而实用的"全局谈判"方法框架，这正是这本书的核心内容。我特别喜欢他的俯观全局、体察各方需求的理念，这确实是成功谈判和强大领导力的秘诀。

在当今高度互联、互赖的商业世界中，谈判无疑是商业人士不可或缺的核心技能，不但在与客户和商业伙伴打交道时需要，而且在与上级、下属和同事共事时也需要。

我衷心祝贺胡先生的这本优秀著作的出版，相信读者能从中收获关于高效能协作与建设性关系的宝贵智慧和方法论。

马丁·E. 巴赫曼

（Martin E. Bachmann）

瑞士玛格巴集团（Mageba Group）首席执行官

前言

我与谈判的"不解之缘"

21世纪初,中国发生了一件大事——加入世界贸易组织(WTO),同时我也做了一个我这辈子最纠结也最正确的决定——放弃央企处级领导岗位,到加拿大麦吉尔大学攻读工商管理硕士(MBA)。我从麦吉尔大学毕业之际,适逢中国开启高速铁路建设的热潮。当时中国没有高速铁路建设经验,需要引进国际工程咨询服务,一些有高速铁路业务的国际工程咨询公司纷纷"抢滩"中国市场。我毕业后立即回国加入一家来自北欧的大型跨国工程咨询公司,成为该公司中国区交通业务线的第一位员工。幸运的是,该公司成为第一批中标中国高铁项目的国际工程咨询公司之一。我组建并领导一个由外国专家和本土员工组成的近百人的国际化团队,与中国工程咨询公司组成"联合体"为高铁项目业主提供服务。中、外方组成联合团队一起工作在当时的中国还很少见,中、外团队在文化和工作方式方面的冲突接踵而来,使得一些细微的误解因未能妥善处理,快速演变为个人之间的矛盾。幸运的是,凭借对中西方文化的了解和"技术加管理"的复合背景,我带领团队通过坦诚且尊重的沟通,迅速地解决了由中、外团队工作理念不同引起的剧烈冲突，还和中方合作伙伴负责人一起制定了双方都认可的"联合体工作导则"。该联合体也因"中外方关系融洽"而受到业主的赞扬和其他中外联合体的艳羡。我首次尝到了成功谈判带来的甜头，而这也标志着我个人长达二十多年的谈判研习精进之路的开始。

五年后，我被提拔为该公司中国区总经理，实现了由一名理工男向公司管理者的转型。我负责该公司整个中国区的业务，横跨数条业务线；和集团其他国家的负责人一起协调跨境工作；对接企业、政府部门、国际金融机构等各种类型的客户。在这样的工作环境中，沟通和谈判成为我日常工作的主要内容。当我一次次用谈判的方式达成愉快的合作或解决了棘手的难题，体会到成功谈判的"妙处"之后，我对谈判背后的理论体系和方法论产生了浓厚的兴趣，开始系统地学习国内外谈判方面的经典著作，体悟谈判之道的精髓，并学以致用。

2018年，我加入一家总部位于美国的《财富》500强国际工程咨询公司，为客户提供大规模、跨专业的复杂项目咨询服务。这要求我和团队常年帮助客户解决复杂的工程项目合同订立、履行、争议解决等方面的问题，而谈判贯穿任何一个大型项目的全过程。

我几乎每天都在应用谈判方法进行各种形式的谈判，而这经常能给自己和对方带来惊喜，这种感觉真是十分奇妙而美好。后来我开始将谈判心得分享给我的同事和朋友，例如如何把"蛋糕"做大、如何找到双方都满意的"第三方案"、如何得体地拒绝不合理要求、如何实现跨部门高效合作等，大家普遍反映"很实用""效果出乎意料"。我深刻地意识到，谈判可以使我们的工作更有成效，关系更和谐，生活更快乐。

在经历了无数次大大小小的谈判之后，我发现所有谈判背后的逻辑其实是相通的，可以总结为一种"谈判思维"，其核心是：以真诚的心态体察对方的需求，以敏锐的眼光发现合作的机会，以开放的思维寻找解决方案，既要实现目标，又要赢得人心。

在我看来，谈判不是立场之争，而是利益的创造和分享。谈判不是赢得争论或征服对方，而是动员对方和你合作，以实现单靠任何一方都无法取得的价值。在谈判时，我们既要在商言商，勇敢维护己方的利益，又不可锱铢必较、唯利是图。优秀的谈判者应该有全局观、同理心，能建设性地、创造性地解决问题。一言以蔽之，既要会"布局"，也要有"格局"。

我的真切感悟是：人和人"较劲"，苦不堪言；人和人协作，妙不可言！

二十多年来，我在实践谈判心得的同时，不断应用经济学、心理学、决策论、博弈论、风险管理、项目管理等理论来解构商业谈判的逻辑，同时系统研究、学习了国际知名谈判顾问机构（例如哈佛大学谈判项目组、Black Swan、Scotwork、GAP、Camp Systems等）的方法论和罗杰·费希尔（Roger Fisher）、杰勒德·尼伦伯格（Gerard Nierenberg）、斯图尔特·戴蒙德（Stuart Diamond）、莉·L.汤普森（Leigh L. Thompson）、赫布·科恩（Herb Cohen）、盖温·肯尼迪（Gavin Kennedy）、罗杰·道森（Roger Dawson）等国际谈判名家的作品。在此基础上，我集众家之所长，逐步形成一套独特、系统、实用的谈判方法体系。

近年来我为清华大学经济管理学院、中国人民大学商学院、天津大学、北京交通大学、湖南大学等高校，以及中国石化、中国建筑、中国建材、中国铁建、中国交建、中国五矿等众多世界500强企业和央企讲授商业谈判课程。这种系统性的输出持续完善了商业谈判基本框架的构建，同时不断丰富我的谈判案例资料库。

通过不断地付诸实践，在我享受谈判带来的"实惠"的同时，谈判融入我的思维方式，这使我与谈判结下了"不解之缘"。

商业谈判痛点多多

在商业活动中，谈判每天都在发生。不言自明，成功的谈判是世界上赚钱最快的商业活动之一。当然，糟糕的谈判也是世界上赔钱最快的商业活动。一些涉及重大利益的商业谈判会对组织的绩效产生颠覆性影响。但是，一个令人感到遗憾的事实是，很多经验丰富的商业人士不太会谈判。可以说，谈判是现代商务中最容易被忽视的专业技能之一。

国际谈判顾问机构Scotwork对来自全球31个国家和地区的5 000多名商业人士进行了一次大规模的谈判技能调查，对象覆盖从采购经理到首席执行官的各类人员，并于2019年发布了一份全球管理人员谈判能力调研报告[1]。这份报告显示：

- 至少有一半的受访者对谈判准备不足。只有45%的受访者在谈判之前清晰定义自己的理想目标并朝这个目标努力；只有39%的受访者表示在谈判前"总是"或"偶尔"考虑好了在哪些方面可以让步；只有15%的受访者在谈判开始时了解对方想要什么。

- 很多受访者在谈判中"辩说"过多。62%的受访者表示"总是"或"在大部分场合"都强烈地为自己的观点辩护；26%的受访者表示在双方观点不一致时，总是进一步强化自己的观点。

- 很多受访者在实际谈判中不知道如何交换利益。只有18%的受访者通过交换获得利益；只有14%的受访者能有策略地提出有效的"反提议"；只有18%的未经训练的谈判者把谈判视作一个"利益交换"的过程。

---

[1] Scotwork Limited. The Scotwork Negotiating Capability Survey-A Report of Findings[R]. Glasgow：Scotwork Limited. 2019.

- 大部分谈判者对谈判结果不满意。只有21%的受访者认为完成谈判后双方的关系得到改善;只有23%的受访者认为谈判结果"总是"能为公司创造长期价值。

商业谈判虽然是一项司空见惯的活动,但是常常被笼罩着一层神秘的面纱,其本质不容易被看透。我在和学员以及各行业的朋友的沟通中发现,很多平时做事颇有章法的专业人士在面对谈判时普遍感到忐忑不安,不像做其他事情那样胸有成竹,甚至一些身经百战的谈判者也往往是凭"经验"和"感觉"谈判,而说不清楚是如何谈成的。还有一个需要注意的问题是,很多本来可以通过协商和谈判解决的争端,最终被激化到起诉或提交仲裁的程度,这使法院和仲裁机构不堪重负,这一现象迫使人们寻求"多元解决纠纷"(Alternative Dispute Resolution,ADR)的途径。

总结起来,商业谈判的常见痛点包括:

- 不能积极发起谈判,错过创造价值的良机。
- 缺少一个谈判的框架,不知道如何系统地分析和计划谈判。
- 强势客户依仗有利的市场地位,要么"凶悍"压价,要么强加"霸王条款",使人望而生畏。
- 谈判双方缺乏信任,过度博弈,不仅使交易成本增加、关系受到伤害,还损失了很多"把饼做大"的机会。
- 谈判各方都只站在自己的角度考虑问题,都"据理力争",拼命维护自己的利益,却不能尝试理解对方的想法和诉求,从而自说自话,最终很难达成一致意见。
- 不知道如何在主张自己权益的同时,建立建设性的合作关系,赢得朋友。

在互联网时代，谈判更是引来了很多新的挑战。虚拟团队、线上互动越来越多地取代了面对面沟通，扁平化组织、服务式管理逐渐成为潮流，这些新变化对各界商业人士，特别是企业领导者，在谈判能力方面提出了更高的要求。

助你成为自信的谈判者

尽管挑战十分严峻，但好消息是，谈判技能不是一种天生的特质，而是一项可以后天习得的能力。像其他任何学问一样，商业谈判也有其内在的规律，通过构建一套简明、系统、实用的商业谈判方法论，谈判小白们在经过有针对性的训练之后，也能像谈判专家那样自信、自如地完成一桩成功的谈判。

谈判不仅仅是对一些技巧或话术的简单运用，更是一种合作创造价值和共同分享价值的心智模式，是一个"以计划为先导"的结构化过程，是一场妙不可言的"双赢游戏"。

本书将全面呈现作者的商业谈判实用方法论，全书由以下三部分组成。

第一部分讲的是商业谈判之"道"。这一部分旨在帮助读者看懂谈判的内在逻辑，进而能够分析和评价谈判。这一部分包括三章：

第一章主要讨论什么是谈判、对谈判的常见误解、谈判的价值，以及国际知名谈判方法论。

第二章主要讨论谈判的三大要素、谈判的基本模型、基于谈判模型的四大推论，以及我们应该如何对待谈判。

第三章主要讨论商业谈判的价值、分配式谈判的核心策略、共创式谈判的核心策略，以及谈判的四重境界。

第二部分讲的是商业谈判之"法"。这一部分讨论商业谈判从计划、实施到履约的全过程，谈判礼仪、各种类型商业谈判的操作

实务,以及如何与各相关方谈判。这一部分包括四章:

第四章阐述"以计划为先导"的结构化谈判过程:分析、计划、准备、开场、提议、反馈、磋商、成交。每一次谈判都可以被视为一个"项目",其成功的关键是事先的分析、计划和准备,当然也离不开灵活而有效的实施和收尾。

第五章阐述谈判礼仪的内涵与原则、商务会议礼仪、商务宴请礼仪、商务通信礼仪等。

第六章阐述一般谈判原理和策略在具体商业场景中的应用,即不同类型的商业谈判的操作实务,包括采购谈判、销售谈判、开发投资谈判、资产交易谈判、并购谈判、建设工程谈判、租赁谈判、聘用谈判、欠款催收谈判。

第七章阐述与不同相关方谈判的实用方法,包括与强势对手谈判、与弱势对手谈判、与政府机构谈判、企业内部谈判、与朋友谈判、跨国谈判。

第三部分讲的是商业谈判效能的提升。这一部分阐述商业人士如何通过持续的修炼,实现谈判能力的进阶,成为自信的、高效能的谈判高手。这一部分包括三章:

第八章阐述如何将对方吸引到谈判桌前、如何驱离纠缠不休的谈判对手、如何得体地拒绝对方、如何进行高风险事项的谈判、如何化解僵局的实用方法。

第九章阐述如何避免商业谈判中的常见错误。

第十章阐述谈判者如何修炼自己的硬实力、情绪力、认知力、影响力和关系力,从而提升商业谈判的效能。

中国的市场经济经过四十多年的发展,已经进入新的发展阶段,各种冲突层出不穷,无数难题需要化解。中国的商业人士急需一本聚焦商业谈判、融合谈判原理与实务、符合中国文化习惯的实用型商业谈判著作。本书旨在为中国商业界同人提供一本商业谈判实用指南，为他们透彻揭示谈判的本质性原理，讲透商业谈判具体方法，铺就通向谈判高手之路。本书的一个显著特点是，提供了近百个结合商业实务的谈判案例，以增强本书的实用性和可读性。另外，作者还对多个行业的数十位专家进行了深度访问，使本书的内容能更好地落地到各行业、各商业领域的谈判操作中。

希望本书能帮助读者揭开谈判的神秘面纱，认识谈判的本质，掌握谈判策略，化解谈判难题，避开谈判陷阱，提升谈判技能，享受谈判的成果。

第一章

概说谈判

我们几乎每天都在进行各种各样的谈判，和客户，和供应商，和合作伙伴，和上司，和队友……谈判既司空见惯，又令人捉摸不透；既很常见，又有一些神秘感。

谈判是人类独有的活动，谈判是一种基本的人际互动方式。谈判技能是人生的利器。本章，让我们一起走进谈判的世界，深度认识谈判，品味谈判如何改变历史，领略谈判如何成就商业辉煌，并概览国际知名谈判方法论。

到底什么是谈判

案例1-1

伟恩笛公司的项目经理戴夫正在带领团队进行一个项目的投标，需要法务部门尽快审核客户提供的合同。他把合同通过电子邮件发给法务总监罗斯，同时表示，鉴于项目特别紧急，请罗斯在两天内提供合同审核意见。罗斯回复戴夫：最近法务部门在处理另一个项目的索赔纠纷，已经忙得焦头烂额，至少需要五天才能完成该合同的审核。

戴夫感到自己心里有一股火在往上升腾，他觉得法务团队一向厚此薄彼，想马上找罗斯理论，但是又觉得情绪化的反应并无助于解决问题。他独自来到写字楼的露台透气，让自己冷静下来。

戴夫该如何解决和法务团队之间的协作冲突呢？

人类如何处理冲突

所谓冲突，是指相关方的观点、需求、立场、利益差异引起的对立或竞争。在商业世界中，我们几乎每天都会遇到各种各样的不同程度的冲突，并不存在无冲突的理想环境。其实，一定程度的冲突如果能够得到妥善解决的话，那么对组织的健康是有益的。

冲突发生后，我们应该如何解决呢？拉尔夫·H. 基尔曼（Ralph H. Kilmann）和肯尼斯·W. 托马斯（Kenneth W. Thomas）在1974年提出了广受认可的托马斯-基尔曼冲突解决模型（Thomas-Kilmann Conflict Mode）[①]，如图1-1所示。

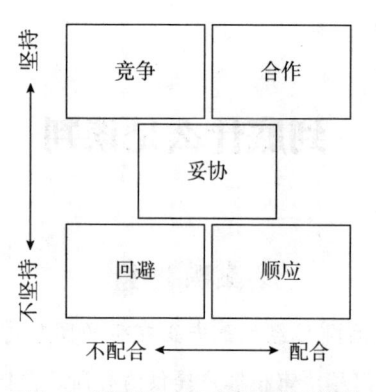

图1-1 托马斯-基尔曼冲突解决模型

托马斯-基尔曼冲突解决模型根据人们在面对冲突时所采取的

[①] Kenneth W. Thomas, Ralph H. Kilmann. Thomas–Kilmann Conflict Mode Instrument Profile and Interpretive Report[R]. Sunnyvale：CPP Inc. 2008.

态度将冲突解决方式分为以下五种：

- 竞争型。力争让对方接受自己的要求，从而满足自己的利益，但是这可能损害对方的利益和双方之间的关系。
- 顺应型。服从对方的要求，这有利于满足对方的利益需求和维护双方之间的关系，但是可能需要牺牲自己的利益。
- 合作型。通过沟通达成合作，满足双方的利益需求，并加强关系。这是最富建设性的一种冲突解决方式。
- 回避型。回避或撤离冲突，暂时避免冲突的困扰，但是可能也意味着放弃创造价值和解决问题的机会。
- 妥协型。双方适度让步，均放弃部分利益，形成一个折中的解决方案，使双方关系得以保护和维持。

与托马斯－基尔曼冲突解决模型的思路不同，还有一种模型可以根据决策机制的不同对冲突解决方式进行分类。作者将这种冲突解决方式分类方法称为"'基于决策方式'的冲突解决模型"。按照这个思路，我们可以将冲突解决方式分为以下四种，如图1-2所示：

- 我方决策。当我方拥有更高的地位、更大的权威或更强的实力时，由我方单方面就冲突事项做出决策，强令对方服从，例如客户、上级、管理机关在解决问题时发出的命令、指令、通知等。这种冲突解决方式下我方"感觉好"，但是有两个缺点：首先，可能因忽视对方的需求和感受而使对方觉得不爽，导致对方"反弹"，或为将来的合作留下后患；其次，当对方不情愿服从我方的决策时，强迫对方接受一般需要耗费较大的能量和成本。

- 对方决策。当对方具有更高的地位、更大的权威或更强的实力时,由对方决定冲突解决方案,我方被迫服从。在这种情形下,对方感觉不错,但是我方的利益和感受可能被忽视,因而容易感到压抑和委屈。长此以往,这容易导致问题累积和情绪低落。

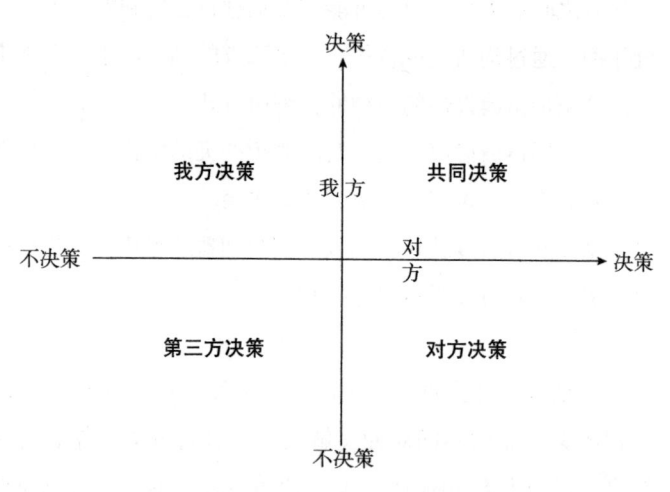

```
                    决策
                     ↑
                     |
      我方决策        |     共同决策
                    我方
                     |
不决策 ───────────────┼─────对────────→ 决策
                     |    方
      第三方决策      |     对方决策
                     |
                     ↓
                    不决策
```

图1-2 "基于决策方式"的冲突解决模型

- 第三方决策。当任何一方都无法让对方接受自己的决策,并且双方无法达成一个共同的决策方案的时候,双方不得不把冲突解决方案提交给第三方决定,例如,将争议提交高层管理人员或权威人士评定,或将争议提交仲裁机构裁决,或向有管辖权的法院起诉。这种冲突解决方式有很多缺点:首先,双方放弃了决策自主权,对决策结果失去掌控;其次,双方的时间投入和经济损失高昂,其结局往往是两败俱伤;再次,双方关系受损。在极端的情形下,例如向法院起诉,双方关系可能就此破裂,以后很难再次合作。

- 共同决策。双方通过建设性的沟通达成一种双方都满意的解决方案。这就是谈判。采用谈判的方式解决冲突，成本最低，有利于创造新的价值，能照顾到双方的利益，并且能改善双方的关系，但是需要耐心、智慧和情商。

一般情况下，在上述四种冲突解决方式中，共同决策，即谈判，是最佳的方式。

案例 1-2

在案例 1-1 中，戴夫可能采取以下冲突解决方式：
- 我方决策。戴夫告诉罗斯，这个项目是公司总经理亲自部署的，对公司的未来发展至关重要，请罗斯务必按时完成。罗斯迫于压力按时完成合同文本的审核，但是一位法务部同事由于不得不加班到凌晨而病倒。
- 对方决策。罗斯坚持表示法务团队的工作负荷已经达到极限，无法进一步提前完成合同审核。戴夫被迫接受。戴夫和团队不得不挤压投标文件后期整体审核的时间，导致投标文件出现问题，最终投标失败。
- 第三方决策。戴夫和罗斯一起找公司运营副总裁鲍威协调解决。鲍威最近忙于公司的年度审计，但还是抽出时间来处理这个问题。他听戴夫和罗斯分别陈述了各自的诉求后，很快给出一条折中的建议。鲍威对戴夫和罗斯不能自行处理跨部门日常协作事宜颇感失望，他提醒戴夫和罗斯以后多从对方和全局的角度考虑问题。
- 共同决策。戴夫约罗斯到会议室碰个面。戴夫特意为自己和罗斯分别准备了一杯咖啡，他们边喝咖啡边讨论如何解决这个问题。双方坦诚地说出了自己目前面临的困难。戴夫提到这个项目的合同条件和自己以前做过的一个项目的合同条件很相似，这个合同条件总体上还是比较合理的，自己也比较有把握，只有少数条款拿不准。他提议自己可以先从项目经理的角度审读一遍合同，把有疑问的部分标出来请法务部同事重点把关。这样既能有效掌控风险，又能节省法务团队的宝贵时间。罗斯为戴夫的提议竖起了大拇指，双方愉快地决定就这么办。戴夫不仅按时收到了法务团队高质量的审核意见，而且他和法务团队的关系更加融洽了。

谈判的定义

对于"什么是谈判"，一直都是众说纷纭，莫衷一是，并且存在不少相互矛盾的看法，例如：

"**自我中心论**"和"**对方中心论**"。根据谈判者考虑问题的出发点，对谈判存在以下两种看法：

- 第一种是"自我中心论"。持这种观点的人认为：谈判者主要考虑自己的利益，谈判是迫使对方按自己的意愿行事。
- 第二种是"对方中心论"。沃顿商学院斯图尔特·戴蒙德教授认为，"谈判是一种以对方为中心的沟通方式"。他认为，谈判者只有真诚考虑对方的需求，双方才有可能达成协议。

这两种说法都有一定的道理，但又都有失偏颇。如果谈判者仅仅考虑自己，或者仅仅考虑对方，显然都不能实现成功的谈判。

"**竞争**"和"**合作**"。根据谈判双方之间的相对关系，对谈判存在以下两种看法：

- 第一种观点认为谈判是"竞争"。持这种观点的人认为，谈判是"利益争夺战",是以和平的方式争夺利益。
- 第二种观点认为谈判是"合作"。持这种观点的人认为,谈判是共同创造双赢局面,所以谈判的本质是"合作"。

这两种观点所反映的其实是同一个问题的两个侧面。不难理解,谈判兼具"竞争"和"合作"两种属性。

为了准确地界定谈判的内涵,本书对谈判给出以下定义:

谈判是自由的、彼此需要的、有利益冲突的主体,为达成自愿合作而进行的沟通活动。

这个定义里有以下五个关键词:

- 自由。谈判双方都是自由的,谈判者可以选择和对方合作,也可以选择不合作。也就是说,谈判的任何一方对双方的合作都有"否决权"。
- 彼此需要。谈判的任何一方需要与对方合作才能完成某一任务或实现某一利益,而无法独立完成或实现。
- 利益冲突。谈判双方有各自的利益,在利益方面存在冲突。
- 自愿合作。谈判的目标非常清晰,即达成双方都满意的、自愿的合作。从这个关键词可以看出,谈判的结果肯定是双赢的。如果谈判结果不是双赢的,则输的一方将不愿意合作,双方"自愿合作"的目标将无法达成。
- 沟通。沟通是谈判定义中的中心词。谈判是一种目标明确、高强度、高风险、高收益的沟通活动。也可以说,谈判是一种"高级"沟通。成功的谈判可以创造巨大的价值,而只需要产生"沟通"成本。相对生产等实体活动而言,沟通成本是很低的。因此谈判被誉为"世界上赚钱最快的商业活动之一"。

根据谈判的定义不难看出,谈判具有以下五个基本特征:

- 双方都有自由选择的权利。
- 双方彼此需要,有共同的利益。
- 双方相互竞争,有各自的利益。
- 谈判的目标是达成自愿合作,谈判者需要同时考虑双方和相关方的利益。因此,谈判者需要有智慧、有格局。
- 所有谈判的结果都是双赢的。

因此,谈判者需要真正了解自己渴望什么,同时真诚关注对方的需求,双方一起解决问题,共同决策。谈判者的核心任务是,通过建设性的沟通达成合作,从而创造新的价值,并分享创造出来的价值,实现双赢局面。

谈判的价值

人们不禁要问:谈判究竟能给我带来什么价值呢?

为了回答这个问题,我们先来探讨一下人际互动的四种结果。

对于人与人之间的互动,每一方可能得到两种结果:输(遭受损失,即"亏损")与赢(获得利益,即"盈利")。根据各方获得的结果,我们可以将人际互动分为四种类型,如图1-3所示。

四宫格右上角的情形是"你赢我赢",双方都获益,皆大欢喜。这种互动双方都愿意去做。

四宫格左下角是"你输我输",双方都受损,这种互动双方都会回避。

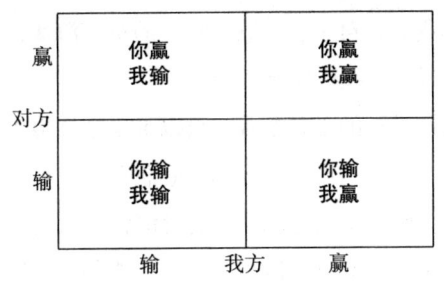

```
         输   我方   赢
     ┌──────────┬──────────┐
   赢 │ 你赢     │ 你赢     │
     │ 我输     │ 我赢     │
对方  ├──────────┼──────────┤
   输 │ 你输     │ 你输     │
     │ 我输     │ 我赢     │
     └──────────┴──────────┘
```

图1-3　人际互动结果四宫格

对于四宫格中的"你赢我输"或"你输我赢"这两种情境，也就是"一输一赢"的情境，双方该如何应对呢？

为了便于分析，我们可以将"一输一赢"的场景进一步分解为两种情况：

- 正和游戏。赢的一方获益的数额大于输的一方损失的数额，即双方收益的代数和为正，如图1-4所示。

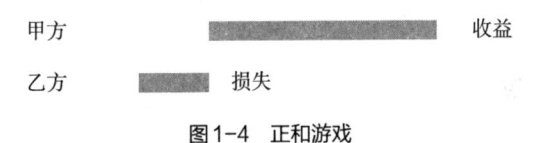

图1-4　正和游戏

- 负和游戏。赢的一方获益的数额小于输的一方损失的数额，即双方收益的代数和为负，如图1-5所示。

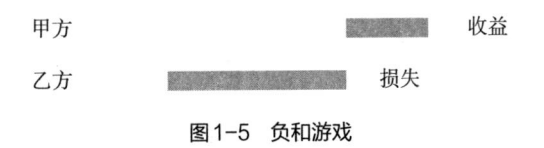

图1-5　负和游戏

第一章　概说谈判

011

常识告诉我们，对于"一输一赢"的负和游戏，由于它会导致全社会福利的减少，我们应该放弃。

而"一输一赢"的正和游戏，可以带来全社会福利的增加，会产生新的价值。但是，输的一方不会愿意合作，如果不采取某种干预措施，那么合作将难以达成，新的价值将无法实现。

在这个情境下，双方可以坐下来进行谈判，协定一个利益调整方案，即获益的一方让渡一部分利益给受损的一方（让渡的利益如图1-6中"A"所示），以弥补其损失，并使受损的一方也能有所获益。如图1-6所示，由于这是一个正和游戏，所以不难实现，获益的一方在上述利益调整之后，仍然是获益的。这样一来，本来"一输一赢"的正和游戏转化为"双赢"游戏，双方可以愉快地合作，同时带来全社会福利的增加。

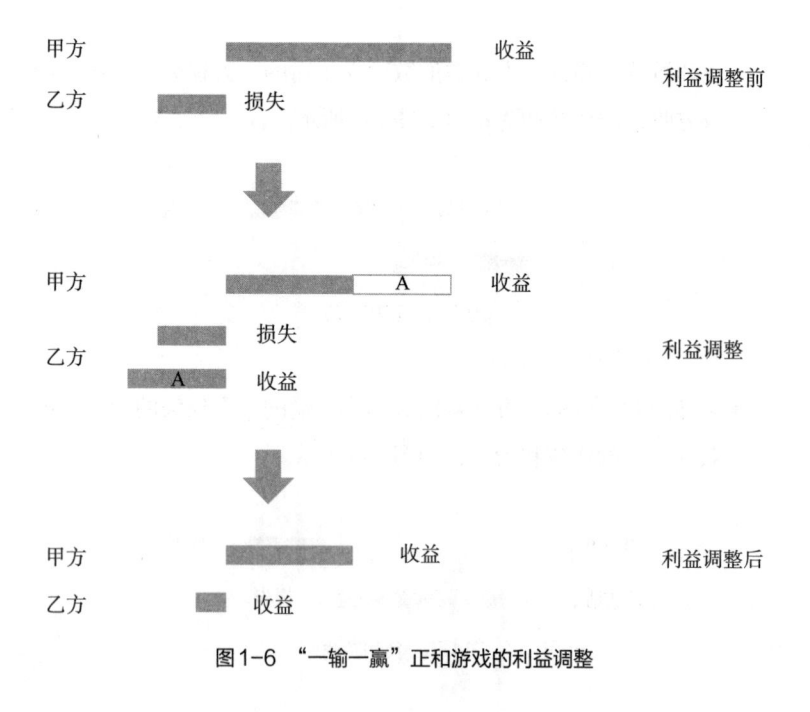

图1-6 "一输一赢"正和游戏的利益调整

也就是说，对于"一输一赢"的正和游戏机会，双方可以通过谈判将其转化为"双赢"局面，从而实现合作，创造价值。

我们可以将上述结论进一步延伸为：

对于任何正和游戏的机会，相关方都可以通过谈判进行利益调整，达成"双赢"（或"多赢"）的局面，从而予以实现正和游戏中的价值。

所以，谈判可以创造新的价值，增加全社会的福利。

案例1-3

伟恩笛公司总裁安迪有一次在欧洲出差，计划下午从赫尔辛基飞往巴黎，然后在巴黎和一个合作伙伴商谈合作事宜。对方已经预订好了塞纳河畔的餐厅。

安迪在赫尔辛基机场值机柜台办理值机的时候，被告知本次航班机票超售，已经没有空余的座位了。

鉴于大概率会有一些乘客变更或取消行程，航空公司为了保证比较高的上座率，一般会超卖一定数量的机票。当然航空公司会控制超卖机票的数量，使"乘客买了机票而无法值机"发生的概率处在一个可以接受的、很小的范围内。

对于某一位遭遇"买了机票而无法值机"情形的乘客而言，他如果不能获得妥善的对待，就会蒙受损失而成为"输"的一方；而通过超卖机票提高上座率的航空公司显然是"赢"的一方。

这次，这个"小概率事件"被安迪遇上了。安迪如果直接同意改乘其他航班的话，就将成为遭受损失的"冤大头"，这个事件将成为一个典型的"一输一赢"的案例。

安迪一脸惊诧，表示自己已经安排好了在巴黎的商务活动，请工作人员务必想办法解决。柜台后的工作人员连连致歉，但是表示确实无法帮助安迪坐上这一趟航班。安迪感到十分懊恼，但很快冷静下来，他看着对方的眼睛，提出了一个重要的问题："那您准备如何解决呢？"

面对安迪的"拷问"，值机柜台背后的女士似乎胸有成竹，面带微笑地说道："先生，我们再一次表示歉意。不过我司两小时后有一趟航班飞往巴黎，如果您愿意，我们可以帮您改到这个航班，同时给您补贴400欧元现金，您看可以吗？"

安迪虽然走南闯北，去过几十个国家，但是这400欧元的现金补偿还是超出了他的预期。不过安迪没有立即同意对方的提议。他保持脸色冷峻，又问了一句："除此之外还有别的补偿吗？"

柜台后的女士又从抽屉中取出一张卡片递给安迪，说："这是一张代金券，凭借此券您可以到航空公司的贵宾候机室休息，并可以消费价值50欧元的食物和饮品，您看可以吗？"

这时安迪的脸上才绽放出笑容，说道："谢谢贵公司的诚意。我对您的解决方案非常满意。"

安迪随即和巴黎的朋友联系，说明原委。朋友表示，行程有一些意外的变化完全可以理解，请安迪不用担心。两人商议把共进晚餐改成夜游塞纳河。

至此，这个"一输一赢"的紧张局面通过顺畅的利益调整，成功地转化成一个"双赢"的游戏。航空公司的慷慨补偿早已驱散了安迪心中的不快，安迪觉得自己反而"赚"了；航空公司通过超售获得了更高的满座率，而给予安迪的补偿对航空公司来说微不足道，所以航空公司也是"赢家"。

谈判不仅能使"一输一赢"的正和游戏转化成双赢游戏，还能在条件具备时，通过双方的共创，使本来已有的"双赢"游戏中的

"饼"变得更大。下文就是一个典型的例子。

案例 1-4

伟恩笛公司的行政经理梅乐在商业区购置了一套办公用房，用于出租。租户是一家从事管理咨询的初创公司，其负责人王女士获得世界一流名校MBA文凭，为企业高管提供教练服务。梅乐和王女士很聊得来，双方已合作3年，相处十分愉快。

梅乐了解到王女士非常重视员工的工作环境，于是用伟恩笛公司提供的员工福利为对方在屋内免费安装了一套该公司生产的空气净化系统。王女士了解到梅乐的父亲是高级电气工程师，刚刚退休，但是"退而不休"，经常为企业提供技术咨询服务，而王女士的公司工位有富余，于是主动提出在公司的办公室提供一个工位供梅乐的父亲使用。

现有租约即将到期，梅乐和王女士计划按现有条件续签2年的合同。因为梅乐在郊区又买了一套房子，目前需要钱，而王女士公司账上有不少闲置现金，于是双方协议：王女士在签约后1周内向梅乐一次性支付未来2年的房租，同时梅乐将租金总额下调15%。这个方案完美地解决了梅乐的资金困难，而王女士也获得了15%的租金优惠，双方都很开心。

梅乐和王女士在已有的双赢合作的基础上，通过良好的沟通，为对方创造了新的价值，把"饼"做得更大了，双方都获益，双方之间的关系也不断加深。

成功的谈判还可以把本来是负和游戏的互动转化成"双赢"游戏。

案例 1-5

伟恩笛公司与天津某生物科技公司（"客户"）签订供应合同，为客户提供实验室机电系统。供应范围包括作为备用电源的柴油发电机组。

伟恩笛公司和分包供应商南方某专业制造商签订了柴油发电机组供应合同。在离约定的到货时间还有1个月的时候，伟恩笛公司的项目经理戴夫收到该制造商的邮件，对方称由于己方无法控制的原因（新冠疫情管控），其无法按照约定时间交货，要求推迟交货（交货期限无法确定）或终止合同。

而柴油发电机组的延迟交货会导致实验室投入并使用设备的时间后延，给客户带来巨大损失，同时根据合同，伟恩笛公司将赔偿高额的违约金。这对伟恩笛公司和客户来说，将是一个"双输"的局面。

戴夫紧急召集项目团队商讨对策，并立即向公司分管领导、副总裁柯瑞汇报。

在团队头脑风暴的过程中，有人提出，伟恩笛公司的合作伙伴某新能源公司生产的储能装置达到了商业应用条件，因其产品处于推广阶段，伟恩笛公司可以获得特别优惠的价格，供货速度也很快，并且符合该项目客户的"绿色低碳"理念。

戴夫立即组织团队和生产储能装置的供应商沟通，双方讨论确定了针对实验室项目的定制化解决方案。然后戴夫和客户方的项目经理见面讨论，双方很快达成"用储能装置替代柴油发电机组"的技术方案和相应商务条件，随后签署了变更单。

戴夫随即和柴油发电机组供应商沟通，双方自愿终止了供应合同。

采用新型储能装置的替代方案后，伟恩笛公司保证了客户项目按时完工，同时自己获得了更高的利润，并且为客户节省了造价成本。

在这个案例中,伟恩笛公司成功地把一个"双输"游戏转化成一个"双赢"游戏。面对困难,只要我们保持积极的心态和开放的思维,则一切皆有可能。

谈判的分类

按照谈判内容和谈判者的角色,谈判可以分为:

- 政治谈判,包括外交谈判、军事谈判、公共管理事务谈判等。
- 社会谈判,包括社会群体事件谈判、人质解救谈判、罢工谈判等。
- 商业谈判,包括销售和采购谈判、开发投资谈判、资产交易谈判、并购谈判、租赁谈判、建设工程谈判、聘用谈判、组织内部谈判等。
- 生活谈判,例如家庭中的谈判、日常生活中的谈判、社交娱乐时的谈判等。

按照谈判的目的,谈判可以分为:

- 达成交易的谈判。谈判的目的是达成互利互惠的交易,例如签订一项双边贸易协定、进行一宗商品买卖、完成一项并购交易等。
- 解决争端的谈判。谈判的目的是以和平、自愿的方式解决争端,例如领土争端谈判、贸易争端谈判、项目支付争议解决谈判、项目索赔争议解决谈判等。

根据谈判创造的额外价值是不是固定的,谈判可以分为:

- 分配式谈判。双方通过合作产生的额外价值是固定的，通过谈判确定双方如何分配这张固定的"饼"。
- 共创式谈判。双方先通过共创，扩大了双方合作产生的额外价值，即把"饼"做大，然后再分配这张更大的"饼"。

谈判与其他活动的关系

谈判与说服（persuasion）

谈判与说服的区别

说服是试图让对方直接接受自己的观点或要求，而自己无意做出任何让步或付出任何代价。说服是单向沟通，说服能否成功的决定权在对方手中。

而谈判是提出自己的要求，同时倾听对方的要求，双方共同进行方案的调整和利益的交换，最后达成令双方均满意的方案。谈判是双向沟通，决定权在双方手中。

谈判与说服的联系

谈判和说服都是两个人在无须第三人参与的情况下自愿达成一致意见。谈判中双方都有"说服"对方接受自己方案的企图，但是谈判的成功往往不是一方被另一方"说服"，而是双方不断地调整立场，最终形成双方一致同意的方案。谈判中，如果一方做过多的"说服"性沟通，不注意倾听和关注对方，那么很可能会引起对方的反感，不利于谈判的推进。

谈判与辩论（debate）

谈判与辩论的区别

辩论是用事实、观点和逻辑推理来论证、维护自己的观点，批驳、否定对方的观点，包括政治辩论、法庭辩论、学术辩论等。辩论的双方一般无法通过辩论达成共识，但是双方在辩论过程中的表现有利于第三方就辩论事项做出评判或裁决。

谈判是双方通过沟通达成协议，不需要第三方参与（在某些情况下可以由第三方协助，这时谈判变成调解），属于双方共同决策；而辩论的结果是由第三方裁决确定的，例如法官、权威部门、观众等。谈判者视对方为伙伴，而辩论者视对方为对手。

谈判与辩论的联系

谈判和辩论有相似性。首先，谈判和辩论都是高强度的沟通活动；其次，谈判者之间和辩论者之间都存在不同程度的冲突。同时，谈判和辩论存在关联。谈判过程中可能需要一方解释自己的观点，陈述自己的理由，或澄清对方的一些误解，因此谈判中可能有一些"辩说"的成分。但是谈判中切忌辩论过多，防止将谈判演变为一场充满火药味的争辩。

谈判与博弈（game playing）
谈判与博弈的区别

博弈是一方为战胜对方而采取的策略和行动，任何一方的策略都取决于对方的策略。谈判和博弈在两个方面有显著的差别：第一，博弈的目标是战胜甚至消灭对手，而谈判的目标是达成合作；第二，博弈的过程中双方对自己的策略高度保密，并且双方都是暗中发力，互不沟通，而谈判恰恰是通过沟通来达成合作的。

谈判与博弈的联系

谈判过程中往往交织着博弈的成分。在谈判时，双方往往会通过博弈的手段增强自己的地位或取得更多的利益。常见的情况是：表面在谈判，暗地在博弈；桌上在谈判，桌下在博弈；场内在谈判，场外在博弈。

谈判与项目管理（project management）
什么是项目管理

生活或工作中的活动大致可以分为两种类型：

- 一种是项目（project）。项目是指为了创造一个独特的成果而进行的临时性的工作、独特的任务，例如工程建设项目、科研项目、培训项目等。
- 另一种是运营（operation）。运营是指持续生产产品或提供服务的工作，例如工厂、学校、医院、商场等的日常运营。

20世纪的大规模生产以运营的方式为人类带来了物质财富的极大增长；21世纪以来，越来越多的经济活动是以项目的形式开展的。项目管理方法论和项目思维得到了广泛的关注和应用。项目思维包括以下要点：

- 目标思维。任何项目都应该有明确的目标，一般包括范围、质量、进度、成本等方面的目标。
- 计划思维。因为每一个项目都是不同的，所以管理者必须通过完备的计划来减少项目的风险。计划是决定项目成败的最关键的环节。计划几乎就是项目本身，很多项目就被称为计划，例如863计划、曼哈顿计划等。
- 控制思维。项目是一个有始有终的"过程"。在项目推进的过程中，项目管理者必须根据计划对项目活动进行有效的控制，只有这样才能确保项目目标的达成。
- 当责思维。每一个项目都必须有一个明确的负责人（一般称为项目经理），对内领导团队，对外协调各方，对项目的成功承担所有责任。

- 整合思维。在项目推进的整个过程中，项目管理者需要通过有效的沟通，将所有参与方整合在一起，相互协同，共同实现项目的成功。

谈判与项目管理的关系

首先，沟通（包括谈判）是项目管理的重要组成部分。一个大型或复杂项目的项目经理的大部分时间往往用在沟通上。

其次，谈判本身就是一个典型的项目。谈判是一项目标明确、有始有终的活动。本书把谈判的全过程分解为分析、计划、准备、开场、提议、反馈、磋商、成交八个步骤。谈判者可以采用项目管理方法来计划和实施谈判。同时谈判的成果，即双方达成的合作，也是一个项目。

对谈判的常见误解

误解一：谈判是一种语言技巧

很多人认为谈判主要是一种关于如何说话的语言技巧。虽然表达是谈判者的一项基本功，但是谈判高手并非都需要能说会道，伶牙俐齿。其实，在谈判中，善于表达固然重要，善于倾听和善于思考更重要。谈判主要不是靠嘴，而是靠脑（思考合作策略和方案）和心（体察双方的感受和情绪）。在谈判过程中，谈判者不应该说话太多或太快，因为这样会妨碍倾听对方，同时容易让对方有压迫感。优秀的谈判者常常是"像智者那样思考"，但是"像普通人那样说话"。

第一章　概说谈判　　　　　　　　　　　　　　　　　　　　021

误解二：谈判中较多的让步可以赢得对方的好感

很多人期望通过较多的让步来获得对方的好感。其实，没有原则的让步不会赢得对方的认可和尊重。

在商业往来中，良好的关系不需要靠牺牲自己的利益来获得，"一输一赢""一边倒"的关系不能持久；良好的关系是建立在双赢的基础上。如果双方之间存在"成交区间"，那么他们完全可能通过有效的谈判达成"双赢"合作。

另外，谈判的过程也是双方试探、验证彼此底线的过程。当一方轻易做出让步的时候，对方会立即调整对让步一方底线的估计，并"穷追猛打"，向让步一方提出更高的要求。所以，谈判者不应为了获得对方的好感而让步，不应做没有抵挡的退让，不应做过快的、过大的让步。

误解三：严肃、认真的谈判会损害关系

很多人担心在谈判时坚持自己的要求或"斤斤计较"会引起对方的不悦。其实，商业合作中应该"先小人，后君子"，商业人士应该以严肃的态度来对待谈判和缔约。如果一个人在合同谈判阶段信口开河，胡乱承诺，那么这个人很可能没有真正履约的意愿。

在谈判阶段双方都是自由的，即使双方未能达成协议，也可以"生意不成情义在"，因此，只要在谈判过程中彼此尊重，严肃、认真的谈判就不会损害双方的关系。违约将严重损害双方的关系，高质量的履约将加强双方的关系。

误解四：谈判是一次性活动。

有些人误认为谈判是一次性活动，试图在一次谈判中"榨干""吃尽"所有的利益，对对方的利益和双方的关系不管不顾。其实，通常情况下谈判不是独幕剧，而是连续剧。谈判完成之后，

获得的成果是签署好的合同。下一步双方还需要共同履约，履约过程中还可能会有变更、索赔、结算。本次合作之后，可能还有下一次合作。而这些后续的活动可能涉及一系列新的谈判。谈判者做成一笔生意并不难，难的是不断强化自己的品牌形象，不断加深和对方的关系，使自己的生意越做越大，路越走越宽。

误解五：谈判都是关于大生意的。

很多人误以为谈判都是关于大生意的。实际上商业活动中和生活中处处有谈判，我们每天都要进行大大小小的、各种各样的谈判。我们如果懂得了谈判的原理和方法，并能加以应用，那么每天都可能收获很多惊喜和幸运。

案例1-6

伟恩笛公司的办公室附近有一家名为喜湘逢的湖南餐馆，最近推出了性价比不低的商务午餐。有一天凯文约一个朋友一起来这家餐馆共进午餐。在结账的时候，凯文首先夸赞了辣椒炒肉和酸豆角米粉的味道在CBD地区堪称顶尖，然后"随口"说出了一个事实："我可是你们湖南老乡哦！"。收银员马上回答："原来是老乡啊！给您八五折。"凯文又说："你们提供的餐前小食品烤红薯片非常好吃，勾起了我童年的回忆！"收银员马上说："这红薯片是我们自己烤的，非常健康，我送您和朋友每人一小罐！"凯文非常开心，也感觉特别有面子。他想到后天还要约朋友吃午饭，不如还来这里，于是说："来您这里吃饭感觉就是好，我后天中午还带朋友来！"收银员马上说："特别欢迎您再来，这是两张代金券，每张面值50元，您以后来吃饭每次可以用一张。"

在这段对话中，虽然没有令人激动的"大生意"，却有一连串贴心温暖的"小惊喜"，堪称一次令人心动的"双赢"谈判。

误解六：谈判主要是关于价格的。

虽然价格是谈判的核心利益维度之一，但是除了价格，谈判还涉及很多其他利益维度，例如规格、性能、品质、数量、交付时间、配套服务、支付条件等。如果把谈判仅仅锁定在价格这一维度上，那么双方容易形成对立；而如果将谈判的维度增加，那么这会创造很多新的合作可能性。

谈判改变历史

在人类的幼年时期，我们的祖先经常通过暴力和战争的方式来解决冲突。幸运的是，随着人类智慧的增长和文明的进步，人类逐渐学会了用和平的方式解决问题。

量化历史研究得出一个颇让人欣慰的结论，那就是有史以来，人类社会每10万人中每年死于战争的人数一直在稳定地下降。原始社会，每10万人中每年死于战争的人数约有524人；到16世纪，这一数据下降到250人；到20世纪，下降到60人。[1]也就是说，和平是人类社会发展的总体趋势，文明正在战胜野蛮。

早在2 000多年前，中国的先哲们就论述了和平的珍贵。孔子说："礼之用，和为贵。"老子反复强调"不争"："天之道，不争而善胜"；"夫唯不争，故天下莫能与之争"。被尊为"兵圣"的孙子早在2 500年前就提出："百战百胜，非善之善者也，不战而屈人之兵，善之善者也。"

---

[1] 陈志武. 文明的逻辑：人类与风险的博弈[M]. 北京：中信出版社，2022.

春秋战国时期虽然战乱不断，但是谈判活动丰富多彩，谈判谋略极为高超，涌现了管仲、晏婴、苏秦、张仪、蔺相如、毛遂、唐雎、范雎等谈判高手。例如，公元前651年，齐桓公邀约周、齐、宋、鲁、卫、郑、许、曹诸国在葵丘（今河南兰考）会盟，经过谈判，达成停战协定，并载诸盟约。又如，公元前546年的"晋楚弭兵"是多国参与的激烈谈判，最后顺利缔结"弭兵"盟约，晋、楚两大军事集团关系缓和，使中原地区的和平局面维持了相当长的一段时间。

公元961年（建隆二年），宋太祖赵匡胤导演的"杯酒释兵权"，可以说是内部谈判的经典案例。赵匡胤举行宴会，邀请石守信、王审琦等大将参加，于酒酣耳热之际，赵匡胤先是大发感慨，表达忧虑；然后威逼震慑，提出诉求；最后亮出底牌，以富贵换兵权。君臣之间，兵不血刃，各得其所，各取所需，免除了历史上并不鲜见的血腥"清洗"和内斗。①

在世界舞台上，也有很多创造历史的谈判案例。

1215年初，英国贵族为了反对国王约翰对外发动战争、随意增加税收、疯狂掠夺教会财产的行为，武装反抗约翰的统治。1215年6月15日，贵族武装代表与国王约翰开始了历史性的谈判。4天之后，双方共同签署了一份文件作为对国王权力的约束。这份文件就是《大宪章》。《大宪章》为后人提供了一种用和平谈判和相互妥协的方式解决政治问题的大智慧，奠定了英国宪政制度的基础。

1787年5月，根据美国邦联大会的邀请，在乔治·华盛顿的主持下，邦联各盟国的代表在费城举行会议，讨论修订执行了八年之久的《邦联条例》。经过近三个月的激烈辩论、博弈和协商，最终

---

① 黄德昌. 舌辩纵横：中国古代谈判谋略[M]. 成都：西南财经大学出版社，1999.

制定了一部取其而代之的新宪法。这次会议变成美国的制宪会议，历史上称为费城会议。没有费城会议，就没有美国的崛起。

香港回归谈判、中国加入WTO谈判等重大谈判，都前后经历了十多年坚忍不拔的持续努力，在谈判最关键的时刻，中国国家领导人亲自参与，展现了非凡的领导力，对中国和世界产生了深远的影响。

在全球各国、各地区高度互联、深度互赖的今天，全球外交舞台、经济贸易舞台、商业舞台上每天都在上演竞争与合作、博弈与谈判的精彩大戏。目前正在进行的、对全球有重大影响的谈判，包括气候谈判、领土争端谈判、核武器谈判、国际贸易谈判、技术与知识产权谈判等，都将在很大程度上影响人类历史的走向。

纵观历史，我们有理由相信，人类一定能以"万物之灵"所独有的智慧和情操，以和平谈判的方式解决各种冲突争端，携手密切合作，永续人类文明之光。

谈判成就商业

根据国际货币基金组织（International Monetary Fund，IMF）的数据，近2 000年以来，全球人均GDP（国内生产总值）的增长呈现出令人振奋的趋势（见图1-7）。从公元0年到公元1 700年前后，全球人均GDP的增长十分缓慢，但是在最近300年实现了十分"陡峭"的迅速增长。作者认为，其背后的原因主要有两方面：科学技术的进步和社会成员之间的高效合作。

亚当·斯密（Adam Smith）在1776年首次出版的《国富论》

中详细分析了劳动分工如何提高生产效率。现代商业更是须臾离不开全球范围内的协作。小到一支铅笔的制造，大到一套大型的工业生产装置的设计、采购和建造，都离不开成千上万组织之间的协同合作，任何商业组织都存在于一个相互依赖的"生态"之中，而绝不可能独自存活。互联网的兴起更是空前地加强了信息的高效互通和人与人之间的高效合作。

全球人均GDP（美元/年）

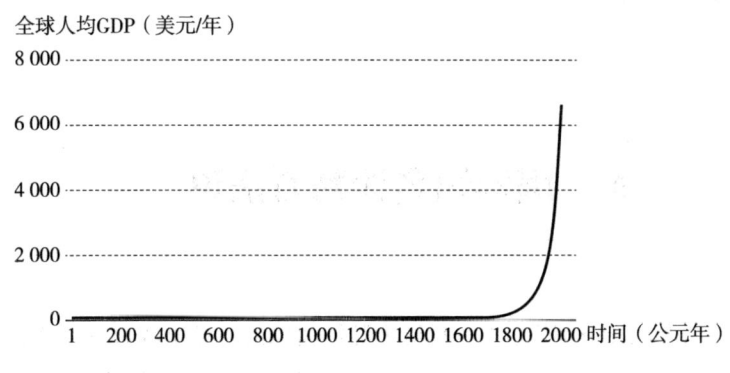

图1-7　全球近2 000年以来人均GDP

（数据来源：国际货币基金组织）

在市场经济环境下，所有商业交易都是通过合同来实现的。市场主体之间可以在法律允许的范围内自由缔结合同，合同一旦订立、生效，便成为"两个人之间的法律"，缔约双方必须遵守，否则违约方必须承担违约责任。完善的合同是交易或项目成功的基石，糟糕的合同是风险之源，失败的履约是项目和公司的灾难。合同订立、合同履行、合同结算和争议解决等项目全生命周期的各个阶段都离不开谈判。可以说，谈判是现代商业文明中不可或缺的最基本的活动之一。

21世纪以来经济形态的"全球化""服务化""项目化"的趋势更加凸显了谈判的重要性。谈判的成败对项目和公司的商业绩效有颠覆性的影响。

在今天这个高度互联的时代，组织结构形态更加多元化，团队成员更加渴望尊重和平等，组织内部的谈判也越来越重要。特别是在完成复杂任务或项目时，往往需要跨部门、跨团队、跨地区的内部协作，而这需要进行各种各样的内部谈判。

不言而喻，要想取得良好的商业绩效，企业的经营者和管理者必须会谈判。

国际知名谈判方法论

20世纪60年代至今，国际上陆续涌现出一批知名的谈判专家，出版了一批有影响力的著作，奠定了现代谈判方法论的基础。本节对六种国际知名的重要谈判方法论做一个概述。

哈佛大学"原则谈判"法

哈佛大学谈判项目组（Program on Negotiation，PON）成立于1983年，其成员主要从事谈判和争议解决方面的理论构建、培训、书籍出版和咨询服务，在世界谈判学界拥有重要地位。

哈佛大学谈判项目组的创始人之一罗杰·费希尔在第二次世界大战期间曾作为侦察机飞行员在军队服役，在战争中目睹了很多人丧失生命，后来他成为哈佛大学法学院的教授并专注于以谈判方式解决人与人之间的分歧。罗杰·费希尔和威廉·尤里（William Ury）等人于1981年出版了谈判领域划时代的著作《谈判力》（*Getting to Yes：Negotiating Agreement without Giving in*）。

两位作者改变了以往"基于立场"的谈判思维定式,提出"基于利益"的(interest-based)"原则谈判"法,对全球范围内的谈判者产生了重要影响。①

"原则谈判"法要求谈判者遵循以下四项原则:

- 把人和事分开。谈判的双方应该针对"问题"寻找解决方案,即"攻击"存在的问题,而不是攻击对方。这样就可以在解决问题的同时,不伤害关系。
- 着眼于利益,而不是立场。双方谈判的目的是获得利益,而不是维护立场。因为立场常常是彼此冲突的,双方如果仅仅专注于维护自己的立场,那么往往难以达成一致。而利益有更多的"柔性"和相容性,双方如果着眼于利益,那么会更容易找到令双方满意的解决方案。
- 创造使双方都获益的多个选项,然后双方共同决策。在压力之下找到最优的解决方案是不容易的。双方应该千方百计地发现尽可能多的选项,再选择能调和、增进双方利益的最优方案。
- 坚持使用客观标准来评判谈判的结果。当双方的利益对立,意见难以统一时,可以借助某种公平、客观的标准达成协议,例如市场价格、专家意见、惯例、法律规定等。

哈佛大学谈判项目组还首次提出了"最佳替项"(Best Alternative to a Negotiated Agreement,BATNA)这个在谈判领域极为重要的概念。

---

① [美]罗杰·费希尔,[美]威廉·尤里,[美]布鲁斯·巴顿. 谈判力[M]. 王燕,罗昕译. 北京:中信出版社,2012.

克里斯·沃斯的"共情谈判"法

克里斯·沃斯（Chris Voss）曾担任美国联邦调查局（FBI）的人质谈判专家，创办了谈判培训和顾问公司 Black Swan 集团，合著有《掌控谈话》（*Never Split the Difference*：*Negotiating as if Your Life Depended on it*）一书。

克里斯·沃斯的谈判方法包括以下要点[①]：

- 镜像重复（mirroring）：有意识地重复对方的话，其目的是表明你在认真倾听，并邀请对方进一步叙说。
- 标识（labelling）：通过言辞承认对方的感受和立场，以加强对方的正向情绪或减缓对方的负面情绪。
- 动态沉默（dynamic silence）：适当的沉默可以表明自己的坚定态度，给对方讲话的机会，并控制对话的节奏。
- "指控清单"（accusation audit）：把对方对自己可能存在的负面感受或指责都罗列出来，并在对方说出口之前提前替对方说出来，从而降低对方的预期。
- 提出让对方回答"不"的问题（no-oriented question）：让对方说"不"，可以增加对方的安全感。
- 精心考量的提问（calibrated question）："什么"（what）或"怎样"（how）型问题比"为什么"（why）型问题更能引发对方的同理心，并使对方有"掌控"的感觉。
- 复述（paraphrasing）和总结（summary）。

罗杰·道森的"力量谈判"法

罗杰·道森是美国谈判专家和力量谈判学会（Power Negotiation

[①] Chris Voss, Michael Kramer. *Never Split the Difference* [M]. Harper Business，2016.

Institute）的创始人，其代表作有《优势谈判》（*Secrets of Power Negotiating*）。

罗杰·道森的谈判技巧为很多国人所熟知，包括以下要点[①]：

- 开局策略：
    - 开出高于期望获得的价格或条件；
    - 永远不要接受第一次报价；
    - 通过富于同理心地回应对方，来避免对抗性谈判；
    - 要求对方做得更好。
- 中局策略：
    - 有效应对没有决定权的对手；
    - 绝不提议在分歧区域的中点成交；
    - 应对僵局和死局；
    - 让步时总是要求交换（trade-offs）。
- 终局策略：
    - 白脸—黑脸策略；
    - 蚕食策略；
    - 逐步减少让步幅度。
- 提升谈判中的"力量"：
    - 时间压力；
    - 信息力；
    - 合法力；
    - 奖赏力；
    - 专业力。

[①] ［英］罗杰·道森. 优势谈判[M]. 迩东晨译. 北京：北京联合出版公司，2022.

吉姆·坎普的"否定谈判"法

吉姆·坎普（Jim Camp）是美国谈判咨询顾问和培训师，创建了名为吉姆·坎普谈判系统（Jim Camp Negotiation Systems）的谈判咨询和培训机构，著有畅销书《谈判从说"不"开始》(*No: The Only Negotiating System You Need for Work and Home*)。

吉姆·坎普认为，谈判中双方都有否决权，即任何一方都有权利说"不"。谈判的目标是让双方都说"是"，但是谈判是从说"不"开始的，并且在谈判过程中需要经过很多次对彼此提议的相互"否定"，才能达成一个优质的协议。吉姆·坎普的"否定谈判"法包括以下要点[①]：

- "渴求"是谈判中最大的软肋。谈判者要控制自己内心的渴求。当渴求对方的某物，或者表现出对某物的渴求时，谈判者会立即在谈判中处于不利地位。渴求的一个明显的表现是说得太多，并且情绪激动。谈判高手只有在必要的时候才说话，并且声调冷静、沉稳。
- 不要害怕说"不"。说"不"可以让对方思考，说"不"也表明自己不渴求。
- 不要害怕对方说"不"。给对方说"不"的机会可以让对方放松，并且可以让对方有更强的"控制感"，从而有利于理性思考，获得明智的谈判结果。谈判者可以告诉对方，如果提议不合乎其心意，那么他可以说"不"。
- 谈判中不要显示自己的聪明和优越，甚至可以有意暴露一些自己的缺点，使自己在对方心目中回归真实、平凡，让对方"自

---

① ［美］吉姆·坎普. 谈判从说"不"开始[M]. 任月园译. 广州：广东经济出版社. 2010.

我感觉良好"。
- 谈判的任何一方都须对自己的结果负责，不需要为了关系而牺牲自己或"拯救对方"。良好的关系不是靠放弃自己的利益来取悦对方，而是建立在双赢合作的基础上。

斯图尔特·戴蒙德的"沃顿谈判"法

斯图尔特·戴蒙德创办了自己的谈判咨询公司Global Strategy Group，同时作为兼职教授在美国宾夕法尼亚大学沃顿商学院讲授谈判课程，著有《沃顿商学院最受欢迎的谈判课》（*Getting More*）一书。斯图尔特·戴蒙德的谈判方法论强调对方的情绪和感受，其主要原则包括[1]：

- 明确谈判目标，认真计划谈判。谈判中的每一项活动都应服务于谈判的目标。
- 谈判是以对方为中心的沟通方式。谈判者需要了解对方的感受、情绪和需要。
- 提供"情绪方面的支出"。如果有必要，谈判者不妨向对方道歉、表达尊重、赞美或做一些其他的"情绪投资"。
- 循序渐进是最佳策略。每次一小步，逐步缩小差距，逐步接近目标。
- 拥抱差异，交换双方估价不同的东西。人们对事物的价值会有不同的看法。谈判者要发现各方看重的东西和不看重的东西。
- 发现对方的标准、规则、先例和决策方式。
- 坦诚、富于建设性，不要试图操纵对方。

---

[1] ［美］斯图尔特·戴蒙德. 沃顿商学院最受欢迎的谈判课[M]. 杨晓红等译. 北京：中信出版社，2012.

霍华德·雷法的"谈判分析"论

霍华德·雷法（Howard Raiffa）是一位数学博士，担任哈佛大学商学院和肯尼迪政府管理学院的教授，在决策理论、博弈论、谈判分析方面很有建树。霍华德·雷法和另外两位专家合著了《谈判分析》（*Negotiation Analysis*）一书。

在《谈判分析》一书中，霍华德·雷法从以下三个视角来分析谈判[1]：

- 个体决策（individual decision-making）视角。谈判者考虑自己的每一个备选方案的收益、费用、不确定性，选择一个最优的方案。个体决策包括规范决策（prescriptive decision-making，一个理性的个体应该如何做出明智的决策）和行为决策（behavioral decision-making，现实中的人实际上是如何做决策的）。
- 互动决策（interactive decision-making）视角。谈判者考虑对方的行为对己方的影响，其理论基础是博弈论。例如，对方是否会采取一些措施提高其谈判地位？对方是否有替代项？对方是否会让步？对方是否会信守签订的合同？等等。
- 共同决策（joint decision-making）视角。谈判者强调双方合作带来的机会，避免个体决策思维和过度博弈的弊端，最终达成对双方都有利的协议。

《谈判分析》以决策理论、博弈论、概率论、行为理论为基础，对分配式谈判、共创式谈判、调解、多方谈判等进行了深入的分

---

[1] Howard Raiffa, John Richardson, David Metcalfe. *Negotiation Analysis*[M]. Cambridge, Massachusetts: The Belknap Press of Harvard University Press, 2007.

析，对谈判者理解谈判、计划谈判、制定谈判策略具有重要价值。

其他有影响力的谈判著作包括：

杰勒德·尼伦伯格等人所著的《谈判的艺术》(*The New Art of Negotiating*)。杰勒德·尼伦伯格生于1923年，是美国著名的谈判专家。这本书的第一版出版于1968年，是全球出版最早的系统论述谈判的著作之一[①]。

盖温·肯尼迪所著的《谈判：如何在博弈中获得更多》(*Everything is Negotiable：How to Get the Best Deal Every Time*)。盖温·肯尼迪是苏格兰经济学家和谈判专家，是爱丁堡大学荣誉教授。这本书的第一版出版于1982年，通过生动的案例讲解了25个实用谈判技巧[②]。

赫布·科恩所著的《谈判无处不在》(*You Can Negotiate Anything*)。赫布·科恩从事专业谈判工作长达30年，后任教于密歇根大学商学院。这本书用通俗的语言阐述了很多今天已为很多国人所熟知的谈判技巧[③]。

罗伊·列维奇（Roy Lewicki）等人所著的《商务谈判》(*Negotiation*)，于2019年出版第8版。罗伊·列维奇是美国俄亥俄州立大学的管理学教授。这本书包括谈判基础知识、谈判子过程、谈判中的各方、跨文化谈判等模块，对谈判进行了系统的阐述[④]。

莉·汤普森所著的《谈判者的"脑"与"心"》(*The Mind and*

---

① [美]杰勒德·尼伦伯格，[美]亨利·卡莱罗. 谈判的艺术[M]. 陈琛，许皓皓译. 北京：新世界出版社，2012.
② [英]盖温·肯尼迪. 谈判[M]. 陈蓉译. 北京：中信出版社，2022.
③ [美]赫布·科恩. 谈判无处不在[M]. 谷丹译. 广州：广东人民出版社，2011.
④ Roy J. Lewicki, David M. Saunders, Bruce Barry. *Negotiation*[M]. Seventh Edition (International Edition 2015). New York: McGraw Hill Education, 2015.

Heart of the Negotiator），这本书的第6版于2015年出版。莉·汤普森教授是一位心理学博士，担任美国西北大学凯洛格管理学院教授。如书名所示，这本书既关注谈判的理性和策略，又关注信任和关系[1]。这本书包括三个部分：谈判精要、高级谈判技巧、特殊谈判场景。这本书被不少商学院选作谈判课程的教材。

---

[1] Leigh L. Thompson. *The Mind and Heart of the Negotiator*[M]. Fifth Edition. Pearson，2011.

第二章

谈判的基本模型

谈判在我们的工作和生活中扮演如此重要的角色，但是我们对谈判的"庐山真面目"似乎看不清楚。要想精通谈判，必须揭开谈判的神秘面纱，理解谈判的内在机制。

本章解析谈判的三大要素，然后在此基础之上构建谈判的基本模型，并用谈判模型来揭示谈判的经济学本质。

和谈判相关的经济学概念

谈判中实体性事项最重要的理论基础是经济学。下面介绍和谈判密切相关的六个重要的经济学概念。

取舍

在商业领域，市场主体所拥有的资源都是有限的。所以在很多时候，鱼和熊掌不可兼得，我们在获取一些东西的时候，往往需要放弃另外一些东西。所以，我们经常需要做出权衡取舍的决策。

成本

在经济学中，成本是指我们为了获取一个东西而放弃的东西。一件事情的总成本（total cost），即完全成本（full cost），包括固定成本（fixed cost）和可变成本（variable cost）。固定成本是短期内不可改变的成本。可变成本是为生产某一个产品或实施某一个项目所发生的增量成本，也称边际成本（marginal cost）。

已经发生的、无法挽回的成本称为沉没成本（sunk cost）。我们在决策时应关注一件事未来的收益和成本，而不应该考虑沉没成本。

长期来看，只有当总收入大于总成本，实现盈利时，企业才能持续经营，否则会走向破产。

短期来看（例如，对于一个具体项目而言），固定成本已经发生且无法改变，属于沉没成本。如果一件事的边际收益大于边际成本，我们就应该去做这件事；相反，如果一件事的边际收益小于边际成本，则我们应该放弃做这件事。

成本效益分析

理性人在做决策时考虑净收益：

$$净收益 = 收益 - 成本$$

如果一件事的净收益大于零，则应该去做这件事；如果一件事有多个"净收益大于零"的选项，则应该选择净收益最大的选项。

如果这件事的时间跨度很长（例如几年、十几年甚至几十年），那么我们应该考虑现金的时间价值；如果这件事存在不确定性，那么我们应该考虑预期收益和风险。

选择

在市场经济环境下，市场主体拥有在可能的选项中自主选择的权利。

竞争

自由竞争是市场经济的基本特征。市场主体通过竞争赢得被选择的机会。自由竞争可以促使企业持续提升效率,持续创新,为整个经济体注入活力。

交换

当双方自愿进行交换时,双方的净收益都是大于零的。格里高利·曼昆(Gregory Mankiw)在《微观经济学》的开篇就提出的"经济学十大原理"中的第五个原理是"交换使每个人获益"(Trade can make everyone better off)。也就是说,交换可以创造价值。

谈判的三大要素

谈判最重要的三个核心概念是底线(limit)、成交区间(Zone of Possible Agreement,ZOPA)和最佳替项。本书将其称为谈判的三大要素。

底线

谈判的第一大要素是底线。底线是谈判中的一方所能接受的极限价格或条件,也称"破裂点"(breaking point)、"保留价格"(reservation price)或"离席点"(walk-away point)。如果一方坚持的交易价格或条件突破了另一方的底线,则后者将无法接受,宁愿选择放弃合作。

底线是我们最熟悉的一个谈判概念。谈判中的一方可能在多个利益维度都有自己的底线。最常见的是价格底线，其他利益维度的底线包括工期底线、预付款比例底线、累计违约责任底线等。

案例 2-1

伟恩笛公司和客户 A（某工业厂房投资人）正在就供应某种型号的智能空气净化系统进行谈判。

伟恩笛公司根据该产品的成本及市场行情，确定其价格底线为 1 500 万元（基于该行业的典型合同条件），如果最终售价低于这个价格，那么伟恩笛公司宁愿放弃这个项目。

与此同时，客户 A 就同一产品向多家合格的供应商询价并谈判，获得的最低价格为 1 580 万元（基于典型合同条件，该报价来自伟恩笛公司的竞争对手格美公司）。由于各家供应商产品的性能和品质类似，客户确定其价格底线为 1 580 万元。如果伟恩笛公司的要价高于 1 580 万元，那么客户 A 将放弃与伟恩笛公司合作，转而与其竞争对手合作。

所以，卖方和买方的价格底线分别是 1 500 万元和 1 580 万元。

同时，谈判双方在其他维度上也可能存在底线。例如，根据伟恩笛公司的生产进度，供货期限最短为 60 天，即伟恩笛公司的工期底线为 60 天；而根据客户 A 的项目计划，供货期限最长可以为 75 天，即客户的工期底线为 75 天。伟恩笛公司要求预付款的比例至少为 15%，即伟恩笛公司的预付款比例底线为 15%；而客户 A 能接受的预付款比例最多为 25%，即客户的预付款比例底线为 25%。

需要注意的是，对于谈判中的一方来说，其在某一个维度的底线一般会受到其他维度合作条件的影响。

> 案例 2-2

在案例 2-1 中，在典型合同条件下（例如，供货周期为 70 天，预付款比例为 20%），伟恩笛公司的价格底线是 1 500 万元。如果供货周期缩短到 60 天、预付款比例降低到 15%，则价格底线升高到 1 550 万元。

成交区间

成交区间是卖方和买方都可以接受的区间，也就是双方可能达成协议的区间。如果只考虑一个利益维度，那么成交区间的两个端点分别是双方的极限点（底线）。如果双方达成协议，那么成交点（settlement point）将位于成交区间之内。

> 案例 2-3

在案例 2-1 中，供应价格的成交区间是 1 500 万~1 580 万元（基于标准合同条件），供货期限的成交区间是 60~75 天，预付款比例的成交区间是 15%~25%。

最佳替项

最佳替项是谈判中最重要的一个概念。这个术语的完整中文翻译是"协议的最佳替代项"，本书将这个概念确定为"最佳替项"。最佳替项是指双方谈判失败而未能达成协议时，谈判双方各自拥有的最好的替代选择或替代出路。

> 案例 2-4

在案例 2-1 中，伟恩笛公司的某种型号的智能空气净化系统比较畅销，如果伟恩笛公司未能和客户 A 达成协议，那么伟恩笛公司将以 1 500 万元的价格将其销售给客户 M。在这里，销售给客户 M

是伟恩笛公司的最佳替项。与此同时，客户A目前获得的最优惠价格是来自伟恩笛公司的竞争对手格美公司的报价1 580万元。如果和伟恩笛公司谈判失败，那么客户A的最佳替项是从格美公司采购智能空气净化系统。

当谈判者拥有比较有利的最佳替项时，其底线会比较牢固，因而也会更加自信。

需要注意的是，最佳替项和最优方案（preferred option）是两个不同的概念。

- 最优方案是在谈判双方讨论具体合作方案时，从多个供选择的合作方案中选出的一个最优方案，如果这个方案获得双方认可，则双方可能基于该方案达成合作协议。
- 而最佳替项是如果双方谈判失败，双方未能达成协议，谈判的一方能够拥有的其他选择，例如和其他公司合作。

谈判的基本模型

谈判模型的构成要件

我们可以用一个形象的模型图来揭示谈判的经济学本质。

我们基于一个典型的场景——买卖交易谈判来构建谈判模型。为了简化，假设双方仅考虑价格这一个利益维度，我们用一条假想的横轴表示价格，右侧表示价格高，左侧表示价格低。

下面逐一介绍谈判模型的构成要件。

卖方的底线和卖方可接受的区间

假设卖方的底线为C，卖方能接受的价格区间是一条从C点向右延伸的射线，如图2-1所示。

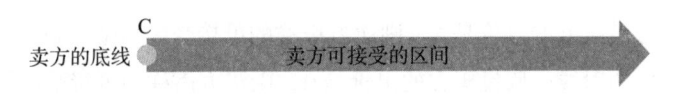

图2-1 卖方的底线和卖方可接受的区间

买方的底线和买方可接受的区间

假设买方的底线为V，买方能接受的价格区间是从V点向左延伸的射线，如图2-2所示。

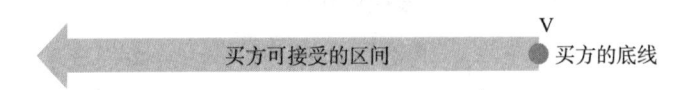

图2-2 买方的底线和买方可接受的区间

成交区间

成交区间是买卖双方都可以接受的区间，即上述两条射线的重叠部分，如图2-3所示。

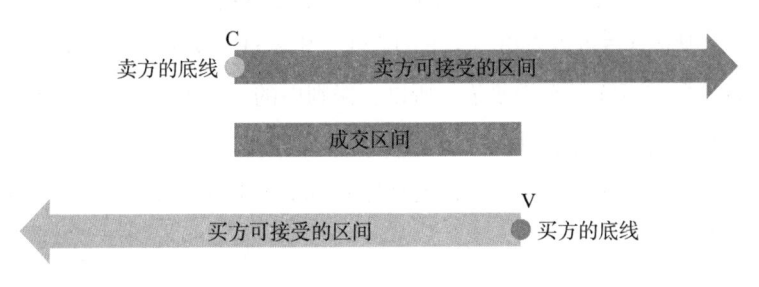

图2-3 成交区间

分歧区间

有一个容易与成交区间混淆的概念是分歧区间（zone of difference）。分歧区间是双方的提议价格（出价与还价）之间的差距。

假设卖方的要价是A，则卖方声称的可接受区间是一条从A向右延伸的射线；假设买方的出价是B，则买方声称的可接受区间是一条从B向左延伸的射线。买方出价和卖方要价之间的距离为分歧区间，如图2-4所示。

```
          买方出价    卖方要价
←买方声称的可接受的区间 B    A 卖方声称的可接受的区间→
                  分歧区间
```

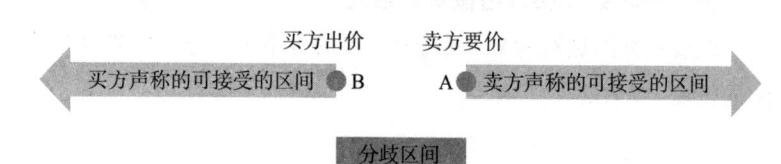

图2-4　分歧区间

双方必须通过让步来逐步缩小分歧区间，并最终消除分歧区间，只有这样才能达成协议。

双方如果达成协议，成交点S将位于分歧区间之内，并且通常位于分歧区间的中点附近。

成交区间和分歧区间之间的关系如图2-5所示。

从图2-5可以看出，买方的底线肯定不低于买方出价；卖方的底线肯定不高于卖方要价。所以，谈判中的一方的出价（或还价）会暴露其底线的范围。

从图2-5还可以看出，成交区间和分歧区间均包含可能的成交点。

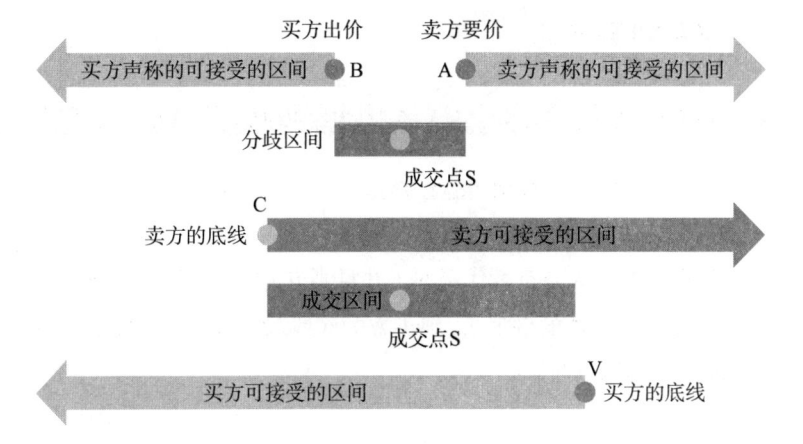

图2-5 成交区间和分歧区间的关系

但是成交区间和分歧区间的含义有显著的不同：

- 成交区间是谈判双方可能创造的额外价值，一般是隐藏起来的，需要谈判者用心发现它（在条件具备时可以改变它），并通过谈判来分配这份额外价值。
- 而分歧区间是双方出价之间的差异，是显露出来的，需要谈判者逐步消除它，双方才能达成协议。

最佳替项

如果卖方有替代选项（并且最佳替项的价格大于卖方成本），则成交价格不应低于卖方的最佳替项的价格，否则卖方将放弃交易，转而选择最佳替项。

也就是说，卖方的底线取决于卖方的最佳替项的价格，如图2-6所示。

图2-6 卖方的最佳替项和卖方的底线之间的关系

同理，如果买方有替代选项（并且买方的最佳替项的价格低于标的物给买方提供的价值），则买方的底线取决于买方的最佳替项的价格，如图2-7所示。

图2-7 买方的最佳替项和买方的底线之间的关系

需要说明的是，上述论断是基于谈判的标的物和最佳替项的标的物完全相同的简化情形。如果两者有差异，则应在对最佳替项的价格进行必要的调整之后，才能将其作为确定底线的依据。

案例2-5

伟恩笛公司最近在国内某东部城市中标了一个项目，工期约1年，需要在项目所在地设立一间项目办公室。项目团队经过比选，初步考虑选择一间面积约为100平方米的办公室A。该团队和房东进行了谈判，房东坚持要求租金至少为10 000元/月。这时团队成员发现同一栋楼里还有办公室B可供出租。项目经理莫磊到现场实地查看后，认为办公室B也比较符合使用需求。

莫磊准备约办公室B的房东做一次当面谈判。在见面之前，莫磊思考自己对租赁办公室B的价格底线。

由于办公室B的面积为110平方米,莫磊估计面积差异对租金的影响大约为1 000元/月;另外,办公室B的楼层比办公室A更高一些,莫磊估计楼层差异对租金的影响大约为200元/月。据此,莫磊确定租赁办公室B的租金底线为10 000元/月+1 000元/月+200元/月=11 200元/月。

成交点、卖方剩余和买方剩余

成交点为双方一致协定的交易价格或其他交易条件,成交点肯定在成交区间内,如图2-8所示。明确成交点的具体位置取决于双方谈判效果。如果卖方谈判效果较好,成交点将位于比较靠右的位置,甚至逼近买方的底线;如果买方谈判效果较好,成交点将位于比较靠左的位置,甚至逼近卖方的底线。

成交点和卖方底线之间的距离称为卖方剩余,也就是卖方通过本次交易获得的额外价值;成交点和买方底线之间的距离称为买方剩余,也就是买方通过本次交易获得的额外价值。

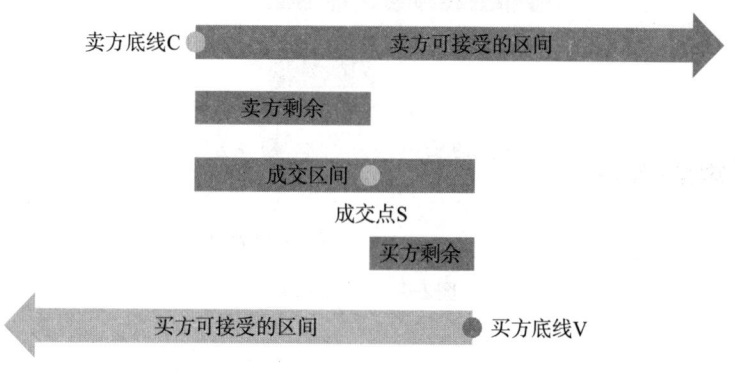

图2-8 成交点、卖方剩余和买方剩余

谈判模型图

将上一节讲述的谈判模型构成要件组合在一起，我们可以得到一个完整的谈判模型图，如图2-9所示。

谈判模型图可以清楚地揭示谈判的本质：

买卖双方通过沟通达成的自愿合作，产生一定的额外价值（额外价值是相对于"没有合作"的情形而言的），额外价值的大小为成交区间的长度。买卖双方以成交点为界，瓜分了产生的额外价值，其中卖方分配到的额外价值为卖方剩余部分，买方分配到的额外价值为买方剩余部分。也就是说，双方都通过谈判获得了收益，所以谈判的结果一定是双赢的。

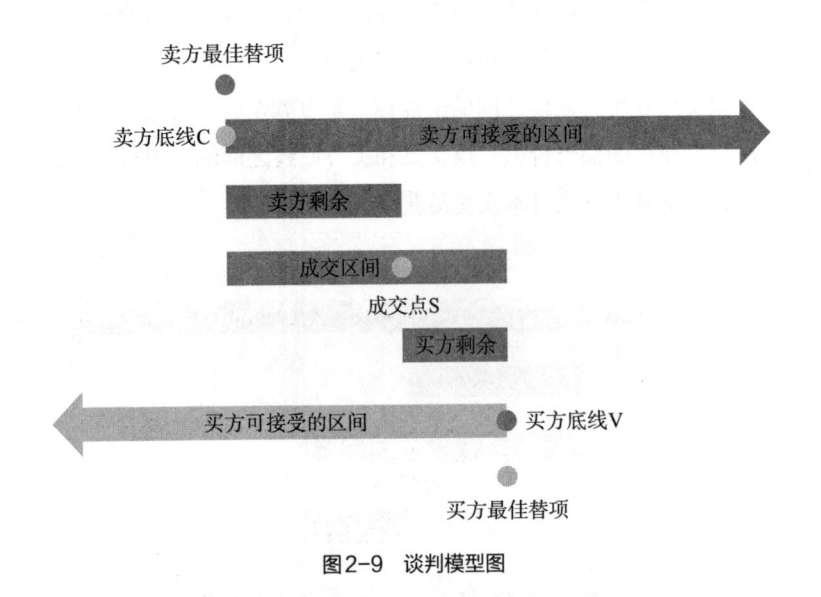

图2-9 谈判模型图

从谈判模型图中还可以看出，谈判包括两个重要的任务：

- 创造价值。双方识别合作机会，发现成交区间，构建合作方案，扫除交易障碍，通过把机会转化为可行的合作来创造新的价值。我们可以把这个过程比作"做饼"。
- 分配价值，双方商谈关键利益维度的成交点（例如成交价格），最终达成完整的交易。在这个过程中，双方通过成交价格以及其他利益维度的成交点（例如工期、预付款比例等）来分配创造出来的价值。我们可以把这个过程比作"分饼"。

在实际谈判的计划和实施中，我们可以使用简化的谈判模型图，如图2-10所示。简化的谈判模型图只包括三个部分：

- 卖方可接受的区间，即从卖方底线向右的射线。
- 买方可接受的区间，即从买方底线向左的射线。
- 成交区间，即上述两条射线的重叠区域。

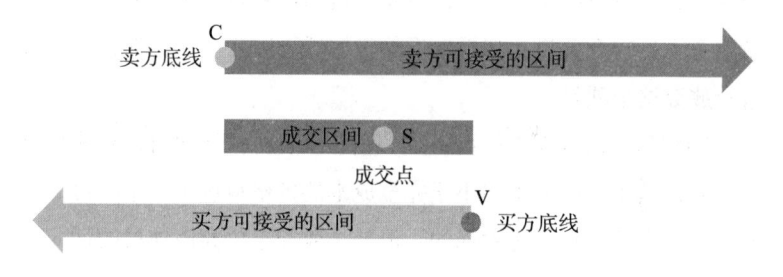

图2-10 简化的谈判模型图

这个简化的谈判模型图看似平平无奇，但实际上效能十分强大。每一场商业谈判，都可以用这个简化的谈判模型来进行分析和准备。我建议读者在实际谈判中多使用这个简化的谈判模型图。在尝到甜头之后，谈判者就会牢牢记住它，把它变成个人日常思维的一部分。

谈判模型的分析

本节我们对谈判模型做进一步的分析。

卖方底线的决定因素

卖方的底线取决于三个因素：完全成本、边际成本和最佳替项。

完全成本

假设卖方的业务是以项目的方式运作的，那么长期来看，项目的价格必须高于其完全成本（项目的完全成本＝分摊的固定成本＋项目的边际成本），这样公司才可以盈利并维持正常经营。

所以长期来看，卖方的底线取决于完全成本。

边际成本

短期来看，完全成本中的固定成本部分不会因是否承接项目而改变，属于沉没成本。所以，只要项目的价格高于边际成本，公司就愿意承接这个项目；如果项目的价格低于边际成本，那么公司将选择放弃这个项目。

特别是当市场需求严重不足，企业没有替代选项时，企业可能不得不以大于边际成本但小于完全成本的价格承接某一个项目。这时，企业在该项目上是亏损的，但是企业如果放弃该项目的话，将亏损更多。当然，以高于边际成本的价格承接亏损项目只是权宜之计，如果管理者不采取措施来迅速扭转亏损局面，那么企业会发生经营困难甚至走向破产。

因此短期来看，卖方的底线取决于项目的边际成本。

案例2-6

新冠疫情暴发后，土木工程设计市场需求急剧减少，竞争激烈。据报道，某设计院以最高限价的10%的价格中标某工程设计项目，引发广泛关注。

在设计项目的完全成本中，大部分是人员薪酬，短期内难以改变，属于固定成本；而边际成本（例如差旅费、制图费等）占的比例很小。所以，当面对极为不利的市场环境时，设计院的价格底线是很低的。

必须注意的是，以如此低的价格承接设计项目，必然导致设计项目亏损和项目交付出现问题，并会迫使一部分设计院快速退出市场。

那么，卖方如何加强自己的底线、摆脱低价竞争的泥潭呢？好消息是，卖方的底线还有一个决定因素——最佳替项。

最佳替项

卖方的最佳替项是卖方为达成谈判协议而需要放弃的选项，实际上是卖方的机会成本。

如果最佳替项的价格高于卖方的边际成本或完全成本，则最佳替项将决定卖方的底线。

不难理解，如果卖方的最佳替项的价格低于边际成本或完全成本，则该最佳替项对卖方的底线将没有影响。

案例2-7

在案例2-6中，假设该设计院通过和在国际业务方面领先的大型承包商合作，获得了国际工程项目的设计任务，即将签订合同，不仅项目价格可以覆盖完全成本，还能有合理的利润和一定的风险溢价，并且该项目可以为设计院提供未来一年的工作量。这个项目机会就成为该设计院在国内竞标和谈判的最佳替项，其价格就是该设计院的新的底线价格。如果国内设计项目的价格达不到新的底线价格水平，那么该设计院会选择放弃该国内设计项目。

所以当面临竞争残酷的红海市场时，企业不能原地挣扎，更不能坐以待毙，而是要发现新市场，找到新赛道，也就是说，开发更好的最佳替项。

综上所述，长期来看，卖方的底线取决于完全成本；短期来看，特别是在没有替代项的情况下，卖方的底线取决于边际成本。当卖方有替代项，并且其最佳替项的价格高于完全成本或边际成本时，卖方的底线取决于最佳替项。简而言之，卖方的底线取决于卖方成本和卖方的最佳替项二者之中的较高者。

买方底线的决定因素

买方的底线价格取决于标的物给买方提供的价值和买方的最佳替项。

价值

买方的底线首先取决于所购买对象（标的物）的价值。在谈判中，价值是指标的物为买方带来的效用或收益。对于不同类型的标的物，其价值的含义也不同，例如：

- 对于用于消费的产品或服务，其价值是使用者获得的效用，例如餐厅中菜品的品质和环境的舒适度。
- 对于功能性产品，其价值是产品实现其功能的能力，例如药品的疗效、名贵珠宝彰显主人身份的功能等。
- 对于资产性标的物，其价值是产生收益和保值增值的能力，例如房产的租金收益和未来升值的潜力。
- 对于生产性标的物，其价值是产生效益的能力，例如生产装备为企业产生效益的能力。

除了上述"实体"价值，我们还应该考虑情绪价值，例如某品牌给客户带来的亲切感和信任感、善于沟通的项目团队给客户带来的愉快体验、艺术作品给受众带来的感动等。

我们在评估标的物对买方的价值时，应该将各种类型的价值"量化"为以货币单位表示的价格，并累加求和，然后以此为基础确定自己愿意支付的最高价格，也就是买方的底线。

案例2-8

伟恩笛公司准备购置一批空气质量监测机器人，并将其租赁给客户使用，用于监控装修过程中和装修之后室内空气的各项指标。项目经理戴夫负责该业务。供应商M就某种型号的机器人向伟恩笛公司提交了一份书面报价。戴夫拟邀请该供应商见面商谈。在和供应商谈判之前，戴夫如何确定自己的底线呢？

假设该机器人的使用寿命为5年，戴夫对未来5年每台机器人的租金收入进行了预测，然后采用一个适当的折现率，将预计未来能获得的净现金流折算为现值（present value），再求和。

假设本行业类似业务的投资收益率为12%。根据戴夫的预测，每台机器人在未来5年的租金现金流及其现值如表2-1所示。

表2-1　空气质量监测机器人未来5年的租金和现值

时间	第1年	第2年	第3年	第4年	第5年	总计
租金（元）	8 000	8 000	7 000	5 000	5 000	33 000
现值（元）	8 000	7 143	5 580	3 559	3 178	27 460

最后求出的租金现值之和为27 460元。这就是每台空气质量监测机器人为伟恩笛公司带来的价值。

戴夫以这个数值为基础确定伟恩笛公司购买机器人的价格底线。

最佳替项

买方底线的另一个决定因素是买方的最佳替项。当买方有替代项并且其最佳替项的价格低于标的物对买方的价值,则买方在本次交易中愿意支付的最高价格不应超过最佳替项的价格,否则买方会放弃本次交易,转而选择最佳替项。这时,买方的底线取决于买方的最佳替项。

显而易见,如果买方的最佳替项的价格高于标的物对买方的价值,那么买方的底线仍然是由标的物的价值决定的,此时最佳替项对买方的底线将没有影响。

综上所述,买方的底线取决于标的物对买方的价值;但是当买方存在替代项,并且最佳替项的价格低于标的物对买方的价值时,买方的底线取决于最佳替项。简而言之,买方的底线取决于标的物对买方的价值和买方的最佳替项二者之中的价格较低者。

案例2-9

在案例2-8中,戴夫了解到还有两家国内公司和一家国外公司可以提供类似的智能化室内空气监测装置。这三家供应商的报价都低于戴夫根据未来收益算出的"标的物价值"。在这三家替代供应商中,其产品性能和品质都大体相同,但供应商L的最终报价最低,所以供应商L就是戴夫和供应商M谈判时的最佳替项,供应商L的报价就是伟恩笛公司和供应商M谈判时的价格底线。

最佳替项的价值

最佳替项的本质是谈判者为自己创造了一个"第二方案"(plan B),使自己获得可能的选择,并有利于强化自己的底线。

最佳替项可以给谈判者带来一系列好处:

- 引入竞争，充分挖掘市场的潜力。
- 增加谈判者的自信，使其不再惧怕强势的对手。
- 加强自己的底线，使得谈判者达成对自己更加有利的交易。
- 使谈判者在必要时可以大胆说"不"，潇洒离席。

案例2-10

维拉本科毕业于国内一所知名大学的数学专业，然后到美国卡内基梅隆大学攻读计算金融硕士学位，即将毕业，目前正在寻求工作机会。

维拉成绩优秀，性格开朗，找工作也十分努力，已经顺利拿到了3份录用通知，其中最优的是一家美国大型投资银行的录用通知。她还在积极寻找机会，希望获得更多的录用通知，最后从中选择一个最好的工作机会。

不久，维拉收到了某国际顶尖投资银行的第三轮面试通知，该投行交易部门的董事总经理亲自面试维拉，预计面试时长是半小时。因为维拉手头有一个很不错的最佳替项，所以她在面试过程中非常放松，没有表现出对这份工作的过度渴求。面试官最后询问维拉：你有什么问题要问我们吗？维拉没有像一般申请人那样象征性地提一个问题以尽快结束面试，而是微笑着提出一个"真正的"问题："我为什么要选择贵公司呢？"维拉的这种自信正是对方所寻觅的。董事总经理详细地介绍了公司的发展历程、优势、能够提供给员工的学习和培养机会等。维拉完全被对方的侃侃而谈吸引住了。看到维拉听得兴趣盎然，董事总经理讲完后又询问维拉："你还有什么问题吗？"维拉觉得机会难得，又提出一个更为尖锐的问题："在当前经济低迷的形势下，贵公司如何与国际上其他七大投行竞争呢？"董事总经理详细阐述了行业发展的态势和公司的竞争策略，谈话仿佛变成维拉这个年轻人对公司高管的面试。董事总经理又询问了维拉对薪酬、个人成长等方面的期望,维拉以自己的最佳替项为基础,清晰而礼貌地提出了自己的诉求。双方相谈甚欢,竟然聊了两个小时才结束面试。一周后,维拉收到来自这家国际顶尖投资银行的待遇优厚的录用通知。

如何加强自己的底线

在竞争环境中,双方的底线和成交区间不是静态的,而是变化的。

如图2-11所示,假设在某一时刻,就某一特定产品,买卖双方存在一定的成交区间。如果买方收到了来自其他卖方的报价W,则买方的底线变为W,买方的底线被加强(向左移动),成交区间缩小,买方借助其替代项俘获了成交区间缩小部分的价值。

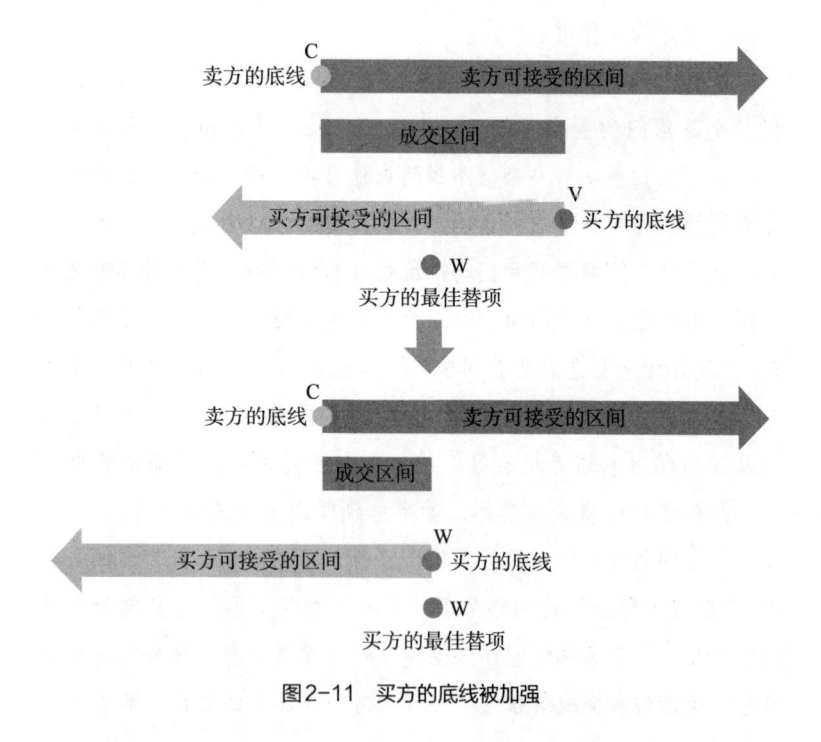

图2-11 买方的底线被加强

同理，如图2-12所示，如果卖方收到了来自其他买方的出价D，则卖方的底线变为D，卖方的底线被加强（向右移动），成交区间缩小，卖方借助其替代项俘获了成交区间缩小部分的价值。

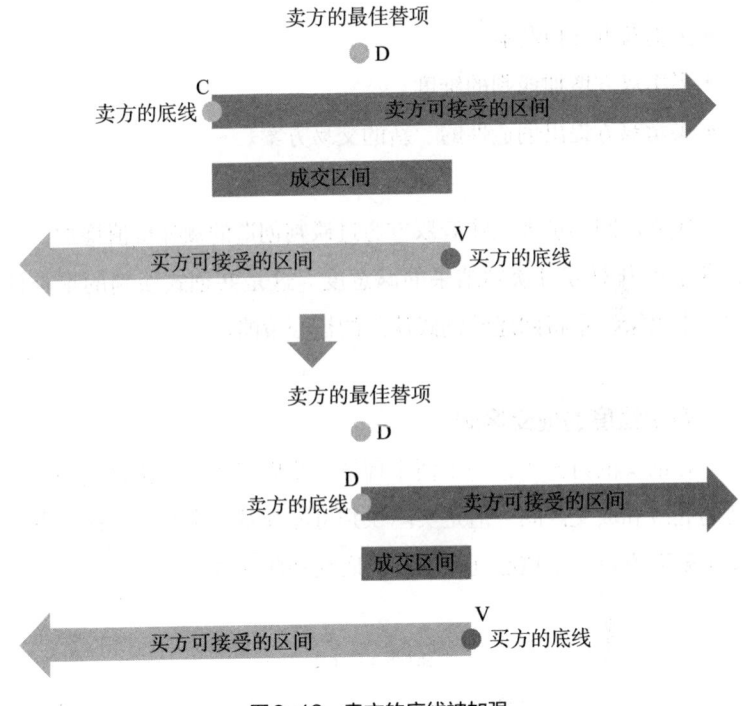

图2-12 卖方的底线被加强

当产品标准化程度高、市场参与者多、竞争充分时，成交区间将趋近于零。

当成交区间变为负数时，谈判双方不可能达成合作。

如何扩大成交区间

谈判双方可通过多种途径扩大成交区间，例如：

- 降低卖方的成本。
- 增加买方的价值。
- 增强卖方定制化、差异化程度。
- 买卖双方加强协作。
- 买卖双方交换利益。
- 买卖双方增加谈判的维度。
- 买卖双方提出创造性的、新的交易方案。

成交区间的扩大意味着双方通过谈判创造的额外价值增加，这有利于提升双方对谈判结果的满意度。这是共创式谈判的重点议题。本书第三章将阐述共创式谈判的核心策略。

多个维度的成交区间

在前文的讨论中，为了便于理解，我们只考虑了价格这一个维度的底线和成交区间。但是实际谈判可能涉及多个维度。谈判者需要了解双方每一个核心利益维度的底线和成交区间。

案例 2-11

某化工企业为伟恩笛公司供应某种高性能材料。我们分别考虑以下三种情形。

（1）只考虑一个维度的情形

我们知道，当采购数量、抗拉强度等其他参数都固定，而只考虑价格这一个维度的变化时，卖方的底线是一个点，买方的底线是一个点，成交区间是一条线段。例如，当材料的抗拉强度为 700 MPa，采购数量为 2 吨时，卖方的底线是 102 万元，买方的底线是 126 万元，如图 2-13 所示。

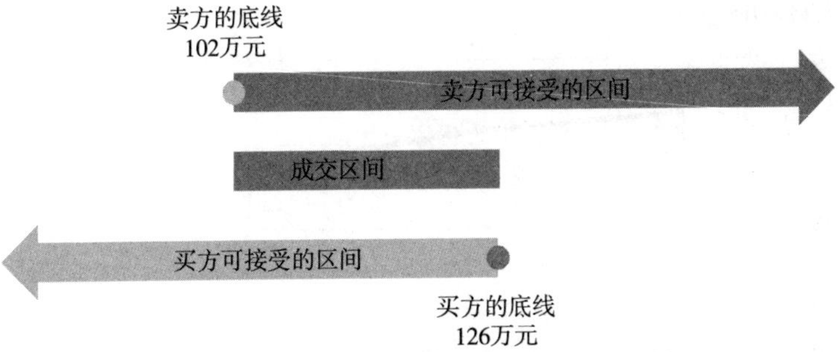

图2-13 只考虑一个维度时双方的底线和成交区间

（2）考虑两个维度的情形

我们先来考查采购数量和价格这两个维度都变化的情形。

假设材料的抗拉强度为 700 MPa，当采购数量变化时，买卖双方的价格底线和成交区间也会变化，从而形成一个二维数据表，如表2-2所示。

表2-2 采购数量不同时材料的价格底线和成交区间

采购数量（吨）	卖方底线（万元）	买方底线（万元）	成交区间（万元）
1	115	135	115～125
2	102	126	102～116
3	88	110	88～100

将表2-2所呈现的二维数据用图来表示，可得到一个二维图形，如图2-14所示。可以看出，当价格和采购数量这两个维度都在变化时，卖方的价格底线是一条线（图2-14中下面的那条线），买方的价格底线也是一条线（图2-14中上面的那条线），双方的价格成交区间是买方底线和卖方底线以及两条端线所围成的一个面。

第二章 谈判的基本模型　　061

价格（万元）

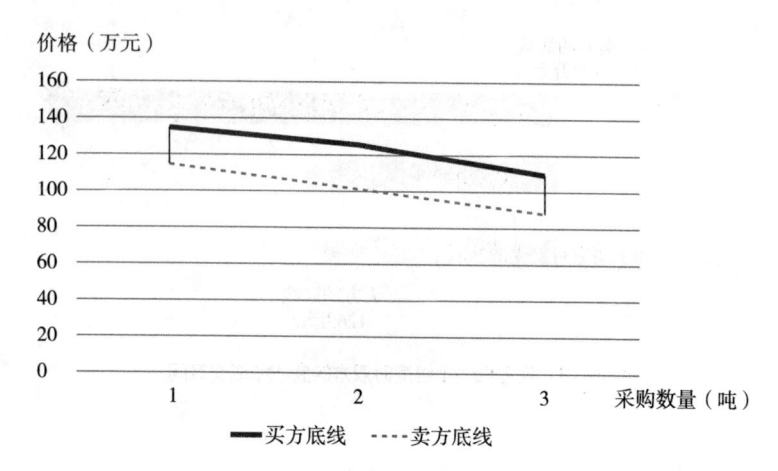

```
160
140
120
100
 80
 60
 40
 20
  0
       1         2         3      采购数量（吨）
       ——买方底线  ----卖方底线
```

图2-14 考虑价格和采购数量这两个维度时买卖双方的底线和成交区间

类似地，我们再来考察抗拉强度和价格这两个维度都在变化的情形。

假设采购数量为1吨，当材料的抗拉强度不同时，买卖双方的价格底线和成交区间也不同，如表2-3所示。

将表2-3所呈现的二维数据用图来表示，可得到一个二维图形，如图2-15所示。可以看出，抗拉强度和价格这两个维度都在变化时，卖方和买方的底线分别是图2-15中下面的那条线和上面的那条线，成交区间是买方底线和卖方底线以及两条端线所围成的一个面。

表2-3 材料的抗拉强度不同时买卖双方的价格底线和成交区间

抗拉强度（MPa）	卖方底线（万元）	买方底线（万元）	成交区间（万元）
700	115	135	115~135
800	135	160	135~160
900	150	190	150~190

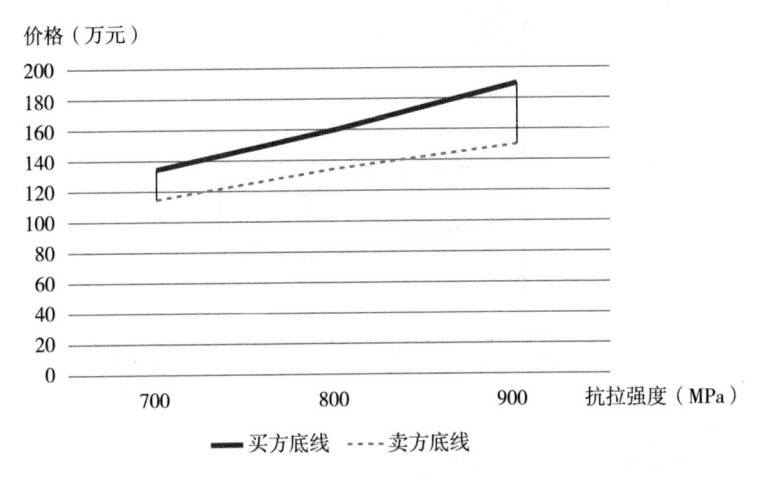

图2-15 考虑价格和抗拉强度这两个维度时买卖双方的价格底线和成交区间

（3）考虑三个维度的情形

我们再来考查采购数量、抗拉强度和价格这三个维度都在变化的情形。当采购数量、材料的抗拉强度都在一定范围内发生变化时，买卖双方的价格底线和成交区间将相应地发生变化，如果把这三个变量之间的联动用图来表示，将得到一个三维图形，如图2-16所示。

可以看出，当考虑三个变量时，卖方的底线是图2-16中位于下侧的一个面，买方的底线是图2-16中位于上侧的一个面，成交区间是这两个面和四周端面所围成的一个体。

当同时考虑四个或更多的变量时，成交区间将是一个多维体。

从上文的分析可以看出，当维度由一个增加到多个时，成交区间也由一根线段变成一个面或一个体。也就是说，成交的可能性获得了极大的提高。一桩本来非常"紧绷"的交易，可能因为增加一个变量而变得"海阔天空"，这就是我们将在第三章详细讨论的"升维思维"。

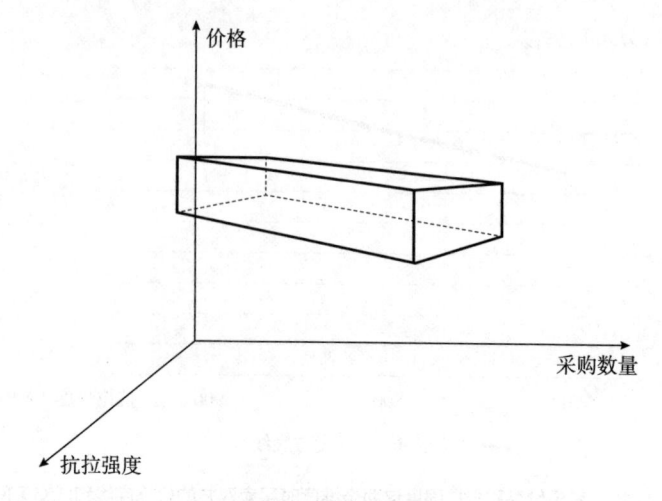

图2-16 考虑采购数量、材料的抗拉强度、价格这三个维度时买卖双方的价格底线和成交区间

基于谈判模型的四大推论

根据谈判模型,我们可以得出以下"四大推论"。

推论1:勇敢发起谈判

从谈判模型可以看出,只要双方之间存在正和游戏机会,就可能通过谈判达成双赢的结果。在工作和生活中我们每天都能遇到很多正和游戏机会,例如:

- 为团队做一次知识分享。
- 向资深同事请教技术问题。

- 和下属做一次"五分钟贴心谈话"。
- 为兄弟部门同事提供新项目的线索。
- 鼓励遇到挫折的朋友。
- 真诚地赞美他人。
- 陪伴家人或朋友。
- 搭朋友的顺风车上班。
- 捐赠不需要的课桌、椅。
- 在旧书店发现一本自己寻找多年的绝版图书。
- 和国内竞争对手联手竞标国外项目。
- 为老客户定期分享行业研究报告。
- 向长期合作的供应商提供培训。
- 和家人共进晚餐。
- 介绍互不相识的朋友彼此认识。

当发现正和游戏机会时,我们应该大胆地发起谈判,提出我们的诉求,这样才能达成自己的目标,实现正和游戏的价值。如果没有人发起谈判,那么正和游戏的机会可能和我们擦肩而过。

案例2-12

安迪曾到世界上四十多个国家和地区出差或旅游。到外地出差或旅行时,安迪一般会选择比较熟悉的国际品牌酒店。每次入住酒店时,安迪都会和前台工作人员寒暄几句,表达对所选择酒店的认可,并询问一下酒店的客满率情况。如果酒店房间没有全部客满,安迪会微笑着提出诉求:"我今天晚上还要加班开一个视频会议,如果可以,麻烦给我免费升级到一个大一些的房间,这样我的入住体验会更好。谢谢!"前台人员一般都会立即回应,说:"先生,您稍等一下,我看看是否有合适的房间。"在大多数情况下,安迪都能获得房间升级。有时酒店确实无法提供房间升级服务，前台人员会说："先生，实在抱歉我们确实无法为您提供房间升级服务，我们在您的房间里准备了一份水果，希望能表达我们的一点心意。"

我们来分析一下这个案例背后的逻辑。如果酒店有空余房间，为有需求的客人提供房间升级服务几乎不会增加酒店的成本，但是会为客人增加可感受到的额外价值，这是一个正和游戏。虽然酒店为客人免费升级房间所产生的额外价值基本上被顾客获取，但是顾客满意度的提升将有利于酒店未来的业务开展，所以这更是一个双赢游戏。

很多客人因为觉得尴尬或害怕被拒绝而不愿意提出类似要求。其实即使被拒绝，提出诉求也没有什么损失，完全可以轻松付之一笑。需要注意的是，如果酒店确实不能提供房间升级服务，那么客人千万不能强人所难，而是要表示理解和接受。

当存在正和游戏机会时，提出诉求不是乞求施舍，而是发起合作。

寻求帮助，还可以帮我们交到新朋友。本杰明·富兰克林早在200多年前说出的一句名言至今听起来仍然令人回味：If you want to make a friend, let someone do you a favor.（如果你想交朋友，就请人帮你一个忙。）

推论2：大胆开价

谈判中的实际成交区间常常比我们心目中估计的成交区间大。单纯从利益的角度来看，任何一方的理想的谈判结果是在对方的底线附近成交。所以，谈判中一方开价时应瞄准对方的底线，而不是在自己的底线附近徘徊。

大胆开价的人往往能取得更好的谈判结果。当然开价不能过高，甚至是偏离合理范围，否则会失去可信度。

案例2-13

大约15年前，安迪担任一家大型跨国机电设备制造商中国区业务线负责人。他的直接上级是担任中国区总经理的德国籍职业经理人。一天，安迪突然接到了公司全球副总裁高伟德的电话，被告知公司决定将现任中国区总经理调回总部任职，因安迪业绩和人品均十分出色，公司拟提拔安迪为中国区总经理，希望听听安迪本人的意见。虽然安迪拥有欧洲顶尖商学院的MBA学位，但是他对负责整个中国区的业务，特别是未来领导包括几十名外籍员工在内的数百人的团队，感到压力很大，因而犹豫不决。高伟德竭力鼓励安迪接受这一挑战，并承诺在工作上给予安迪最大的支持。安迪借机向高伟德提出了一个问题："如果我担任中国区总经理，我的中国人身份是否会限制我的薪酬水平？"高伟德肯定地回应道："安迪，作为中国区总经理的直接上司，我可以负责任地表态，你未来的薪酬水平将取决于你的职位，与你的国籍无关。"安迪很喜欢高伟德诚恳而犀利的沟通风格，他决定接受这个挑战。由一位土生土长的中国人担任大型跨国公司中国区总经理，在当时还是很少见的。

两周后，高伟德来到中国，亲手递给安迪一份委任书，并告诉安迪："关于你的薪酬，我专门向公司全球CEO做了汇报。他破格批准给你涨薪30%，你新的薪酬水平已经超过了大部分外籍同事，希望你能满意。"安迪向高伟德真诚地表示感谢，但是并未对新的薪酬表态。

安迪推断，他新的薪酬水平远没有达到担任类似职位的外籍高管（安迪估计，刚刚离任的中国区总经理的薪酬应该是安迪升职前薪酬的两倍以上）的水平。同时安迪认为，他对公司的价值远远超

过担任同样职位的外籍经理人的价值,这是因为安迪:
- 谙熟中国市场。
- 已经被证明的业务发展和团队领导能力。
- 可以同时担任业务线负责人和中国区总经理两个职务。
- 不需要配备翻译。
- 不需要公司负担外籍高管子女的国际学校补贴。

所以,安迪相信公司会愿意支付更高的薪酬。他对高伟德说:"我一定会用行动和业绩证明公司选择我的决定是正确的,但是我也希望我的薪酬和中国区总经理这个职位相匹配,而真正地与我的中国国籍无关。"

高伟德是一位驰骋国际职场几十年的老将,他对安迪的反馈没有表现出任何吃惊,和善地看着安迪说,"安迪,请直接告诉我你的诉求,我会尽最大的努力帮助你。"

安迪表示:"我希望我的薪酬能有100%的增幅。"同时他简要解释了诉求。高伟德说:"我个人非常理解也完全支持你的要求。不过,根据公司的流程,你的薪酬需要获得我本人以及我的上级主管(全球CEO)的批准。我会尽快向CEO汇报此事,应该在三天之内有结果。"

第二天下午,高伟德就交给安迪一份新的委任书,委任书上写明薪酬在安迪升职前薪酬的基础上增长了100%。高伟德告诉安迪:"CEO非常欣赏你的坦诚,也相信你的能力,很高兴地批准了你的期望薪酬。我们期待你在新的岗位上做出独特的贡献。"安迪预估到了这个结果,但是没想到会这么顺利,非常开心地接下了委任书。

后续的故事证明这是一个堪称典范的双赢合作。公司的信任和认可极大地激发了安迪的潜能,他不知疲倦地投入工作,带领中国区团队连续十年取得优良绩效,他本人也在这个重要的岗位上获得了极大的历练和成长。

推论3：勇敢说"不"

在谈判中，即使对方的提议在谈判者能接受的范围内（对方的提议高于谈判者的底线），谈判者有时也应该勇敢地说"不"。

从谈判模型图（图2-9）可以看出，对方的提议和对方的底线之间一般存在一定的空间，这时谈判者应该勇敢地告诉对方："抱歉，我不能接受您的提议。"并请对方提出更好的报价，或者给出自己的"还价"（第四章将讲述如何还价），从而达成对自己更加有利的协议。勇敢说"不"的另一个好处是让对方感觉自己比较"聪明"，对方的这种感觉有利于双方达成交易。如果谈判者立即接受对方的提议，对方（假设是买方）可能会后悔自己报价太高，进而会在谈判的后期或履约阶段试图设法弥补因自己报价太高而造成的损失。

案例2-14

霍根和罗宾是两位"90后"创业者。两人在5年前共同创办了一家研发空气过滤材料的罗根技术有限公司（以下简称罗根公司），公司已经开始赢利，目前每年的税前净利润大约为350万元。霍根是一位"技术狂人"，而罗宾是一位"营销小王子"，他们在能力上完美互补，但是两人对公司未来发展的方向无法达成一致。两人商议将公司出售，然后各自重新创业。他们聘请在投资银行工作的朋友对公司进行价值评估，之后将出售公司的价格底线定为3 000万元。

伟恩笛公司是这家技术公司的重要客户，总裁安迪早就觊觎这个充满活力的研发团队。当安迪听到霍根和罗宾意图出售公司的消息后，安迪随即派副总裁柯瑞和霍根商谈收购事宜。双方达成初步意向后，伟恩笛公司聘请财务顾问对罗根公司的状况进行了尽职调查（due diligence），并提交了对该公司价值的评估报告。

双方在罗根公司的会议室进行具体事宜谈判。寒暄之后，柯瑞表达了对罗根公司的认可，提出愿意以5 600万元现金的价格收购罗根公司，但是有两个条件：

- 霍根和罗宾继续担任公司的顾问2年。
- 霍根和罗宾在3年内不能从事和原公司竞争的业务。

柯瑞同时告诉霍根，伟恩笛公司的报价有效期只有10个自然日。

柯瑞的提议远远超过了霍根和罗宾的预期，霍根内心涌起一阵狂喜，但是表情十分平静（谈判时他以感冒刚刚痊愈为由戴了口罩），他要求休会15分钟和其他股东商量一下。霍根来到位于另一个楼层的自己的办公室，锁好门后狂笑了5分钟才使自己平静下来。他拨通了罗宾的电话，罗宾同样很开心。霍根和罗宾虽然都很年轻，但是5年的创业经历使他们远远比同龄人成熟。他们决定不立即答应伟恩笛公司的提议，而是"再讨讨价"。

霍根回到会议室时，已经完全恢复了平静。他对柯瑞说："我刚刚和主要股东商量了一下，我们希望贵公司提高收购价格。"柯瑞说："请您提出您认为合适的价格。"霍根表示这需要内部沟通一下，将于第二天通过邮件书面提交"反提议"。

双方在随后的几天里进行了密集的商谈，顺利达成双方都非常满意的协议：

- 以5 900万元现金的价格收购罗根公司（伟恩笛公司董事会认为，罗根公司和伟恩笛公司之间有很强的协同效应，在谈判前批准了一个较高的价格底线——7 000万元现金）。
- 霍根和罗宾继续担任被收购公司的顾问3年。
- 霍根和罗宾在5年内不另外从事和原公司竞争的业务。

推论4：任何两个人可以决定的事情都是可谈的

谈判中，一方提出的一项要求或主张，实际上可以看作该方的一项"提议"。根据谈判模型，一方的提议和该方的底线之间一般存在一定的空间，也就是说，一方提出的要求并非"坚如磐石"，而是可以谈判的。

一些谈判专家认为"任何事情都是可谈的"。例如，谈判专家盖温·肯尼迪将其著作取名为"万事皆可谈"（*Everything is Negotiable*）。无独有偶，谈判专家赫布·科恩也将自己的书取名为"任何事情都可谈判"（*You Can Negotiate Anything*）。赫布·科恩甚至提出了一个夸张的论断："世界是一张巨大的谈判桌。"

我认为，"任何事情都是可谈的"这个说法过于绝对，因为有些超过两个人控制能力的事情不能通过双方谈判来解决，例如：

- 国家法律法规。
- 强制性的标准、规范。
- 第三方的权利、义务、责任等事项。

因此，"任何事情都是可谈的"这个说法可以改为"任何两个人可以决定的事情都是可谈的"。

例如，谈判中的一方可能提出以下主张或要求：

- 这是我司的规定，不能违反。
- 这是我司法务部门审定的合同文本，不能修改。
- 这是我司董事长批准的价格底线，不能突破。
- 这个项目必须在一周内开工。
- 这个报告必须在明天下班前提交给我方。
- 这个项目的工作范围不允许变更。

以上主张或要求，都属于两个人（或法人）可以决定的商业事项，并非国家法律规定或强制性的标准，所以一般都具有一定的灵活性。只要对双方有利，这些事项都是可以拿来谈的。

需要注意的是，虽然任何两个人可以决定的事情原则上都是可谈的，但是最终双方在这些事项上能否谈成功，还取决于双方在这些事项上是否存在成交区间。

案例2-15

总部位于广州的某高新科技企业新总部大楼采购机电系统技术顾问服务。该公司邀请了包括伟恩笛公司在内的4家合格供应商提交建议书。伟恩笛公司提交的建议书的综合评分在四家供应商中名列第一。市场总监凯文应邀和该公司的商务经理进行了几轮合同谈判，双方对核心合同条款已经没有分歧，但是还有不少合同细节内容需要双方协商确认。

因为该公司在项目准备阶段耽误很多时间，项目的工期变得有些紧张。周四凯文收到了来自该公司商务经理的一封邮件，邮件里附加了一份盖章的委托函，上面载明了工作范围、合同价款、工作期限等主要条件，同时要求项目团队于下周二到该公司项目所在地举行项目启动会，并开始服务工作。该公司在邮件中表示，在开展项目工作的同时，双方应尽快商谈并签订服务合同。

面对客户的要求，伟恩笛公司内部出现了两种意见：

- 一种意见认为，客户的需要就是命令，我方应该按客户的要求尽快组织团队参加项目启动会，确保客户满意。
- 另一种意见认为，我方一直强调"签订合同之后才能开始工作"的基本原则。该公司对于举行启动会的日期应该有一定的谈判空间。所以我方应该和客户坦诚讨论，要求双方先尽快商谈并签订合同，然后开始服务。

凯文经过认真思考之后，决定采用第二种意见。他给该公司的商务经理回复了一封电子邮件：

尊敬的×经理：

您好！首先再一次感谢贵公司选择伟恩笛公司提供技术顾问服务。我们十分荣幸能成为贵公司的合作伙伴！

我司恳请贵公司理解，为了确保服务质量并避免不必要的争议，我司的管理程序要求项目团队必须在签署服务合同之后才可以开始提供服务。这样的安排对于客户和供应商而言都是最佳的。

为了尽快和贵公司就合同条款讨论并达成一致，我本人可以在本周与下周的任何时间前往广州和贵公司商谈合同。在双方就合同达成一致并签字确认后，我公司将立即启动项目工作。

凯文

随后，凯文又和该公司的商务经理进行了电话沟通，充满尊重而诚恳地说明公司的诉求。该公司表示理解。双方商定，凯文立即飞往广州和该公司的团队商谈合同，力争在下周四之前完成合同签订并于周五举行项目启动会（在原计划的基础上推迟3天举行项目启动会）。最终，双方按新的计划完成合同谈判和签署，从而避免了在现实中常见的"边干活，边谈合同"、合同签订一拖再拖的窘境。项目团队于签约后的第二天举行了项目启动会并开始全速工作，项目实施非常顺利，客户十分满意。

我们应该如何对待谈判

应该在什么情形下进行谈判

我们在下列情形下应该进行谈判:

- 双方之间有正和游戏的合作机会。这时,如果不发起谈判,这个正和游戏的价值就可能无法实现。
- 一方对现状不满。如果你受到不合理的对待,不要抱怨,而是要提出你的具体的建议或诉求,也就是"发起谈判"。

案例2-16

凯文有一次到瑞士苏黎世出差,当他到达酒店准备登记入住的时候,前台告知预订房间的设备出现故障,无法入住,并且酒店没有多余的房间了。前台一再道歉,表示可以安排凯文到另外一家档次相当的酒店入住,但是距离本酒店大约有40分钟的车程。凯文感到非常懊恼,但是他意识到出现这种情况也不是前台可以控制的,抱怨和指责没有意义,倒是可以借机提出自己的诉求。他告诉前台:"酒店发生一些意外情况可以理解,但是我对贵酒店的应对、安排感到非常失望。我刚刚经历了15个小时的长途飞行,已经非常疲惫,贵酒店把我安排到几十公里之外的替代酒店入住是不合适的。我要求酒店务必采取可行的措施,补偿我的不愉快体验。"前台和管理人员紧急沟通后提议:将替代酒店改为离酒店仅10分钟车程、更高档的酒店;派豪华商务车将凯文送往替代酒店;赠送凯文一大袋瑞士巧克力作为补偿。凯文满意地表示接受。

- 双方的合作不够顺畅，工作有改进空间。这时，相关方可以坐下来分析原因，共同探讨改进措施。
- 对方说"不"的时候或者自己想说"不"的时候，其实是开展谈判的好时机。当对方说"不"的时候，我们可以询问对方的具体反馈，或邀请对方提出建议。当不愿意接受对方的提议的时候，我们可以提出一个较高的要求。这时对方要么知难而退，要么接受你的要求，无论对方如何选择，这对己方来说都是有利的。

案例2-17

伟恩笛公司的行政经理梅乐在一次聚会上认识了从事进口咖啡豆销售业务的王经理，王经理三番五次地向梅乐推销他的咖啡豆。伟恩笛公司和目前的咖啡豆供应商已经合作三年，梅乐无意更换供应商，但是又不好意思直接拒绝王经理。于是她告诉王经理："根据公司的管理流程，在更换咖啡豆以前，一般需要请员工先品尝，然后大家投票决定是否更换。既然王经理特别希望开展合作，是否可以先免费供应公司两个月的咖啡豆，如果大家反馈口味良好，我们再考虑合作。"王经理后来再也没有向梅乐推销咖啡豆了。

应该在什么时机下进行谈判

我们应该在适宜的时机下开展谈判，只有这样才能取得事半功倍的效果。

- 谈判应该在己方决策之前进行。如果谈判者在谈判之前已经做出交易决策，这就意味着他主动排除了自己的替代方案，将在谈判中处于不利地位。商业谈判应该遵循这样一条原则："先谈判，后决策。"

案例2-18

某工业项目的业主在和供应商进行设备采购的谈判,供应商谈判代表了解到:该项目详细设计已经完成,待采购设备的型号和规格参数也已确定。而这种型号和规格的设备目前只有该供应商可以制造。供应商知道业主实际上已经没有替代选项了,于是报了一个偏高的价格并顺利签了合同。

案例2-19

伟恩笛公司的财务总监莉娜在工作和生活中都是一个精细的人,每次买衣服的时候都不会忘记和商家做一番讨价还价。有一次莉娜看中了一件衣服,试穿效果不错,很快决定购买。在付款之前,莉娜照例要求售货员给予最优惠的折扣,售货员很客气地告知这是新品,没有折扣,莉娜费了很多口舌,最后只获得了2.5%的"安慰性"折扣。

本次谈判的最大问题是谈判时机不当。莉娜在要求折扣之前已经表明了购买意向,售货员推断标价应该在莉娜的底线之内,所以就不必做大的让步了。

- 谈判应该在签约之前进行。在签约之前,谈判双方都是自由的,都有其他选择,因此这是谈判的最佳时机。双方应该在签约之前进行耐心的、充分的商谈,签订完善的合同。签约之后,双方的工作重点是履行合同,可谈判的事项不多。即使可谈,谈判的空间也较小。所以,对于缔约谈判,应该遵循以下原则:"先小人,后君子";"先小气,后大方"。

案例2-20

某公司投标欧洲某国的工程项目。该公司因急于拿下项目,以超低的价格中标,并且没有经过认真的谈判就匆匆签订合同,试图在项目实施过程中再和业主"协商"。在项目实施过程中该公司遇到诸多困难,工期过半的时候,工程仅完成20%。该公司向客户要求变更合同条件和价格,试图和业主重新"谈判",而这遭到业主的断然拒绝。后来该公司毁约离场,业主提出巨额索赔,并且三年内禁止这家公司在该国投标。双方后来陷入旷日持久的国际诉讼,业主的项目遭到延误,该公司更是付出了惨痛的代价。

- 谈判应该在开工之前进行。在合同签订之后才应该启动合同约定的工作,否则会给合同双方带来风险。这是因为一旦开始项目工作,双方就绑定在一起,这意味着双方都没有了替代选项。同时,由于已经开始推进了,双方都认为没有必要再做让步,因而合同谈判的难度将增加。所以,商业合作应该遵循这样一条简单而重要的原则:"先签约,后开工"。

案例2-21

在案例2-15中,我们假设凯文采取了另一种应对方案。凯文为了维护客户关系,最后同意按客户的要求召开项目启动会并开始项目工作。项目开工后,客户对于签订合同没有时间压力了,因而不急于谈合同;而伟恩笛公司认为其已经拿到项目,所以谈判中不愿意让步。最后项目快做完了,双方对合同还没有达成一致。伟恩笛公司当然也没能及时收到业主付款。

- 谈判应该在计划之后进行。每一场谈判都可以视作一个项目。像做任何项目一样,在实施谈判之前必须做好谈判计划。正如《孙子兵法》中所说的那样:"胜兵先胜而后求战,败兵先战而后求胜。"

- 谈判应该在充分准备之后进行，没有准备好前不要上谈判桌。谈判之前的准备工作包括搜集与核实信息、实地调查、开发替代选项、组织谈判团队、进行谈判模拟演练等。

在什么情形下不应该进行谈判

在下列情形下不应该谈判：

- 双方实力、地位相差太大。如果一方不需要另一方的合作（例如有很多替代项），而另一方完全依赖于这一方（没有替代项），那么双方无法开展真正的谈判。
- 不存在成交区间，如果经过努力之后仍然不存在成交区间，则谈判不会有任何结果。
- 存在有效的市场，信息完全透明。这时市场已经对标的物形成明确的价格认知，双方应该随行就市，不必进行谈判。
- 谈判的成本太高。如果谈判的成本高于谈判创造的价值，则不值得进行谈判。
- 原则问题，例如对于国家法律法规等，双方都必须遵循，没有谈判余地。
- 涉及第三方的权利、义务或责任的事项。谈判只能讨论双方能决定的事项。
- 双方高度信任，关系紧密。双方对彼此的需求深度了解，互动高度默契，这时谈判就变成多余的事了。过度的谈判可能影响关系。
- 处于紧急时刻。这时不应讨价还价，而应该以大局为重，甘于奉献，勇于担当。

第三章

商业谈判的核心策略

谈判可以带来互利双赢的诱人成果，但是谈判的成功离不开行之有效的策略。第二章阐述的谈判模型揭示了谈判的价值创造机制，在此基础上，我们可以构建商业谈判的典型策略。本章主要介绍商业谈判的八大核心策略，包括分配式谈判的四大核心策略和共创式谈判的四大核心策略。

需要强调的是，谈判形势千变万化，谈判策略的制定当然不可能一劳永逸，或者"一招打遍天下"。谈判者需要根据双方的优势和弱点、周围环境、谈判时机等因素，灵活制定、运用适宜的谈判策略。

本章介绍的核心策略可以为谈判者在谋划谈判时提供一些典型思路。

商业谈判的价值

在商业活动中，谈判可以在以下两个方面帮助我们实现价值：

- 达成交易。
- 解决争端。

商业交易的达成方式

在商业活动中，达成交易的方式主要有以下四种：

随行就市

当存在一个活跃的市场的时候，有需要的买方或卖方来到市场（实体市场或线上市场）寻找交易对象，卖方明码标价，买方随行就市。这种交易方式适用于有大量买方和卖方、产品标准化程度高的情形，其优点是便捷高效，缺点是不适合复杂的、定制化产品或服务。

招标投标

招标人（采购人）发布招标文件（也称"征求建议书函"），说明对采购对象的要求和投标程序。投标人据此编制和提交密封的投标文件。投标文件一般包括技术方案、商务报价、合同条件等内容。投标人提交的投标文件在有效期内具有法律约束力，不允许更改。在开标之前，投标人的报价是保密的。招标人统一开封、评审投标文件，挑选一家最合适的投标人作为中标人，与其签订合同（签约前双方可能就一些细节问题进行谈判）。通过招标投标的方式达成交易具有规范、公开、公平的优点，但是耗时较长、成本较高，常用于大型项目和政府采购项目。招标不适用于评审标准难以量化、竞争不足、时间过短或金额小的采购。

拍卖

拍卖方在特定的场所（线上或线下）将要拍卖的货物或资产向感兴趣的多个买方展示，买方报价竞购。各买方知道其他买方的报价。市场上主要有两种拍卖方式：

- 英式拍卖（English auction）。这是传统的拍卖方式。拍卖方先设定一个较低的起拍价，各买方逐步提高报价，其间有的买方退出拍卖，坚持到最后的买方（也就是出价最高的买方）将赢得本次拍卖。
- 荷兰式拍卖（Dutch auction）。拍卖方设定一个较高的起拍价，然后逐步降低报价，第一个接受报价的买方将赢得本次拍卖。

拍卖的好处在于卖方（拍卖机构）与多个买方（竞买人）进行现场交易，通过卖方之间的竞价发现标的物的市场价格，避免交易的主观随意性。不过，只有当感兴趣的买方的数量足够多时才适宜进行拍卖。

谈判

谈判是双方通过协商、沟通达成合作协议。在谈判中，双方适当分享信息，不断调整自己的提议，以达成双方都能接受的交易方案；同时双方还可以探寻彼此的深层次利益诉求，共同努力把"饼"做大，努力提高合作产生的额外价值，然后双方再分享创造出来的额外价值。

对于标的价值比较大、信息不充分、交易复杂或需要双方协同配合的情形，适宜使用谈判方式达成交易。

商业争端的解决方式

在商业活动中，解决争端的方式主要有以下五种。

诉讼

诉讼是指纠纷当事人通过向具有管辖权的法院起诉另一方当事人来解决纠纷的形式。诉讼的优点是规范、公正，有利于保护当事人的权益,并且有纠错机会。其缺点是耗时长,成本高,容易导致两败俱伤,声誉受损,关系破裂。

仲裁

仲裁是指争议双方自愿将争议交给仲裁员做出裁决并且双方有义务履行该裁决的一种解决争议的方法。仲裁是当今在国际上受到广泛欢迎的一种解决经济纠纷的重要方式。仲裁的优点包括:

- 当事人自主权利多。仲裁中当事人有充分的权利来决定自己的事情,如仲裁员、仲裁程序、仲裁运用的语言等。
- 一裁终局,快捷便利。
- 不公开审理,有利于保密。
- 专家断案,独立、专业、公平、公正。
- 另外,根据《承认及执行外国仲裁裁决公约》(《1958年纽约公约》)规定,加入公约国家的仲裁机构的裁决书可以在全球100多个国家和地区得到承认和执行。

仲裁的缺点包括:

- 由于是一裁终局,失去了再审的监督作用,没有了当事人进一步主张权利的回旋余地。
- 相对于诉讼而言,仲裁解决纠纷的费用较高。

替代性争端解决方式

由于诉讼和仲裁存在时间长、费用高等缺点,人们开始谋求替代性争端解决方式(又称多元争端解决方式)。例如,合作的双方可以通过合同约定:如果发生争议,双方委托由1人或3人组成的争议评审委员会（Dispute Review Board，DRB），对争端进行评审并做出具有有限约束力的裁决。在双方约定的时间内，任何一方如果不满争议评审委员会做出的决定，仍可以将争端提交仲裁或提起诉讼，否则争议评审委员会的裁决对双方均有约束力。替代性争端解决方式具有意思自治、非对抗性、非公开性、非终局性等特点，同时程序简便、费用低廉。

调解

调解是有第三人（调解人）协助的谈判。调解是一个动态的、结构化的、互动的过程，调解人作为中立的第三方通过使用专业的沟通和谈判技巧协助双方以协商的方式解决冲突。和谈判相比，调解的优点是有利于借助调解人的能力来解决复杂的争议问题，达成较为公平合理的解决方案。缺点是需要第三人的介入，这增加了争端解决的成本。

谈判

一般来说谈判是最积极、最经济的争端解决方式。通过谈判解决争端的好处是能最大限度地减少仲裁或诉讼等争端解决方式的高昂成本（经济成本和时间成本），最大限度地利用双方的自主能力创造出成本最低的争端解决方案，同时可以避免或减少对双方关系的损害。

商业谈判的价值

在达成交易和解决争端这两项基本的商业任务中，谈判都具有不可替代的独特作用。达成交易的谈判可以创造出巨大的价值，解决争端的谈判可以避免高昂的成本。

达成交易的谈判和解决争端的谈判都有自己的特点：

- 在达成交易的谈判中，双方的合作协议尚未达成，双方可以各自寻找替代项，因此谈判双方都是"自由的"。对于达成交易的合作，双方本来"各自安好"，但是希望共同创造一个对双方来说都更好的局面。一般来说，氛围相对轻松一些，可供选择的可能性更多一些。
- 在解决争端的谈判中，双方已经被现有的合约"捆绑"在一起了，因此双方的替代项有限，双方的自由度比较少。对于解决争端的谈判，双方的目标是解决一个已经出现的困难。一般来说，双方立场的对立性更强，回旋空间更小，达成双方都满意的结果的难度也更大。

商业谈判的分类

按专业领域分类

按照谈判者所处的专业领域，商业谈判可以分为以下类型：

- 货物的采购和销售谈判。例如材料、设备、消费品等的采购和销售谈判。
- 服务的采购和销售谈判。例如咨询服务、技术服务、保险服务、物流服务、物业管理服务等的采购和销售谈判。
- 资产交易谈判。例如房地产交易、知识产权交易、有价证券交易等的谈判。
- 租赁谈判。例如房屋租赁、设备租赁等的谈判。
- 建设工程谈判。包括工程设计、工程施工、设计—采购—施工总承包、专业分包等的谈判。
- 投资谈判。例如基础设施投资、生产设施投资、风险投资等的谈判。
- 融资谈判。包括公司融资、项目融资、消费融资等的谈判。
- 并购谈判。包括公司收购、合并的谈判。
- 聘用谈判。包括工作岗位、职责、薪酬、福利等的谈判。

我们将在本书第六章讨论主要专业领域的商业谈判的要点和案例。

按照双方考虑问题的视角分类

按照谈判双方是从自己的角度考虑问题，还是从总体的角度考虑问题，商业谈判可以分为分配式谈判（distributive negotiation）和共创式谈判（integrative negotiation）。

分配式谈判

在分配式谈判中，双方合作产生的额外价值（我们常用"饼"来指代）是固定的，谈判双方主要是从各自的视角出发，考虑如何从这个固定的价值中争取到更多的利益。在分配式谈判中，双方专注于价值的分配，而较少关注价值的创造，常见于一次性谈判、陌生人之间的谈判或单一维度谈判。

分配式谈判的竞争性、对立性比较强，信息分享比较谨慎，双方之间的信任比较弱，谈判者对对方利益和总体利益的考虑相对较少。分配式谈判是一种基础层次的谈判。

共创式谈判

在共创式谈判中，双方全盘考虑各自的需求以及总体利益，通过坦诚的沟通和共创，首先最大限度地增加合作产生的额外价值（把"饼"做大），然后再考虑如何分配所创造的价值。相对于分配式谈判而言，共创式谈判需要谈判者拥有更大的格局和更多的智慧，是一种更高层次的谈判。

分配式谈判和共创式谈判往往是相互交织、穿插进行的。分配式谈判中有时可能包含共创式谈判的机会和成分；同时，共创式谈判中涉及利益分配的环节，因而都包含分配式谈判的成分。

需要强调的是，所有谈判的结果都是双赢的（参见本书第一章中关于谈判定义的阐述），所以分配式谈判和共创式谈判的结果都是双赢的。但是，有的专家认为分配式谈判的结果是"一输一赢"。这个分歧是由参照点的不同引起的：

- 和"没有交易"或"现状"相比，分配式谈判后双方都获得了一定的利益，因而分配式谈判的结果是双赢的。
- 和"某一个交易方案"相比，通过分配式谈判达成的任何"新的交易方案"都不能产生新的价值（这是因为分配式谈判中通过合作所产生的额外价值是固定的），也就是说，在新的方案中如果一方获利增加，则另一方的获利将等额减少。所以，和"某一个交易方案"相比，分配式谈判的结果是"一输一赢"，分配式谈判是"零和游戏"。

分配式谈判的核心策略

分配式谈判策略的重点是明确自己的底线，探寻对方的底线。

同时，谈判者需要防止泄露自己的利益、需要、偏好、能力、制约等方面的信息，防止泄露自己的底线。谈判者要利用自己掌握的信息，揣度对方的心理，尽可能获得更多的利益。当然，在分配式谈判中谈判者也必须考虑对方的利益和感受，否则将不能获得对方对提议的认同，更不能与对方一起达成可实施的、双赢的合作。

分配式谈判中的关键因素是己方和对方的底线。因此分配式谈判的核心策略都是围绕双方的底线来谋划的。

分配式谈判的四大核心策略如下：

- 策略一：发现自己的底线。
- 策略二：发现对方的底线。
- 策略三：加强自己的底线。
- 策略四：削弱对方的底线。

策略一：发现自己的底线

分配式谈判的第一个核心策略是发现自己的底线。谈判者应该分析自己真正的利益和需要，明确自己希望通过谈判在交易中必须获得的、不能突破的价格或条件，即自己的底线，例如最低价格、最低预付款金额、最短工期等。自己的底线是谈判者进行决策的基本参照点。只有清晰了解自己的底线，谈判者才知道什么时候应该转身离席，不会接受一个对自己不利的谈判结果。也只有清晰了解自己的底线，谈判者才不会错过一个对自己有利的谈判结果。

需要注意的是，谈判双方可能在多个利益维度都有自己的底线，例如价格底线、预付款底线、工期底线、累计责任底线等。对于这些不同维度的底线，一般来说，最受谈判者关注的还是价格维度的底线。本书在不会引起误解的情况下，将价格底线简称为"底线"。

我们常常凭直觉认为己方的底线是显而易见的,其实往往并非如此。谈判者要发现自己的底线有时也并非易事。

案例3-1

春节临近,梅乐决定携全家到东北旅行过年。富有"项目管理"意识的梅乐为本次出行准备了详细的"旅游计划",包括准备工作和每天的行程安排。其中一项准备工作是为一家三口每人买一件厚实的羽绒服。

梅乐来到一个最近很火的服装市场,这个市场的特点是服装进货渠道很规范,同时可以"砍价"。梅乐在自己非常熟悉的X牌羽绒服专卖店发现有一款羽绒服比较适合自己,标价5 500元。她心中觉得这个价格还是可以接受的,但她还是不忘和售货员砍价。她对售货员说:"这个价格高得太离谱了吧!"售货员说:"不贵哟!您运气不错,现在正在进行节日促销活动,价格可以优惠10%!"梅乐说:"优惠30%我就买一件。"对方表示30%的折扣确实超出了其授权范围。最后双方以优惠20%的价格成交。

虽然双方做了一番"有模有样"的讨价还价,最后也成交了,但是梅乐直到交易完成也不知道自己的底线和对方的底线各是多少,当然也不知道这件羽绒服是买赚了,还是买亏了。

案例3-2

在案例2-20中,某公司投标欧洲某国的工程项目。该公司在项目所在国没有项目经验,同时在投标阶段,该公司也没有聘请熟悉该国情况的本地顾问,因而未能准确估算在项目所在国执行该项目所产生的实际成本。开标结果显示,该公司的报价只有业主底价的一半左右,引起国际工程界一片哗然。后来该公司以这个超低的价格和业主签订合同,在项目执行过程中产生巨大亏损。

在这个案例中，该公司未能准确估算实施这个海外项目的真实成本，没有真正了解自己的底线，贸然以远低于自己底线的价格和客户签订施工合同，从而导致项目失败。

卖方如何发现自己的底线

根据第二章的分析，长期来看，卖方的底线取决于完全成本；短期来看，它取决于边际成本。如果存在有效替代项，那么卖方的底线取决于最佳替项。

案例3-3

伟恩笛公司有一款新上市的产品是室内空气质量监测机器人。这款产品的运作模式是：伟恩笛公司负责产品的研发和市场营销，由其合作伙伴（外包供应商）负责生产。伟恩笛公司计划每年生产、销售该产品大约2 000台。

每一台室内空气质量监测机器人的完全成本由以下两个部分组成：

- 管理费，为固定成本。它包括管理层的薪酬、研发费、营销费、办公室租金、行政管理费用等。根据公司全年的管理费预算和计划产量，分摊到每一台机器人头上的管理费金额为10 000元。
- 外包制造费，为可变成本。为支付给外包供应商的费用，金额为15 000元/台。

所以，机器人的完全成本为25 000元/台，加上15%的利润和5%的风险预备金之后，为30 000元/台。因此，伟恩笛公司将该产品对外正常销售的价格底线定为30 000元/台（不含增值税）。

在本案例中，伟恩笛公司根据该产品的完全成本来确定自己的底线。

案例3-4

伟恩笛公司市场总监凯文在一次校友聚会中了解到，有一位校友在一家大型高端国际公寓运营商F公司担任高管。这位校友对室内空气质量监测机器人很感兴趣，可以考虑订购100台空气质量监测机器人投入一个正在实施的项目试用，如果使用效果好的话，未来可以开展更大规模的合作。这时，伟恩笛公司的这款产品的销售量还不大，还有不少富余产能。这笔订单是伟恩笛公司的一个"意外"收获。

不过这个项目原来的计划中没有考虑安装空气质量监测机器人，所以F公司本次如果采购100台机器人，现有项目预算最高只能承受19 000元/台的价格，否则只能放弃。未来如果有新的合作，双方可以重新商议价格。

虽然对方提议的价格低于本产品的正常售价，但是已经高于其边际成本（15 000元/台）。凯文经内部批准，同意作为特例以19 000元/台的"试用合作价"成交。双方一致同意本次交易信息对外保密。

买方如何发现自己的底线

如果己方是买方，则己方的底线取决于标的物对自己的价值。如果买方有替代选项，并且最佳替项的价格低于标的物的价格，则底线取决于最佳替项。

案例3-5

在案例3-1中，我们假设另外一种可能性。在X牌羽绒服专卖店，梅乐看中一款标价5 500元的羽绒服，对方表示可以优惠10%。正当梅乐准备像往常一样随便还一个价的时候，她突然意识到应该先考虑清楚再还价，因为现在已经不是羽绒服销售的旺季，应该有比较大的谈判空间。

怎样才能使自己在和售货员进行价格谈判时处于更有利的地位呢？梅乐需要清晰地了解自己的底线。而了解自己的底线最便捷的方式就是发现最佳替项。因为梅乐本次购买厚实的羽绒服是为了去东北度假，她对品牌、款式等其实并没有过高的要求，所以应该不难发现替代项。

于是梅乐对售货员说："我想先转转再做决定。"对方正欲挽留，梅乐已转身离开。

梅乐找到了这个市场的商家名单，用了一个多小时按图索骥地逛了一圈，发现有五六家店都有羽绒服出售。其中H店的羽绒服非常符合她的要求，并且在做促销活动，议价之后对方坚持要价2 950元。

梅乐思考一番后还是倾向于购买自己熟悉的X牌羽绒服。她思考了自己和X牌羽绒服售货员议价时的底线。由于自己的最佳替项是2 950元，梅乐觉得她愿意为X牌羽绒服的品牌多付600元。因此，梅乐将自己在和X牌羽绒服售货员谈判的底线确定为3 550元。如果对方的要价高于3 550元，她将选择以2 950元的价格购买H店的羽绒服。

隐藏自己的真实底线

一般情况下，自己的底线是谈判者最重要的机密之一，一旦泄露将使自己在谈判中处于不利地位。因此，谈判者需要全力保护和隐藏自己的真实底线。

谈判者的底线和其他敏感信息可能通过以下方式泄露：

- 谈判者在沟通过程中不慎透露敏感信息。例如，一位咨询顾问如果告诉客户"自己未来三天内任何时间都方便参加线上沟通会"，那么实际上是在向对方透露"自己目前工作任务不足、自己的底线很可能较低"的信息。
- 谈判者转发的邮件包含敏感信息。例如，我有一次收到了一封客户转给我的邮件，该邮件后面的"尾巴"里有多封客户内部讨论本次采购的邮件，内含很多敏感信息。
- 谈判者在社交媒体上发布的信息可能含有敏感内容。例如，如果谈判者在朋友圈分享"到了什么地方""拜访了什么公司""见了什么重要人士"等信息，那么谈判对手可能据此推知谈判者的可能的替代选项。
- 谈判者自己的团队里有"内鬼"向对方泄露底线信息。
- 谈判者的面部表情和肢体语言可能泄露自己的底线信息，例如渴求的表情、听到对方报价之后流露出来的欣喜之情等。

但是，在以下特殊情况下，谈判者可能有意向对方透露自己的最佳替项或底线，以推动谈判进程：

- 对方提出不切实际的诉求。
- 谈判者自己的底线比较牢固。
- 谈判者没有太多时间了，希望尽快成交。
- 谈判者满足于以自己的底线或略高于自己底线的条件成交。

加强对方"感知到"的己方底线

在谈判中，如果谈判者能以可接受的方式（例如不说谎）加强对方"感知到"的己方底线，那么这将有利于取得对己方有利的结果，例如：

- 让对方知道并相信自己有替代选项。

- 大胆地开价。
- 坚定而自信的表达。
- 听到对方开价时的惊讶表情。
- 谈判中泰然自若的神情和肢体语言。

策略二：发现对方的底线

分配式谈判的第二个核心策略是发现对方的底线。对方的底线决定了谈判者在谈判中可能实现的"理想目标"。对于一桩谈判而言，谈判者如果了解了自己的底线和对方的底线，就可以画出谈判模型图，从而为制订和实施谈判的计划打下良好的基础。

相反，如果谈判者不了解对方的底线，或者误判对方的底线，那么这将不利于获得理想的谈判结果。

案例3-6

20世纪90年代，某著名导演正在筹拍一部电影，计划邀请当时红极一时的男演员出演男主角。这位男演员不想和该导演合作，便狮子大开口，对他说："我要片酬70万元。"

这个演员原以为导演会为这个要求犯难，或者直接拒绝。可没想到的是，导演听到这个要求后，丝毫不生气，反而开心地接受了他的片酬要求。

后来这个演员才知道，导演原本准备给他开300万元的片酬。

谈判者可以通过以下方法发现对方的底线：

- 识别对方的底线。
- 测试对方的底线。
- 推算对方的底线。

如何识别对方的底线

谈判者可以从对方的行为或表达中识别有关对方底线的信息，例如：

- 代金券。一些酒店会提供给客人消费代金券。客人在酒店或协议商家消费时，代金券可以抵扣一部分价款。这表示商家愿意接受代金券抵扣之后的价格，也就是说，商家的底线低于代金券抵扣之后的价格。
- 打折券。商家可能向某些消费者发放打折券。这表示商家愿意接受打折之后的价格。换句话说，商家的底线低于打折之后的价格。
- 第二杯半价。有的快餐连锁店和咖啡店推出饮料"第二杯半价"的促销活动。这表明，饮料的边际成本低于正常售价的一半。有的快餐店碳酸饮料可以"无限免费续杯"，这说明该饮料的边际成本接近于零。

案例3-7

伟恩笛公司的技术总监何戈来到上海一所著名大学参加一个技术开发合作会议，入住的酒店正好位于这所大学东门的对面。他准备当天晚上借这次来上海的机会宴请合作企业的几位高管。中午，何戈来到酒店旁边一家不错的餐厅预订晚餐。餐厅前台的墙壁上有一行大字"××大学的师生凭工作证或学生证享受八五折优惠"。号称是伟恩笛公司"最懂商务的技术总监"的何戈看到这行字后会心一笑，心想：虽然这项优惠措施不适用于自己，不过这也表明餐馆愿意接受打完八五折之后的价格，因此餐馆的价格底线肯定低于打完八五折之后的价格。

他对餐馆的客户经理说："我今天晚上准备预订一个包间用

于商务宴请，消费不会太低。虽然我们不是××大学的老师或学生，但是我们是××大学的合作伙伴，所以我们要求也享受八五折优惠。如果您有困难，也不必为难，我们就考虑去隔壁另一家餐厅了。"

餐馆客户经理略做沉思，然后笑道："一看您就是个有学问的人，比教授还像教授。没问题，我给您××大学教授的待遇，八五折优惠。"

何戈通过促销措施识别出了商家的底线，所以可以毫无悬念地享受餐馆的优惠。

如何测试对方的底线

谈判者还可以设置一定的场景让对方选择，通过观察对方的反应来测试对方的底线。例如：

- 买方假设大批量采购，看对方能给什么价格。
- 谈判一方提出一个极端的条件或价格，观察对方的反应。
- 谈判一方假装撤出谈判，观察对方的反应，以测验对方可能做出的最大限度的让步。
- 谈判者将提议的合作条件和对方的竞争对手提议的条件进行对比，观察对方的反应。

案例3-8

某中国H公司同东南亚某国客户就一个大型纸浆厂的采购—施工总承包项目进行竞争性谈判。由于H公司拥有独特的化学制浆工艺专利技术，客户实际上没有真正的替代项。在合同谈判中，H公司拥有比较有利的谈判地位，不仅获得了比较公平、合理的合同条件，合同价格也比较理想，约2.5亿美元，预计项目利润略高于市场平均水平。

客户似乎不太甘心,但是也无可奈何。在即将签约的时候,客户方负责该项目的项目总监约H公司的谈判小组组长、拟任项目经理高总在一个私密场所碰头,称有重要事项需要商谈。

该项目总监告诉高总一则重要信息:客户方决定在同一个项目地点再建设一个和正在商谈的项目一模一样的纸浆厂,只是第二个项目将比第一个项目晚一年开工。该项目总监说,这对承包商来说是一个绝好的机会,如果承包商愿意在谈好的价格的基础上降价5%,那么客户将把两个项目一并交给H公司,同时签订两个项目的合同。不过,客户要求H公司在两天内做出决定。

高总连夜向公司总部汇报。如果降价5%,H公司的额外利润将被完全挤出,价格将逼近自己的底线,但是合同总金额十分诱人。最终H公司同意降价4%,双方随后签订了两个独立项目的采购—施工合同,合同价格均为2.4亿美元,但是第二个项目的合同需要在该项目获得政府审批之后才生效。

签约的第一个项目顺利开工,并按时建成投产。因第二个项目迟迟未能通过政府审批,客户决定放弃该项目,因此客户方和H公司签订的第二个项目合同也未能生效。最终,H公司牺牲了4%的利润,但只拿下了一个项目。

行业观察家认为,客户提出"第二个项目"应该是为了测试对方的底线并"挤干"合同价格中的额外利润而采用的谈判策略。

如何推算对方的底线

谈判者可以通过向对方提问、积极倾听等方式来推算对方的底线。根据底线的决定机制,谈判者可以根据多方面的信息推测对方的底线。例如:

- 对方的背景信息。了解对方的发展历史、组织架构、业务形态、组织愿景和目标、决策机制、其他交易或项目、风险偏好、主要担忧、主要相关方等基本信息有助于推算对方的底线。
- 对方的年报。如果对方是上市公司，那么其年报将披露主要供应商名称和营业成本的构成，了解这些信息可以帮助己方推算对方的底线。
- 谈判者的竞争对手的年报。谈判者（假设是供应商）的竞争对手如果是上市公司，那么其年报中披露的成本信息（例如员工薪酬信息）可以用于估算谈判者的竞争对手的报价。而谈判者的竞争对手就是对方的替代选项，对方的最佳替项的价格将决定对方的底线。
- 以往项目数据。己方可以根据对方的以往类似项目的价格，推算对方底线的范围。对方也可以根据己方以往类似项目的价格，推算己方底线的范围。
- 有关行业的信息。行业协会、咨询公司等发布的市场行情相关的报告和出版物，可以为推算对方的底线提供有价值的信息。谈判者通过和行业内的人士沟通也可以获得相关信息。
- 自行估算。谈判者可以根据可用的相关信息自行估算对方的底线。例如，我们可以先将需要完成的工作分解为便于计算的"工作单元"，然后将各工作单元的数量和单位成本（基于市场调研或历史数据）相乘得出各工作单元的成本，然后再对各工作单元的成本进行求和，得出完成全部工作的成本的估算值。我们可以以此为基础估算竞争对手的报价和对方的底线价格。
- 互联网信息。互联网上有海量的信息，采用搜索、数据挖掘和人工智能（AI）技术，可以获得和对方底线有关的、有价值的信息。

第三章 商业谈判的核心策略

【案例3-9】

在案例3-5中，X牌羽绒服专卖店对某一款羽绒服的标价为5 500元，梅乐通过发现最佳替项，确定自己的底线为3 550元。在此基础之上，梅乐又进一步分析对方的底线。

梅乐想，对方的替代选项是将该羽绒服卖给其他顾客，或者将该羽绒服留到明年冬天再卖。那时已经是深冬，有需求的顾客基本上已经完成购买，剩余的市场需求已经不大了；同时将羽绒服留到明年再卖会造成资金积压和产品价值下降。所以梅乐判断，商家的底线价格应该比较低。她估计商家很可能愿意以2 500元左右出手，以减少存货，回笼资金。

当回到X牌羽绒服专卖店的时候，梅乐心里已经非常有底了。她向售货员表明自己已经比较了解所在商场出售的各种羽绒服，特别提到自己发现了不错的替代选项。然后，梅乐还了一个2 400元的价格，并简要说明了理由。售货员已经看出这个顾客是一个"明白人"，双方并没有费太多口舌，很快以2 900元的价格成交。

【案例3-10】

伟恩笛公司的副总裁柯瑞一直在研究、实践复杂工程项目管理方法论。虽然他已经读了大部分国内外有影响力的工程项目管理书籍，并且已经积累了丰富的实务经验，但是柯瑞天生热爱学习，还在寻找各种机会继续提升自己的项目管理素养和能力。

一天，柯瑞看到一则消息后很高兴，他所关注的一位美国项目管理泰斗级专家将来中国开设面向资深项目管理专家的"战略项目管理"课程，时长两天。由于授课专家的知名度很高，同时项目管理在中国受到越来越多的关注，培训主办方将本次课程定位为"高端精品"研讨班，同时将培训费定得很高，每人3万元。柯瑞认为这是提升项目管理能力、结识项目管理同行的一个好机会；同时柯瑞清楚，自己已经是一位资深的项目管理专家了，而不是一位普通项目管理学习者。平心而论，3万元的培训费对柯瑞来说是"不值"的。

富有谈判意识的柯瑞思考，自己是否有可能以极其优惠的价格（例如几千元）参加本次课程呢？柯瑞分析，这种机会应该是存在的。例如，如果开班前学员还没有招满，这时多招一个学员的边际成本几乎是零，那时培训方的培训费底线就会大幅度降低。

柯瑞拨通了培训方负责人的电话，他首先自报家门，并以一位资深同行的身份夸赞了举办这个项目管理高端研讨班的创意，表示希望能有机会参加这个高端课程。同时他表示，自己已经是项目管理领域的实战派专家（网上可以搜索到其个人简介），参加课程的主要目的不是像其他学员那样学习项目管理知识，更多的是领教一下国际项目管理大师的思路和风采。如果培训费可以降到5 000元，那么自己愿意参加本次课程。对方随即礼貌地拒绝了柯瑞的提议，表示培训方对所有学员收取同样的培训费，否则会在学员中引发混乱。

柯瑞表示理解，不过他没有放弃努力。他说："我喜欢项目管理这门学问，但是目前确实没有学习项目管理的急迫需要。如果开课前还有富余的席位，我可以以'点评嘉宾'的身份以优惠的价格参加课程。这样既不会浪费课程的席位，也不会引起其他学员的不满。如果到时有这样的机会，请给我打电话；如果没有这样的机会，我们以后有机会再合作。"对方表示同意。

果然，在开课前两天，柯瑞收到了培训主办方的电话，邀请其以5 000元的价格以"点评嘉宾"的身份参加课程。柯瑞很开心地参与了课程，收获满满。同时他在课堂上对学员分享的案例进行了精彩点评，并分享了不少有价值的项目管理经验和体会，授课专家对柯瑞在课堂上的贡献也赞不绝口。

第三章 商业谈判的核心策略

在这个案例中,柯瑞分析了培训方底线的决定因素,并预测可能存在开班前培训方底线急剧降低的机会,从而顺利地以极优惠的价格参加了培训课程。

策略三:加强自己的底线

分配式谈判的第三个核心策略是加强自己的底线。决定谈判双方底线的一个重要因素是最佳替项。而相对于决定底线的其他因素(例如卖方的成本、标的物提供给买方的价值),最佳替项比较容易改变。谈判者可以通过以下两条途径来加强自己的底线:

- 开发新的替代项。
- 强化已有替代项。

开发新的替代项

谈判者应该持续地搜寻新的替代项。一旦发现新的、更好的替代项,谈判者的底线和谈判地位将立即得到改善。

案例 3-11

伟恩笛公司的资深项目经理文森担任一个物流设施项目的项目总监,该项目位于公司所在城市的一个远郊县,距市区大约50公里。按照项目沟通计划,文森每周一需要到项目所在地开例会,并对项目团队的工作提供指导和支持。

文森一般乘坐网约车前往项目地点。因为项目地点过于偏远,在当地很难约到网约车,所以文森一般请司机在项目地点等待,待文森完成工作之后再送他回市区。等待期间,司机按照每分钟1元收取等待费。

一个周一的早晨,文森照例在网上约了一辆车,然后乘车到项目地点开会。当快到达目的地的时候，文森考虑，今天项目上的事情比较多，可能需要司机等待六七个小时。这样的话，今天他需要支付四百多元的等待费，文森还是感觉这个等待费有点贵。他想，是否有可能免除等待费或者给等待费打个折呢？

文森决定向司机发起一次谈判。他对司机说："师傅，我每来开一次会，里程费加上等待费合计上千元。现在我们项目预算比较紧张，您看是否有可能免除等待费呢？"

司机看来不是头一次遇到这类问题了，他的回答也简洁而清晰："文先生，很抱歉，这不可能啊。"文森追问："为什么呢？"司机搬出来一个"更高权威"作为挡箭牌，说："这是公司的规定。"

通常情况下，本次谈判到此结束。

但是文森不甘心放弃。他想尝试一下，看能否找到一个替代选项。文森预计自己当天下午17：30可以启程返回，他尝试通过另一个网约车平台预约17：30返回市区的车辆。没想到文森当天运气不错，有司机接单，文森约到了回市区的车。他在后座上嘟囔了一句："我今天运气不错，约到了下午17：30回去的车，您今天不用留下来等我了。"司机听到后，态度发生了180度大转变，他满脸堆笑地对文森说，"文先生，麻烦您把预约的车取消了吧，我可以免除等待费，还是我送您回市区吧！"

文森说："您不是说公司规定不允许免除等待费吗？"司机回答说："未经公司批准，确实不能免除等待费。但是我可以在线上申请一下，经过一个简单的批准程序，就可以免除等待费了。"

文森又问："您确定可以免除等待费吗？"司机回复："我确定。因为您这个活单程就有四五十公里，即使免除等待费，对我来说仍然是一个'比较肥'的活。所以拜托您取消预约的车吧，谢谢您啦！"

文森已经完全了解司机师傅的底线和此刻的诉求。于是他同

第三章 商业谈判的核心策略

意了司机的请求,当天晚上乘坐原车返回市区。文森用了两分钟的时间进行谈判,为公司节省了四百多元的等待费。虽然这是一笔小钱,但是这个谈判实例使文森又一次体会到谈判策略的力量。

强化已有替代项

谈判者在同对方进行谈判的同时,可以与已有替代合作方进行谈判。与已有替代合作方谈判取得的新成果将加强谈判者的最佳替项,从而加强谈判者的底线。

案例3-12

某客户需要采购一项专业咨询服务。目前只有少数几家咨询公司在这个专业化的领域拥有合格的技术能力和项目经验。开发商邀请三家咨询公司(A公司、B公司、C公司)提交服务建议书,其中只有A公司、B公司两家公司提交了建议书,C公司因为项目太多、人力资源紧张而放弃了这个机会。

在提交了建议书的两家公司中,A公司的团队经验扎实,结构合理,但是报价偏高,为380万元;B公司报价280万元,但是在团队构成上有短板。开发商觉得A公司价格偏高,但是在谈判中A公司表现强势,不考虑降低价格。

于是开发商约B公司负责人见面,动员他们和C公司联合提交一份有竞争力的建议书。B公司采纳了建议,邀请C公司作为其分包商,共同争取该项目。C公司派遣了几位有经验的专家加入B公司的团队,B公司重新提交了一份建议书,新的团队完全符合要求,报价为330万元。

开发商再次和A公司代表进行谈判,有意透露自己有了不错的替代项(B公司和C公司共同组成的团队)。开发商表示仍然非常欣赏A公司的团队的工作思路,但是要求A公司把价格降低到替代项的水平，否则将不得不选择B公司和C公司共同组成的团队。

最终开发商和A公司以335万元的价格签订了咨询服务合同。

在本案例中，开发商通过强化自己的最佳替项，提高了自己的谈判地位，从而取得了更有利的谈判结果。

策略四：削弱对方的底线

分配式谈判的第四个核心策略是削弱对方的底线。如果谈判者是卖方，那么削弱对方的底线意味着使对方的价格底线更高；如果谈判者是买方，那么削弱对方的底线意味着使对方的价格底线更低。

谈判者可以通过以下途径削弱对方的底线：

- 加强自己的独特性。例如供应商可以在专利技术、项目管理体系、业绩、项目团队、第三方认证、多维度合作等方面增强自己的差异化优势，从而提升自己的价值，甩开竞争者。客户可以在信誉、资金实力、项目管理专业度等方面增强自己的差异化优势，甩开竞争者。
- 消除对方的替代项。例如，商家和客户都可以通过联合自己的竞争对手、并购自己的竞争对手等方式，消除对方的替代项。

案例3-13

在20世纪90年代中国某大城市电视塔的电梯采购项目中，最后入围的几个著名品牌的产品的技术性能参数相似，业主基于价格因素，几乎已经决定采用价格最低的T品牌。S品牌电梯因价格偏高而面临落选。

在业主即将宣布中选品牌时，S品牌电梯的销售人员设法将以下信息传递给业主单位的负责人：在全世界已建成的10座最高的建筑中，有4座建筑选用S品牌电梯，而没有一座建筑选用T品牌电梯。为了安全起见，建议选用S品牌电梯。

这句话击中了谈判的要害。对于电视塔这种公共建筑，安全的重要性远远超过价格。一旦发生安全事故，不但人员和财产会遭受损害，而且项目决策人员可能受到追究。

考虑再三之后，这位负责人决定改用S品牌电梯。

S品牌电梯通过突显自己的独特性，甩开了替代项，从而走出了价格竞争的泥潭。

综上所述，分配式谈判的四大策略是：

- 发现自己的底线，即"知己"。
- 发现对方的底线，即"知彼"。
- 加强自己的底线，即"强己"。
- 削弱对方的底线，即"弱彼"。

共创式谈判的核心策略

在共创式谈判中，谈判者同时考虑双方的利益和需求，关注双方总体的价值，双方共创方案，先合力把"饼"做大，然后再协商如何分配创造出来的价值。

共创式谈判的四大核心策略如下。

- 策略一：差异思维。

- 策略二：升维思维。
- 策略三：创造思维。
- 策略四：全局思维。

策略一：差异思维

"世界上没有两片完全相同的树叶。"一方面，人和人之间的不同，可能造成分歧、争执甚至冲突。另一方面，人和人之间的差异和多元化，也有利于取长补短，解决问题，互利共生。正如孔子所言："君子和而不同，小人同而不合。"在商业中，我们应该以开放的胸襟，包容彼此的差异，并利用彼此的差异。

谈判双方之间的差异是创造价值、把"饼"做大的重要资源。例如，谈判中双方之间可能存在以下差异：

- 双方需求的差异。
- 双方在偏好方面的差异。
- 双方的利益及其优先级的差异。
- 双方对某一事项的价值评估的差异。
- 双方在能力上的差异。
- 双方做某一件事情的成本差异。
- 双方在资源上的差异，例如财务资源、人力资源、社会关系资源等。
- 双方对未来预期的差异。
- 双方在风险偏好上的差异。

在谈判中，一方可以用对自己价值小，但是对对方价值大的利益去换取对自己价值大，但是对对方价值小的利益，从而把"饼"做大，使双方都获得满意的结果。

案例3-14

伟恩笛公司和公司附近的国际连锁品牌H酒店是长期合作伙伴。双方于3年前签订的合作协议即将到期。H酒店的大客户经理刘女士约伟恩笛公司行政经理梅乐见面商谈合作协议续签事宜。

在见面之前,刘经理通过邮件向梅乐提出,根据行业统计数据,三年以来,该市酒店平均房费已经上涨32%。H酒店希望协议价格能做同样幅度的上调。

梅乐在准备谈判的过程中,收集到以下信息:

- H酒店配置了标准的50米室内游泳池,平时使用率不高。伟恩笛公司可以以优惠价格购置一些公用游泳卡作为员工福利。
- H酒店配置的会议室的数量比较多。伟恩笛公司会议室不够用,可以在有需要时以优惠价格租用酒店会议室。
- 每年冬天(12月至次年3月)是所在市旅游淡季,H酒店的入住率较低。伟恩笛公司可以将全国各地员工的培训主要安排在冬季H酒店进行。

梅乐和刘经理经过商议,最后顺利达成以下协议:

- 在旅游旺季(每年4~11月),伟恩笛公司的房费协议价格按照市场行情上调32%。
- 在旅游淡季(每年12月至次年3月),伟恩笛公司的房费协议价格仅上调10%,但是伟恩笛公司将保证在此期间总计500间夜的订房量(主要用于外地员工培训时住宿)。
- H酒店同意伟恩笛公司以市场价格的1/3办理10张游泳卡作为员工福利,以及租用H酒店的会议室(需要提前预订)。

本次谈判中双方利用了彼此之间的要求差异:伟恩笛公司同意按市场行情上调旺季房费价格,满足了酒店的诉求;淡季入住客房价格上调较小,满足伟恩笛公司的诉求。使用游泳池和会议室对酒店来说额外成本很小,但是对伟恩笛公司价值较大。双方通过"交换"条件,达成双方都满意的合作安排。

案例3-15

伟恩笛公司的人力资源总监麦娅拟购买一套位于郊区的联排别墅。麦娅和业主李先生就交易合同进行商谈。

在商谈最终价格之前,双方先就交易的一些具体条件达成共识:

- 家具。李先生将迁居另外一座城市,需要处理所有的家具;而麦娅向来对家具要求不高,表示愿意折价受让家具。
- 交付前维修。房屋门窗有几处破损,有的地方密封不严。李先生表示,自己熟悉房屋现状和维修公司人员,可以在交房前完成相关维修,并且确保"修旧如新"。麦娅对此表示感谢。
- 燃气锅炉设备。房屋内的燃气锅炉设备比较昂贵,麦娅担心在使用过程中发生故障。李先生表示这套设备的供应商是自己结交多年的朋友,设备性能非常可靠。李先生愿意在购房合同中承诺,如果未来10年内燃气锅炉设备发生故障,李先生负责联系供应商进行维修,费用由李先生承担。
- 房屋交付后李先生有一辆车和一些物品需要暂存在车库两个月左右。麦娅表示没有问题。

在针对上述交易条件的谈判过程中,双方发挥各自的优势,做出了合理的安排。基于上述条件,双方达成都满意的房屋交易价格。

策略二:升维思维

在商业谈判中,双方常常将关注的重点集中在价格这一个维度上,从而容易陷入对立的状态和僵局。其实谈判一般都涉及多个维度,例如,对于一个服务采购项目谈判而言,除了价格,还涉及工作范围、工作期限、客户要求、支付条件、违约责任上限、服务团队、客户提供的支持等维度。而交易的成败很少是完全由价格决定的。如果在谈判中引入多个维度的利益（有时也称"变量"），则会大大增加达成交易的可能性。

根据谈判模型，如果仅仅考虑一个维度（例如价格），则成交区间是一个线段；如果考虑两个维度，则成交区间是一个二维的"面"；如果考虑三个维度，则成交区间是一个三维的"体"。随着维度的增加，当我们从低维空间进入高维空间时，成交区间得以扩展，双方达成交易的可能性大大增加。

当考虑多个维度时，谈判者可以将不同维度的利益组合在一起，提出一个多维度"组合条件"，也可以提出多个多维度"组合条件"，请对方提供反馈。根据对方对多个多维度"组合条件"的反馈，谈判者可以判断出对方对各利益维度的优先级排序。

案例3-16

伟恩笛公司市场总监凯文、项目管理总监格伦、人力资源总监麦娅一起对一位项目经理候选人进行第三轮面试。三位面试官对候选人的业务能力和沟通能力感到很满意，但是该职位的薪酬预算为2.1万元/月，麦娅担心难以达到候选人的预期。

当麦娅询问候选人对薪酬的预期的时候，候选人回答，"我在上一家公司的薪酬是2.2万元/月，我希望能有15%的增长。"候选人的预期果然超过了公司预算。

凯文提问："你已经服务过两家公司了，你对新工作有什么期待呢？"候选人说："我希望我在新工作中能参与公司的核心项目，能接受良好的培训，希望有到境外出差的机会。"格伦问，"还有吗？"候选人继续说："我还希望有灵活的工作时间，有较大的工作自主性，最好平均每周有一天可以在家工作。"麦娅问："还有吗？"对方回答道："我还希望年假最好长一些。另外，希望能有基于项目绩效的激励机制。"

麦娅说，"如果公司能满足你的这些期望的话，你每月的固定薪酬是否可以降到2.1万元/月呢？"

候选人说："没问题！我现在还是单身，没有太大的经济压力，我更看重的是成长的机会和愉快的心情。"

面试团队通过增加维度轻松地解决了薪酬预算不足的问题。

案例3-17

一天，伟恩笛公司的市场总监凯文收到老客户高总发来的电子邮件。高总的公司拟在某城市开发区兴建一座工业园区，希望采购该工业园区的智能化绿色建筑策略咨询服务，这正是伟恩笛公司的业务强项。高总的邮件中还有一个附件——服务范围，对拟采购服务的工作范围进行了清晰的描述。高总请凯文在3天内提交一份服务建议书。

凯文按时提交了一份非常专业的服务建议书。凯文在建议书中提议的咨询费为650万元。因为高总是长期合作的客户，并且高总以往从来不谈价，所以凯文几乎没有预留降价空间。

凯文提交建议书后，很快接到了高总的电话。高总说："我们非常认可您的建议书。不过我这边现在有一个特殊情况，我的部门今年的咨询费预算只剩下500万元了，而这个咨询项目又特别急，您看能否作为一个特例向领导申请，把这个项目的咨询费降到500万元以内，我们将非常感谢您的支持，并在未来的咨询服务采购时考虑贵公司在这个项目中的贡献。否则，我们不得不考虑将项目委托给备选的咨询公司了。"

凯文对高总非常了解，相信高总本次要求降价确实是出于预算限制，而不是一种"谈判策略"。

凯文想：虽然500万元的咨询服务费可以基本覆盖项目的成本，如果向领导申请，应该可以获得公司的特批。但是如果直接降价150万元的话，那么会产生多方面的不良后果：

- 正常的项目利润被剥夺，项目预算趋紧。在项目实施质量难以保证的情况下，项目交付成果很难超过客户预期。
- 客户可能怀疑其在以往项目上因没有讨价还价而支付了过高的咨询费。
- 这次降价可能给后续项目开了一个先例，客户可能对未来的所有项目都期望降价。

凯文对高总说："高总，我完全理解您目前的困难。我们共同商讨一下解决方案吧。我看您发给我的'服务范围'写得很全，您能否在这个文件里标注一下，哪些内容可以删减，或可以由您的团队自己完成（我司可以提供协助）。然后我适当减少一些工作内容，同时把服务费降到500万元以内。您看可以吗？"

高总高兴地说："没问题，还是您办法多！"凯文根据高总的意见对建议书中的工作范围进行了调整，同时将咨询服务费下调到498万元。

双方很快签订了服务合同。在随后的项目实施过程中，伟恩笛公司的服务品质和交付成果照例非常出色，超过了高总的预期。

在这个案例中，双方通过引入一个新的维度——工作范围，轻松地化解了客户预算不足的难题。

一个商业谈判可能涉及的维度有很多。例如，典型的货物采购谈判可能涉及以下维度：

- 价格。
- 结算币种。

- 价格调整机制。
- 支付条件。
- 延迟支付违约金。
- 税费承担。
- 货品技术规格、性能参数。
- 数量。
- 质量等级。
- 对原材料的要求。
- 交付时间。
- 交付地点。
- 交付方式。
- 运输。
- 仓储。
- 海关手续。
- 适用标准。
- 验收要求。
- 风险分担。
- 保险安排。
- 担保。
- 知识产权。
- 违约责任。
- 培训。
- 健康安全环境要求。
- 维修保养。
- 易损件。
- 长期伙伴关系。
- 资源共享。

在谈判中考虑这么多维度的时候，我们会拥有巨大的灵活度和建设性，从"低维空间"进入"高维空间"，体会到"豁然开朗""海阔天空"。

策略三：创造思维

在谈判中，可能因为提议的合作方案对双方都没有吸引力，或者双方都无法接受对方的提议而使合作陷入僵局。这时，谈判者如果能提出对双方都有利的、创造性的"第三方案"，就能取得"化腐朽为神奇"的效果。

以下做法有助于谈判者找到创造性解决方案：

- 双方坦诚交换信息，发现己方和对方的立场背后的真实利益。一般来说，改变对方的立场比较难，但是可能有很多种方式来满足对方的立场背后的利益需求。只要谈判者的一项提议能满足对方的利益需求，对方就会乐于接受这项提议。
- 组建一个由不同背景、不同知识结构、不同专业经验的人员构成的多元化的谈判团队。
- 开展头脑风暴，发动所有团队成员和参与者思考，吸收群众的智慧。
- 平时保持好奇心，与不同行业的人互动交流，涉猎不同领域的知识，尝试新鲜的经历。
- 给自己放松一下。人们在运动、休闲的时候容易产生灵感。
- 对新的想法保持开放心态。不怕走出舒适区，不怕尝试，不怕失败。

案例3-18

中国某大型工程承包商在非洲某国承接了某工业厂房的总承包

项目。项目范围包括厂房和厂区道路。在进行竣工验收前,业主的项目管理顾问对厂区道路的混凝土路面进行钻孔取样检查,发现混凝土路面中钢筋的位置和设计不符。项目管理顾问认为这是一个严重的质量缺陷,要求返工。这确实是承包商犯的一个低级错误。问题暴露后,中国承包商聘请国内的专家进行了计算和试验,发现虽然钢筋位置不对,但道路的承载力完全满足使用要求,承包商希望业主同意以现状交付。但是业主和项目管理顾问坚持要求返工,其立场背后的理由非常充分(实际交付的工程与业主批准的设计图纸不符)。而如果返工,整个厂房的投产运营将延迟几个月,业主将遭受重大损失,承包商也将因完工延误而赔偿高额的违约金。

时间在流逝,业主和承包商都非常焦虑、着急,但是双方的立场不可调和,又都无计可施。

为了解决问题,承包商项目管理人员分析了业主和承包商的立场背后的利益:

- 业主的利益是按时竣工投产,从而避免因延迟投产而损失经营收益;业主的担忧是道路发生开裂、沉陷等问题而遭受损失。
- 承包商的利益是按时竣工投产;承包商的担忧是因返工而产生额外成本,以及因为完工延误而承担高额违约责任。

其实业主和承包商之间存在共同的利益:厂房按时竣工投产。但是这需要设法解除业主的担忧,双方才能达成协议。

最后承包商提出了一个创造性的解决方案:厂区道路按照现状交付;同时,业主和承包商签订一个期限为20年的厂区道路维护保养合同,合同价格只包含基本的利润。该维护保养合同规定,自竣工之日起,承包商为业主提供道路的维护和保养服务,一旦道路发生质量问题而影响使用,承包商将及时修复,并承担所有的维修费用,同时赔偿对生产运营造成的损失。

这个创造性的方案使工厂可以及时投产,并解除了业主的担忧，所以业主愿意接受这个解决方案；同时因为承包商相信路面的强度是足够的，愿意承担保障道路正常使用风险，所以承包商也愿意接受这个解决方案。

在这个案例中，通过采用一个创造性的方案，谈判者顺利化解了质量缺陷处理难题。这个创造性的方案使中国承包商不但无须返工，而且获得了一个长期的、能提供稳定现金流的维修保养合同。

策略四：全局思维

在谈判中，如果双方仅仅从自身的视角考虑问题，就容易产生观点的分歧和立场的对立，难以达成一致。

如果谈判的双方能暂时撇开各自的视角和利益，先从全局考虑，总体谋划，使得双方的总体价值最大化（先"把饼做大"），然后再讨论双方各自获得的利益（再"分饼"），则比较容易达成双方都满意的高质量协议。

谈判者做到以下三点有利于构建全局思维：

- 全局思维的站位。谈判者如果能站在更高的位置俯视——"从高空往下看"，那么不仅可以看到自己，还可以看到对方，也看到双方周围的环境，就会比较容易接受提出的方案。如果对方也站在同样的高度俯视，那么双方看到的景象将十分相似，双方将更容易达成协议。
- 全局思维的胸怀。谈判者不能仅仅思考自己一方的利益，专注于自己一方的诉求，而要有真诚为对方着想、为全局着想的胸怀。
- 全局思维的能力。谈判者要有明察事务全貌、审视事务各部分之间的内在关联、洞悉系统运行和变化规律的能力。

案例3-19

某中国企业在中亚某国以"建造—运营—转让"（Build-Operate-Transfer，以下简称BOT）的方式投资建设一个燃气电厂。项目建设工期约4年，建成后运营30年，运营期结束后将电厂资产无偿转让给当地政府。投资人通过获取运营收入作为投资回报。在项目的全生命周期，该项目面临多方面的风险，包括：

- 政治风险。
- 经济风险。
- 建造风险。
- 运营风险。

该项目各参与方如何分担这些风险，是BOT项目合同谈判的焦点议题之一。

一般来说，项目的各参与方都不喜欢承担风险。如果各方仅仅从自己的角度考虑问题，那么大家都力图把风险踢给其他方，合作将难以达成。

一个充满智慧的解决方法是，各方暂时撇开各自的利益和视角，先从全局的角度考量，通过适当地分配风险，使得整个项目的成本最低，价值最大（"做饼"）；然后再根据项目价格对各方的利益进行分配（"分饼"）。

基于上述全局思维，国际工程界形成公认的关于工程项目风险分配的三大原则：

最有控制能力原则，即由对某一风险最有控制能力的一方承担该风险。

管控成本最低原则，即由对某一风险承担能力最强、管控成本最低的一方来承担该风险。

风险和收益匹配原则。通过各方之间的利益的调整，使每一方承担的风险和其收益相匹配。只有这样才能形成可持续的、稳定的合作关系。

谈判的各方如果都遵循上述原则，那么比较容易达成一致。

例如，一般来说，政府对法律变化风险和政策变化风险最有控制能力，因而政府应该承担这两类风险。项目公司最了解市场风险变化，对运营管理最有掌控能力，因而应该承担市场风险和运营管理风险。本案例中各方协定的具体风险分配方案如表3-1所示。

表3-1 国际工程投资项目风险分配

风险		政府	项目公司	承包商/供应商	保险公司
政治风险	法律变化	√			
	政策变化	√			
	政治不可抗力				√
经济风险	通货膨胀	√	√		
	汇率		√		
建造风险	拆迁与补偿	√			
	成本超支			√	
	工期/质量风险			√	
	施工不可抗力				√
运营风险	市场风险		√		
	运营管理风险		√		
	运营不可抗力				√

综上所述，共创式谈判的四大策略如下：

- 差异思维，即"打开心胸"。
- 升维思维，即"打开眼界"。
- 创造升维，即"打开思路"。
- 全局思维，即"打开格局"。

谈判的四重境界

根据谈判者对分配式谈判和共创式谈判的核心策略的应用程度，我们可以将谈判的境界分为四重。

境界一：不知道自己的底线，也不知道对方的底线。

处于这一境界的谈判者在整个谈判过程中都不了解自己的底线，也不知道对方的底线。这类谈判者所做的只能称为"讨价还价"，而不是真正意义上的谈判。

境界二：知道自己的底线，但不知道对方的底线。

处于这一境界的谈判者知道自己的底线，因而可以守住最低目标，不会达成低于自己底线的交易，也不会错过高于自己底线的交易；但是他不知道对方的底线，所以不知道谈判可能达成的最好结果，因此可能浪费赢得更大利益的机会。

境界三：知道自己的底线，也知道对方的底线。

处于这一境界的谈判者已经做到了"知己知彼"。如果谈判者达到了境界三，而对方还处在境界一或境界二，那么谈判在开始之前其实就已经结束了，这是因为达到了境界三的谈判者了解对方的心理活动，可以掌控谈判，从而做到"胜在出战之前"。

境界四：通过建设性的、创造性的方案，创造巨大的额外价值。

这是谈判的最高境界。谈判者通过采用共创式谈判策略，共同把饼做大，从而创造各取所需、皆大欢喜的局面。

第四章

商业谈判"八步法"

每一桩谈判都是一个目标明确、有始有终、独一无二的"项目"。我们可以借鉴项目管理方法来布局和实施谈判。一个典型的项目至少包括以下四个基本阶段：

- 启动。
- 计划。
- 实施。
- 收尾。

其中，计划对于一个项目的成功起决定性作用。

遵循类似的逻辑，我们把商业谈判的全过程分为八个步骤来进行。

第一步：分析。

根据谈判模型分析谈判双方的利益维度、底线、成交区间、创造额外价值的机会和谈判目标。

第二步：计划。

要计划的是谈判的时间、地点、团队、实施要点和可能存在的困难等。

第三步：准备。

准备包括收集信息、提高谈判地位、动员团队等。

第四步：开场。

开场包括建立信任、开放式提问等。双方了解、试探对方的需求和期望。

第五步：提议。

双方确认合作的基本条件，然后以此为基础，谈判的一方就核心利益维度（例如价格、工期等）提出建议。

第六步：反馈。

谈判者就对方的提议给出反馈意见。

第七步：磋商。

双方通过让步、交换条件、增加维度等方式缩小双方之间的分歧，向前推进谈判。

第八步：成交。

双方达成协议并形成书面合约。

本书把上述八个步骤命名为"商业谈判'八步法'"，如图4-1所示。在上述八步中，最重要的是分析、计划和准备这三步。对于一次成功的谈判而言，谈判者往往需要把一半以上甚至六七成的精力用于谈判的前期工作，即分析、计划和准备。

分析 ▶ 计划 ▶ 准备 ▶ 开场 ▶ 提议 ▶ 反馈 ▶ 磋商 ▶ 成交

图4-1 商业谈判"八步法"

需要指出的是，上述八个步骤并不一定是以线性的方式依次进行的，其中某些步骤（例如提议、反馈和磋商）可能循环或反复进行。例如，在商讨某一项合同条件时可能反复经历提议、反馈、磋商，取得一定进展后再谈下一项条件。

本章通过一个典型案例来讲述商业谈判的这八个步骤。

案例4-1

（1）客户项目

H建设投资集团（以下简称H集团）是总部位于华中某城市的国内领先的房地产投资开发企业。

H集团目前正在以投资人的身份实施一个大规模公交导向开发（Transit-Oriented Development，以下简称TOD）项目，即在地铁站的上方兴建写字楼、酒店和高端公寓建筑群。TOD项目的优点是通过地下轨道交通可以提升上盖建筑的价值，而上盖建筑的使用者又可以为地下轨道交通提供运量。这种项目模式可以提高土地的商业价值，推广绿色高效交通方式，减少交通拥堵，促进城市的可持续发展，因而近年来受到政府和投资人的青睐。

不过，该TOD项目面临一个重大技术挑战——需要采取有效措施克服地下列车行驶产生的振动对上盖建筑的不利影响。

H集团聘请了由国外知名设计公司和国内大型设计院组成的联合团队为该项目提供设计服务。该设计团队决定在该项目中采用定制化的高性能减振支座，在高层建筑结构和基础之间提供"柔性"的支承，从而有效减轻列车振动对上盖建筑的影响。

（2）报价邀请

该项目拟选用的高性能减振支座，技术含量很高，目前市场上只有少数几家供应商可以提供。

H集团决定邀请以下三家合格的供应商提交报价：

- 中国领先的民营企业A公司。A公司引进国外技术在中国生产的产品质量符合要求，价格有竞争力。A公司的短板是自身没有研发能力，无法提供增值服务。
- 美国企业B公司。B公司的产品在美国生产，产品性能好，但是价格明显高于在中国本土生产的同类产品。
- 德国独资企业W集团。W集团技术实力雄厚，经过多年的运

第四章　商业谈判"八步法"

营,其在中国的子公司已经基本实现本土化。

(3) 书面报价

W集团是一家总部位于德国法兰克福的跨国工程结构技术公司,成立八十多年来一直专注于结构减振技术及产品的研究,在全球范围内享有良好的声誉。W集团在中国的子公司(以下简称W公司)成立近三十年,业务发展稳健,并且一直保持增长态势。W公司在中国生产的产品除了应用于中国的工程项目,还远销全球几十个国家和地区。

虽然W公司的产品销售顺畅,但是公司管理层未雨绸缪,正在积极寻找新的业务增长点。TOD项目是他们瞄准的一个新的业务领域。

W公司的销售总监路易斯在一个行业峰会上认识了H集团的项目总监梅森,并相互发送了各自公司和业务的介绍。

今年4月的第一个星期一,路易斯收到了梅森发来的报价邀请文件。报价文件包括项目概况、对拟采购产品的要求、报价文件模板等。

根据报价文件,客户需要采购500组高性能减振支座,要求感兴趣的受邀供应商于一周内提交书面报价文件。

这正是W公司期盼已久的机会。W公司立即成立了由销售副总裁罗杰牵头的报价小组,决心提交一份有竞争力的报价。

对于定制化的产品,W公司一般根据产品的固定成本、可变成本和加成(mark-up)来确定该产品的价格底线:

- 固定成本,包括分摊的管理费、技术研发费、生产设备折旧等。
- 可变成本,包括材料费、加工费、测试费、包装费等。
- 加成,包括风险预备、利润、税等。

上述三项之和即基于成本的价格底线。

报价小组首先认真研读了报价邀请文件，然后估算了上述各项的数额（假设生产数量为500组）：

- 固定成本，约1.60万元/组。
- 可变成本，约5.20万元/组。
- 加成。目前，W公司的类似产品要求的加成大约为成本的30%。鉴于该项目的战略意义，W公司决定，该项目的加成率可以降低到25%，即1.70万元/组。

将上述三项求和得出W公司减振支座的价格底线8.50万元/组（总价4 250万元）。

路易斯已经了解到W公司在该项目的竞争对手是民营企业A公司和美国企业B公司。他分析了W公司在该项目中的竞争态势：

- B公司的报价应该会远远高于W公司，其对W公司不会构成真正的威胁。
- W公司将面临来自A公司的猛烈的价格攻势。同时，路易斯也发现了一些对W公司有利的信息：A公司自己没有研发能力，需要向国外技术提供者支付技术转让费，因此A公司的成本并不低；并且A公司目前在手的项目不少，应该不会以低价竞争该项目。

路易斯做好了两手准备：一方面，积极参与竞争，力争一举拿下该项目，实现W公司在中国TOD项目市场的突破；另一方面，如果客户要求的价格低于自己的底线，就坦然放弃。

路易斯最后决定报价8.98万元/组（总价4 490万元，基于报价邀请中规定的技术要求和合同条件），其中预留了240万元的议价空间。

（4）谈判邀请

W公司提交报价文件后，当天就收到了H集团发送的确认邮件，但是在随后的两周内一直没有收到来自H集团的任何消息。

坊间有消息说，H集团已经和A公司进行了数轮谈判。路易斯感觉W公司可能已经丢掉这个项目了。

提交报价后的第16天，路易斯突然收到H集团项目总监梅森发来的邮件，邀请W公司于一周后到H集团总部进行商务谈判。

在收到谈判邀请的那一刻，路易斯心中的希望又升腾起来了，但很快又被忐忑不安所笼罩：H集团和自己的竞争对手A公司的谈判目前处于什么状态？面对在地产界闯荡多年的H集团，W公司该采取什么策略？W公司如何才能同H集团达成合作，并把H集团变成自己的战略客户呢？

路易斯意识到，为了紧紧抓住这次宝贵的机会，他需要做的第一件事是认真地分析和计划谈判。

分 析

谈判者在面临将要进行的谈判时，可以使用本书第二章介绍的谈判模型对谈判进行分析，为计划谈判做准备。

在谈判分析阶段，谈判者应该着重考虑以下内容：

- 谈判的议题，也就是谈判者商讨的对象或主题。
- 利益。在任何一次商业谈判中，双方都希望通过谈判实现一定的意图，或者说获得一定的利益。谈判者必须了解双方需要在谈判中协商确定的不同维度的利益，以及各利益维度的优先级。
- 最佳替项。

- 底线。最常见的是价格底线,但是谈判者在其他核心利益维度也可能有底线,例如工期底线、预付款比例底线等。
- 成交区间。最常见的是价格的成交区间,但是在其他利益维度(例如工期)也可能有成交区间。
- 双方共创额外价值的机会。双方可能通过交换利益、引入新变量、构建新方案等方式创造额外价值,把"饼"做大。
- 谈判的目标。谈判者根据对双方底线、成交区间的分析,确定自己的最低目标、预期目标和理想目标,并估计对方的最低目标、预期目标和理想目标。

谈判者可以使用谈判分析表(见表4-1)对谈判进行分析。

表4-1 谈判分析表

序号	分析项目	我方	对方
1	谈判议题		
2	利益	维度1: 维度2: 维度3:	维度1: 维度2: 维度3:
3	双方的最佳替项		
4	双方的底线	维度1: 维度2: 维度3:	维度1: 维度2: 维度3:
5	成交区间	维度1: 维度2: 维度3:	
6	双方共创额外价值的机会		
7	谈判目标	最低目标: 预期目标: 最高目标:	最低目标: 预期目标: 最高目标:

案例 4-2

（接案例 4-1）

W公司销售副总裁罗杰召集公司的销售、技术、项目管理、法务等部门的相关负责人开会，对即将进行的谈判进行分析。经过讨论，大家达成以下共识。

（1）谈判议题

本次谈判的议题是高性能减振支座的采购。

（2）利益

W公司希望以合理的价格拿下这个项目，从而获得新的TOD项目业绩，并提升公司在中国TOD项目领域的影响力。H集团是项目投资人，其关注的利益不仅包括高性能减振支座的采购价格，还十分关注项目全生命周期成本和使用性能，其最终目标是该TOD项目价值的最大化。

双方关注的核心利益包括：

- 装置的价格。对于双方而言，价格都是最重要的因素，也是决定本次交易能否达成的最关键的因素。
- 供货期限。供货期限对客户的重要性不言而喻，而对供应商来说，供货期限会影响成本，因此也十分重要。
- 支付安排。支付安排会影响双方的现金流和财务风险，因此也是双方都关心的问题。

（3）双方的最佳替项

在本次谈判中，双方都有自己的替代选项。H集团的最佳替项是其他供应商，例如国内供应商A公司。W公司的最佳替项是其他客户。W公司的产品在市场上颇受欢迎，目前并不缺少客户。

（4）双方的底线

如前文所述，W公司根据产品的成本和加成率，确定该产品的价格底线为单价8.5万元/组（总价4 250万元）。

H集团的底线为其最佳替项（很可能是A公司）的要价，路易斯无从了解准确数额。不过路易斯以前和A公司曾多次竞争同一个项目，各有胜负；并且路易斯的几位同事以前就是A公司的员工。因此，路易斯基本了解A公司的成本水平和目前工作任务的饱和度。路易斯估计，A公司的最低要价很可能为8.7万元/组左右。换句话说，H集团的价格底线大约为8.7万元/组（总价4 350万元）。不过，路易斯知道，自己对对方底线的估计没有很大把握。

路易斯由此推断，仅仅从价格这个维度来看，W公司和H集团本次谈判的成交区间很可能比较小，甚至没有成交区间。要想确保达成交易，需要引入新的维度，或发现创新性的合作方案。

关于交货期限和支付方式，W公司可以接受业主在报价邀请里的要求，但是希望能通过谈判在这两方面获得更好的条件。

（5）成交区间

根据对双方底线的估算，路易斯得出双方在价格上的成交区间为（见图4–1）：

4 250万 ~ 4 350万元

W公司的底线
4 250万元

成交区间

H集团的底线
4 350万元

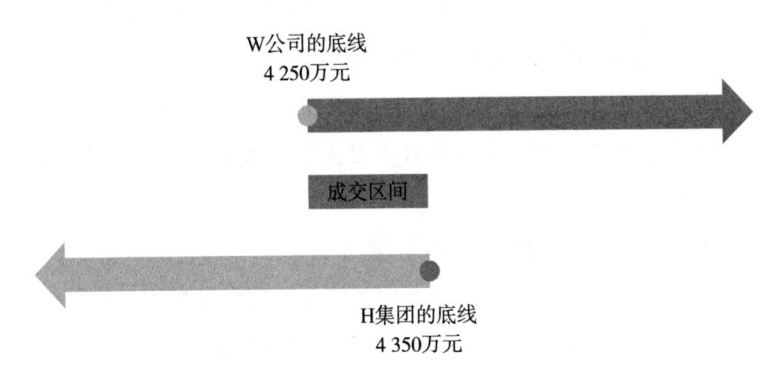

图4–1　H集团和W公司的底线和成交区间

（W公司的视角）

(6) 双方共创额外价值的机会

W公司的团队经过讨论,认为存在以下共创价值的机会:

增加维度。

除了价格外,双方还可以讨论交货期限、付款安排:

- H集团在报价邀请中提议的付款计划是以"均匀分发"的方式支付货款,即分别在签约后、完成设计后、完成材料采购后和完成交付后这四个节点,每次支付25%的货款。W公司的现金流有些紧张,如果H集团可以采用"前重后轻"的比例支付货款,即在上述四个节点分别支付55%、15%、15%、15%的货款,那么W公司的财务费用将降低50万元。

- 报价邀请中要求的供货期限是30天,W公司可以做到,但是需要安排赶工。如果H集团能同意将供货期限延长到45天,那么这会大大缓解W公司的工期压力,并且制造成本将降低75万元。

交换利益。

W公司期望从H集团获得的利益包括:

- 项目成功交付后,H集团作为业主和全国知名的工程建设投资商为W公司提供业绩证明函或推荐信。

- 帮助W公司进入TOD项目市场。TOD是一种在中国流行开来的项目模式,W公司希望H集团能帮助W公司扩大其在中国TOD市场的份额。

W公司可以给予H集团的利益包括:

- W公司总部拥有一批精通力学和计算机数值模拟技术的专家,以及先进三维结构力学分析软件,已帮助世界上很多客户优化整体建筑结构,节约投资成本。W公司总部的专家可以帮助H集团对减振支座之上的整个建筑的结构进行优化,从而在保障安全的同时降低项目的造价。

- 项目成功完成后，W公司可以协助H集团申报国际上有影响力的奖项。另外，W公司可以协助H集团的专家在国际刊物上发表论文。

（7）谈判目标

基于上述分析，W公司的团队将本次谈判的目标初步确定为：基于报价邀请中的工期和支付方式，减振支座价格的最低目标为4 250万元，预期目标为4 300万元，最高目标为4 350万元。

与此同时，W公司将尽量和对方讨论供货期限、付款安排以及其他把"饼"做大的方法，尽可能创造更多的额外价值。

谈判分析结果如表4-2所示。

表4-2　W公司谈判分析表

序号	分析项目	我方（W公司）	对方（H集团）
1	谈判议题	高性能减振支座采购合同	
2	利益	维度1：高性能减振支座价格 维度2：供货期限 维度3：货款支付安排	维度1：高性能减振支座价格 维度2：供货期限 维度3：货款支付安排
3	双方的最佳替项	将产品销售给其他客户	采购其他供应商的产品
4	双方的底线	价格底线：4 250万元	价格底线：4 350万元
5	成交区间	4 250万~4 350万元	
6	双方共创额外价值的机会	增加维度：双方讨论供货期限、付款安排这两个维度的利益 交换利益：相互提供支持	
7	谈判目标	最低目标：4 250万元 预期目标：4 300万元 最高目标：4 350万元	最低目标：4 350万元 预期目标：4 300万元 最高目标：4 250万元

案例 4-3

（接案例 4-2）

该 TOD 项目是 H 集团投资的首个标志性 TOD 项目，意义重大。项目总负责人梅森也踌躇满志，希望借助这个大型综合性项目将自己的职业生涯推向一个新的高度。

对于本次高性能减振支座采购，梅森精心选择、邀请三家供应商提交建议书，希望形成有效的竞争，提高自己作为客户的谈判地位。

三家供应商的报价分别为：

- 民营企业 A 公司，报价 8.7 万元/组（总价 4 350 万元）。
- 美国企业 B 公司，报价 11.5 万元/组（总价 5 750 万元）。
- 德国独资企业 W 公司，报价 8.98 万元/组（总价 4 490 万元）。

在这三个供应商中，在价格相当的情况下，梅森倾向于选择 W 公司。但是他希望通过谈判尽可能挤出 W 公司报价中的"水分"。

所以梅森先和 A 公司进行了多轮谈判。A 公司和 W 公司在中国市场上是"老对手"，不过这两家公司之间的竞争还是比较"健康"的，从来没有打过价格战。A 公司的最后要价是 8.6 万元/组（总价 4 300 万元）。梅森对 A 公司表示，H 集团会认真评估 A 公司的产品性能和要价，于一个月内给予回复。

然后梅森着手准备和 W 公司的谈判。在和 W 公司谈判之前，梅森召集采购经理乔伊斯、合同经理加文、采购经理助理凯茜一起开会分析即将进行的谈判。

（1）谈判议题

本次谈判的议题是高性能减振支座的采购。

（2）利益

H 集团希望以尽可能低的价格采购高性能减振支座，同时尽可能降低项目全生命周期成本。

H 集团认为双方关注的核心利益包括：

- 装置的价格。这是本次谈判的重点。
- 供货期限。梅森在报价邀请中把供货时间规定为30天,在这方面H集团预留了一定的让步空间,可以作为谈判中的筹码。
- 支付安排。梅森在报价邀请中规定的付款安排为"均匀分发"。由于H集团现金流充沛,在这方面H集团也有一定的让步空间,可以作为谈判中的筹码。

(3)双方的最佳替项

H集团的最佳替项是其他供应商,例如国内供应商A公司。W公司的替代项是其他客户。

(4)双方的底线

H集团的底线为A公司的要价,即8.6万元/组(总价4 300万元)。

对于W公司的底线,H集团没有时间收集太多相关信息,他们粗略估计W公司的底线应该在8.4万元/组(总价4 200万元)左右。

(5)成交区间

根据对双方底线的估算,梅森发现双方目前在价格上的成交区间不大(见图4-2):

4 200万~4 300万元

W公司底线
4 200万元

成交区间

H集团底线
4 300万元

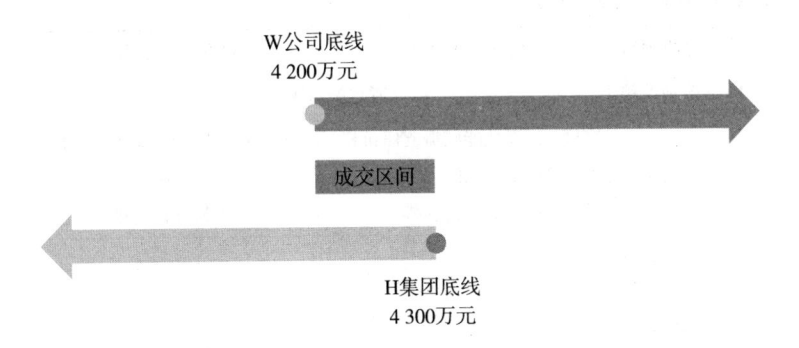

图4-2 H集团和W公司的底线和成交区间

(H集团的视角)

（6）双方共创额外价值的机会

H集团的团队经过讨论，认为存在以下共创价值的机会：

增加维度。

H集团在供货期限和付款安排这两个维度上有一些让步空间。如果H集团在这两个维度上做些让步，那么W公司应该愿意降低价格。

交换利益。

H集团可以帮助W公司扩展在TOD领域的业务，以换取W公司给予的一些利益。但是对于W公司可以给予H集团什么利益，W集团还不太了解，需要在谈判现场进一步探索。

（7）谈判目标

基于报价邀请中规定的条件，H集团的团队确定的减振支座采购价格最低目标为4 300万元，预期目标为4 250万元，最高目标为4 200万元。

与此同时，双方应该有一些共创额外价值的机会，经过努力有可能取得出人意料的谈判成果。

谈判分析结果如表4-3所示。

表4-3　H集团的谈判分析表

序号	分析项目	我方（H集团）	对方（W公司）
1	谈判议题	高性能减振支座采购合同	
2	利益	维度1：高性能减振支座价格 维度2：供货期限 维度3：货款支付安排	维度1：高性能减振支座价格 维度2：供货期限 维度3：货款支付安排
3	双方的最佳替项	采购A公司的产品	将产品销售给其他客户
4	双方的底线	价格底线：4 300万元	价格底线：4 200万元

（续表）

序号	分析项目	我方（H集团）	对方（W公司）
5	成交区间	4 200万~4 300万元	
6	双方共创额外价值的机会	增加维度：双方讨论供货期限、付款安排这两个维度的利益 交换利益：H集团帮助W公司开拓TOD领域的业务	
7	谈判目标	最低目标：4 300万元 预期目标：4 250万元 最高目标：4 200万元	最低目标：4 200万元 预期目标：4 250万元 最高目标：4 300万元

从W公司和H集团的谈判分析可以看出，双方对自己的底线非常清楚；而对于对方的底线，双方的估计基本合理，但是都不完全准确。

我们如果拥有"上帝视角"，那么将看到双方的真实成交区间，如图4-3所示。

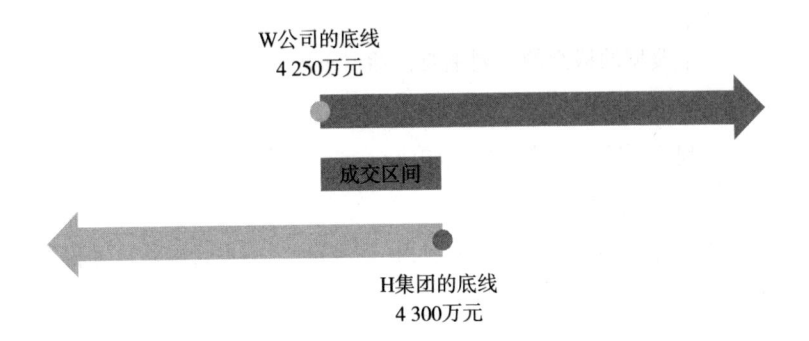

图4-3　H集团和W公司的底线和成交区间

（"上帝视角"）

可见，从"上帝视角"看，双方的成交区间比较小，双方达成双赢协议的难度相当大。

计 划

在对谈判进行透彻的分析之后，谈判者就可以着手对谈判进行计划了。

虽然没有任何一次谈判是完全按照计划进行的，但是谈判者如果不做计划，就是在刻意求败。

通过制订谈判计划，谈判者在谈判之前就清楚地审视了谈判的时间、地点、团队、实务操作要点等事项，相当于把未来的事情提前在心中或纸上进行模拟，从而减少风险，提高成功率。计划需要周密完善，同时应该有足够的开放性和灵活性，为变化和不确定性留有余地。

谈判本身是一个密集交换信息的过程，谈判者会在谈判过程中获得许多新的信息。因此，谈判者需要迅速处理新的信息，及时对计划进行调整。

一个典型的谈判的计划主要包括以下内容。

（1）谈判议题。

谈判分析阶段确定谈判议题。

（2）谈判目标。

谈判者需要对谈判分析的成果——谈判目标进行确认，并将其列入谈判计划。

（3）谈判团队。

对于比较简单或者涉及价值较小的谈判，谈判的双方可各派一个人参加谈判。

对于涉及重大利益的谈判，双方通常需要组建一个谈判团队。对于一般的商业谈判，谈判团队的规模一般可为3~6人。对于特别重大项目的谈判，谈判团队的规模可能更大。

谈判团队一般包括以下角色:

- 主谈。一般由谈判团队中职位最高的人担任,但是主谈一般不应是公司职位最高的人。主谈代表谈判团队披露信息,提出建议,提供反馈,以及在授权范围内做出决策。
- 技术负责人。负责在谈判中处理专业技术相关的事务。
- 商务负责人。负责在谈判中处理商务相关的事务。
- 法务负责人。负责在谈判中处理合同和法律相关的事务。
- 翻译人员。在国际谈判中,谈判双方如果不能娴熟使用同一种语言,就需要配备翻译。为明确翻译的责任,各方的翻译人员一般只负责对己方的发言进行翻译。
- 谈判秘书。

上述人员可以同时兼任以下角色:

- 发言者。代表己方发言,一般可由主谈兼任。
- 提问者。负责提出问题,鼓励对方表达,引导讨论的方向。
- 总结者。总结双方表达的意思,澄清理解,确认谈判成果,聚焦关键议题,推动谈判进程。
- 观察员。倾听双方的表达,观察双方的行为和肢体语言,捕捉有用信息并进行分析。利用休会时间或通过内部沟通工具向其他谈判成员分享信息。
- "黑脸"。以强势的形象面对对方,给对方造成精神压力。
- "红脸"。负责向对方释放善意,缓和双方之间的关系。

(4)谈判时间。

谈判是一种能量消耗很大的高强度活动。对于涉及较大金额的项目的商业谈判，最好安排在双方体能、情绪状态比较好的时间段进行，例如工作日的上午。双方应该提前确认谈判安排，预留充分的时间专心进行谈判。

谈判双方应提前筹划好合同谈判、双方内部合同审批、合同签订、项目实施启动等重要的时间节点，确保有充足的时间进行谈判。双方不可因为迫于时间压力而匆忙签订不理想的合同，或者在没有完成谈判和签订合同的情况下开始工作。

（5）谈判地点。

谈判双方一般会选择到其中一方的办公室进行谈判，客户方一般倾向于把谈判地点安排在己方的办公室。在己方的办公室进行谈判有以下三点好处：

- 有"主场"心理优势。
- 有利于掌控谈判节奏（例如当需要一些额外时间时，己方可以安排对方的谈判团队参观、游览、餐宴、自由活动等）。
- 便于获得同事的支持。

双方也可以选择到办公室以外的酒店、会所、茶馆等场所进行谈判。

（6）谈判实施要点。

谈判者需要提前筹划如何具体实施谈判、谈判团队成员在各环节的分工协作、应该注意的关键点等。

- 开场阶段：如何营造气氛、探寻有用的信息。
- 提议阶段：谁先报价、如何报价。
- 反馈阶段：如何对对方的报价提供反馈、如何回应对方的反馈，并了解对方反馈背后的理由。

- 磋商阶段：如何共创新的价值、如何缩小并最后消除分歧、如何突破僵局。
- 成交阶段：如何"临门一脚"，及时促成交易。

（7）谈判中可能遇到的困难及应对措施。

谈判者需要预测在谈判中可能遇到的困难，并提前准备好对策。

谈判者可以使用表4-4中的"谈判计划表"对谈判进行计划。

表4-4　谈判计划表

序号	计划项目	计划内容
1	谈判议题	
2	谈判目标	最低目标： 预期目标： 最高目标：
3	谈判团队	主谈： 商务： 技术： 法务： 秘书：
4	谈判时间	
5	谈判地点	
6	谈判实施要点	开场： 提议： 反馈： 磋商： 成交：
7	可能遇到的困难及应对措施	

案例4-4

（接案例4-3）

路易斯和团队一起，在谈判分析的基础上准备了谈判计划，包括以下内容：

（1）谈判议题

高性能减振支座采购合同。

（2）谈判目标

最低目标：4 250万元；预期目标：4 300万元；最高目标：4 350万元。

同时，力争挖掘和实现共创额外价值的机会，把"饼"做大。

（3）谈判团队

谈判团队成员名单如下：

- 主谈：销售总监路易斯，同时兼任"发言者"和"总结者"。
- 商务负责人：项目经理珍，同时兼任"提问者"。
- 技术负责人：技术经理马什，同时兼任"红脸"角色。
- 法务负责人：法务经理卢卡斯，同时兼任"黑脸"角色。
- 秘书：项目经理助理佐伊，同时兼任"观察员"。

（4）谈判时间

根据客户的要求，首次谈判会议将于本周四上午举行。由于客户计划在一个月之后启动该供应项目的工作，预计双方进行合同审批和签字盖章大约需要两周的时间，路易斯初步考虑，力争在一周之内完成合同谈判与合同文本整理和确认，然后双方加紧完成合同审批和签字盖章，否则可能无法按时启动项目。

（5）谈判地点

根据H集团的提议，谈判将在H集团的办公室进行。

（6）谈判实施要点

- 开场：通过提问，探寻对方的痛点和需求，以及对方可以给予的利益。
- 提议：根据谈判目标，提出主要利益维度的条件（报价）。
- 反馈：倾听对方的反馈，通过提问了解对方反馈背后的原因和利益考量。
- 磋商：针对双方之间的分歧，通过增加维度、交换利益等共创式谈判方法扩大成交区间并缩小分歧。
- 成交：最后通过请权威人士出面等方法促成交易。

（7）谈判中可能遇到的困难及应对措施
- 困难1：在开场阶段未能深入挖掘对方真正的利益需要和对方可以给予的利益。对策要点：提出开放式问题或深度倾听。
- 困难2：因价格成交区间太小而使双方陷入僵局。对策要点：通过引入新维度、交换利益等方法扩大成交区间。
- 困难3：谈判中出现意想不到的新情况。对策要点：暂停谈判，内部讨论研究对策。

W公司的谈判团队准备了如表4-5所示的谈判计划表。

表4-5　W公司的谈判计划表

序号	计划项目	计划内容
1	谈判议题	高性能减振支座采购合同
2	谈判目标	最低目标：4 250万元 预期目标：4 300万元 最高目标：4 350万元
3	谈判团队	主谈：销售总监路易斯，同时兼任"发言者"和"总结者"； 商务负责人：项目经理珍，同时兼任"提问者"； 技术负责人：技术经理马什，同时兼任"红脸"角色； 法务负责人：法务经理卢卡斯，同时兼任"黑脸"角色； 秘书：项目经理助理佐伊，同时兼任"观察员"
4	谈判时间	首次谈判于本周四上午进行。力争在一周之内完成谈判

（续表）

序号	计划项目	计划内容
5	谈判地点	首次谈判应客户的要求在客户的办公室进行。如有必要可以将后续谈判的地点改到 W 公司的办公室或外面的适宜地点
6	谈判实施要点	开场：通过提问，探寻对方的痛点和需求，以及对方可以给予的利益。 提议：根据谈判目标，提出主要利益维度的条件（报价）。 反馈：倾听对方的反馈，通过提问了解对方反馈背后的原因和利益考量。 磋商：针对双方之间的分歧，通过增加维度、交换利益等共创式谈判方法扩大成交区间并缩小分歧。 成交：最后通过请权威人士出面等方法促成交易
7	可能遇到的困难及应对措施	困难 1：在开场阶段未能深入挖掘对方真正的利益需要和对方可以给予的利益。对策要点：提出开放式问题或深度倾听。 困难 2：因价格成交区间太小而使双方陷入僵局。对策要点：通过引入新维度、交换利益等方法扩大成交区间。 困难 3：谈判中出现意想不到的新情况。对策要点：暂停谈判，内部讨论研究对策

准　备

在启动谈判之前，谈判者应该根据谈判分析和计划对谈判进行严谨、细致的准备。谈判准备工作包括以下内容。

收集信息

谈判者需要抓紧时间收集各种和谈判有关的信息。例如：

- 对方的组织结构、业务、财务等方面的最新信息。
- 对方人员的信息，例如对方谈判人员的构成及其背景，对方决策者、使用者、关注者等的背景、态度和利益诉求等。
- 对方的替代项（己方竞争对手）的最新信息。
- 对关键事项的调查，例如对交易对象的尽职调查、对标的物的估值等。
- 市场行情信息。

采取提升自己谈判地位的行动

谈判者需要及时采取必要的、可以提升自己的谈判地位的行动，例如：

- 寻找、开发己方的新的替代项。
- 通过和已有替代项谈判来加强自己的底线。
- 通过消除对方的替代项来削弱对方的底线。

动员谈判团队

如果谈判者是一个团队，那么谈判团队的领导者需要在谈判前进行有效的内部沟通，就谈判的目标达成一致，明确谈判目标和角色分工，确定协同配合方式，做好上场准备。

对于特别重要的谈判，谈判者可以进行模拟演练，提前发现并清除谈判障碍，提升谈判成功的可能性。

谈判者可以通过一个谈判准备行动清单（见表4-6）来计划和跟踪谈判准备工作。

表4-6 谈判准备行动清单

序号	行动	负责人	完成日期
1			
2			
3			
4			
5			

案例4-5

（接案例4-4）

W公司收到客户的谈判邀请邮件时，离谈判还有大约一周的时间。路易斯随即安排项目经理珍，和对方对接确认了谈判会议具体议程，以及双方参会人员。

珍了解到，H集团拟参加谈判的人员有：

- 主谈：项目总监梅森。
- 商务负责人：采购经理乔伊斯。
- 法务负责人：合同经理加文。
- 秘书：采购经理助理凯茜。

路易斯召集公司谈判团队成员一起开会讨论了谈判准备工作，并形成谈判准备行动清单，如表4-7所示。

表4-7 W公司的谈判准备行动清单

序号	行动	负责人	完成日期
1	收集H集团及该TOD项目的最新信息	路易斯	第4天
2	了解H集团谈判团队的背景和沟通风格	珍	第3天
3	收集竞争对手A公司的最新信息	珍	第4天
4	准备项目实施方案演示文件	马什	第4天

（续表）

序号	行动	负责人	完成日期
5	确认对客户"报价邀请"文件中的合同条件的修订建议；确认合同条件底线	卢卡斯	第3天
6	向公司总裁汇报并确认谈判底线	路易斯	第5天
7	谈判开始前组织谈判团队动员协调会	路易斯	第5天

开　场

在谈判的开场阶段，谈判者重点做好以下五个方面的工作。

营造氛围

双方见面之后，彼此问候，适当寒暄，释放善意，建立信任，营造友好的谈判氛围。以下方式可以使双方快速建立信任：

- 找出双方的共同点或相似性，例如同乡、同龄、校友、相同的经历等。
- 展现专业性，例如谈判者向对方呈现的专业能力、专业素养、专业认证、专业资格等。
- 表示尊重。谈判者对对方表示尊重有利于赢得对方的信任。
- 表示了解。谈判者对对方的发展历程、现状、需求等的深度了解有利于赢得对方的信任。

开场发言

主、客双方的主谈人可进行开场发言，介绍己方人员，表明己方的意图和态度。

确认议程

双方确认本次谈判的议题、谈判的主要内容、谈判的议程等。

介绍基本情况

双方交换一些基本信息，例如谈判双方的基本情况、项目背景、项目概况、目前进展、本次谈判内容与项目的关系等。

探寻彼此的需求

在开场阶段，双方可以多提一些开放式问题来相互探寻对方的期望和诉求，供应商可以向客户提出以下问题：

- 你期望本项目能实现什么样的目标呢？
- 哪些目标对你来说是最重要的呢？
- 对于本项目的实施，你有哪些痛点和挑战呢？
- 对于本项目的实施，你最担心什么呢？
- 你对供应商/承包商有什么期望呢？
- 你在哪些方面可以为供应商提供支持和帮助？
- 你对我们提交的报价文件和实施方案有哪些意见和建议？
- 除了本项目，贵公司和我公司是否还可能有其他合作机会？

客户可以向供应商提出以下问题：

- 贵公司的最大优势是什么？
- 贵公司可以在哪些方面为本项目增加价值？
- 对于本项目的实施，贵公司有什么建议？

- 贵公司希望我方提供哪些方面的支持？
- 贵公司对本项目最担心的是什么？
- 除了报价邀请文件中规定的服务范围，贵公司是否还可以提供其他方面的服务？
- 除了本项目的合作，贵公司还有哪些资源可能用于贵我双方的合作？

谈判者可以通过提问的方式深度"挖掘"所有有用的信息，包括以下两种"信息挖掘"方式：

- 横向挖掘。其典型的问题是："还有吗？"（What else？）谈判者要鼓励对方说出心中所有的想法、期望、诉求等。
- 纵向挖掘。其典型的问题是："那又是为什么呢？"（Why again？）在探索对方的某一个观点或立场背后的原因时，谈判者可以通过连续追问多个"为什么"来发现对方的深层次利益和动机。

谈判者在对方讲述观点或回答问题时，应该积极地、深度地倾听。谈判双方通过相互提问和信息分享，加强了解对方的处境和利益诉求，为下一步"提议"做好准备。

案例4-6

（接案例4-5）

路易斯率谈判团队提前15分钟到达H集团总部大厦。客户方已经派采购经理助理凯茜在一楼大堂等候，并引领路易斯一行人来到会议室。

少顷，H集团的谈判团队人员也进入会议室。双方交换了名片，分别在会议桌的两侧落座。

离会议正式开始还有几分钟的时间，宾主利用这个机会进行一些非正式沟通。路易斯首先对客户的这栋现代化总部大厦内的一流设施和H集团的文化氛围表示赞叹。客户项目总监梅森介绍说，"公司总部大厦今年刚刚落成，于3月集团成立三十周年之际正式启用。"路易斯说，"我看到了贵公司创办三十周年的纪念活动的短视频，非常震撼！"梅森谦虚道："这都是行政办公室的小伙伴们的业余作品。"

上午九点，谈判会议准时开始。

H集团客户项目总监梅森首先做开场发言。他逐一介绍了参会人员，对W公司的团队的到来表示欢迎。然后他表示，他本人和团队非常期待和W公司同人的坦诚讨论，希望双方能开启这个重要项目的合作。

然后路易斯代表W公司做了开场发言。他也介绍了W公司的谈判团队成员，对客户给予的参与项目谈判的机会表示感谢。路易斯表示，W公司十分珍惜这个机会，真诚希望W公司有机会参与这个具有里程碑意义的TOD项目。然后路易斯拿出一盒带有W公司标志的精致的巧克力礼盒，双手递给梅森，说："这是来自W公司德国总部的德国风味巧克力，请H集团的朋友们品尝一下。"

梅森表示感谢，并提议今天的谈判总体上按以下程序进行：
- H集团介绍项目背景、总体进度计划、目前进展情况，以及对高性能减振支座的要求。
- W公司介绍高性能减振支座供应方案。
- 双方进行商务事项的磋商。

路易斯对客户提议的谈判程序表示同意。

H集团的采购经理乔伊斯介绍第一项内容，W公司的代表听得非常专注。

介绍完毕，路易斯问："现在能否先请教几个有关本项目的问题？"梅森点头说："当然可以啊！"

路易斯说："贵公司所投资的这个 TOD 项目，体量巨大，行业瞩目，必将成为中国北方地区的地标项目。梅森您作为项目负责人，对这个宏大的项目的愿景是什么呢？"

梅森几周前接受市电视台记者采访的时候，记者就问过类似的问题。所以梅森听到这个问题后，立即侃侃而谈："根据政府的要求和集团的指示，我们为本项目设定了三大目标：一是按时、优质、安全、绿色、低碳地建成，争取获得国家级和国际级大型奖项；二是有效控制项目建造成本和全生命周期成本，实现项目价值最大化；三是出成果、出人才，力争产生有国际影响力的论文、专利等。"

路易斯回应，说："梅森您描绘的项目愿景和 W 公司'创造可持续未来'的理念完全匹配。首先，W 公司全公司范围内的生产过程已经实现'净零'碳排放，并通过了欧盟低碳认证。如果 W 公司有机会参与本项目的话，我们的产品可以为本项目实现绿色、低碳的目标加分。其次，您提到要降低项目的建造成本。W 公司总部有一批优秀的力学专家和计算机数值模拟专家，我们可以免费帮助客户进行支座以上的整个上部结构的优化，这可以降低上部结构的造价，在国际上已经有了多个成功的案例。再次，您提到要降低项目全生命周期的成本，这也是全世界范围内投资人关注的重点。W 公司的产品可以提供 20 年的质量保障，即在 20 年内如果 W 公司的产品出现任何质量问题，由 W 公司免费维修或更换。最后，W 公司是国际结构工程学会的创始会员，可以协助中国客户的项目申报由该学会颁授的国际结构工程大奖。现在中国的工程项目日益受到国际同行的重视和认可，我们已经帮助三家国内知名企业获得这项大奖了。"

虽然梅森在路易斯讲完后只是淡淡地说了一句"嗯，不错"，但是兼任观察员的佐伊注意到，路易斯讲这段话时梅森听得很入神，虽然表情保持严肃，但是眼睛却在"放光"。

珍接着提问："本项目工期方面是否有压力？"梅森回答："我们聘请的一流项目管理顾问在工期方面进行了完备的计划。所以，在工期管理方面我们有信心，但是工期目标的达成还需要各参与方和我们通力协作。"

珍竖起大拇指向对方点赞，又问道："本项目资金到位情况如何？"梅森说："H集团是本项目的大股东，同时我们还吸收了好几家世界500强企业及政府投资平台的股权投资，资金到位情况良好。商业银行的债权融资也已安排妥当。"

然后，由W公司的项目经理珍代表W公司介绍支座供应项目的实施方案。珍介绍得非常清晰而流畅，看得出来是经过精心准备的。

珍刚讲完，梅森就带头鼓掌。他对路易斯说："通过贵公司的介绍，我看到了贵公司对本项目的重视和国际知名公司的专业水准。对于本项目，不知贵公司是否有什么期望和诉求？"

路易斯说："十分感谢梅森的认可和关心。我们公司看好中国TOD项目模式。如果有机会参与本项目，那么我们希望把它做成一个TOD领域的标杆项目，扩大W公司在TOD领域的影响力。以后还希望梅森多多支持。"

梅森说："只要贵公司在减振支座方面展示自己真正的实力，未来在TOD领域合作的机会还很多。我本人就兼任中国TOD技术联盟的副秘书长，可以帮助牵线搭桥。不过，我们当前的首要任务是把手头这个合同谈好，把这个项目做好。"

路易斯点头称是，一再表示感谢。H集团的团队又提了几个技术细节问题，珍均从容应答。

梅森建议大家休息15分钟。双方人员都到会议室旁边的茶歇区喝茶和咖啡。双方人员再进一步熟悉一下。一聊才发现，原来梅森和珍都是同济大学的校友，只相差两届，两人都喜欢篮球，没准在学校篮球场上还遇见过。闲聊片刻，双方之间的距离迅速拉近了。

提　议

谈判开场之后，双方一般就开始讨论实质性的利益事项了。启动实质性讨论的一个最常见的方式是由谈判的一方提出合作条件。

提议的方式

我们知道，双方的谈判和合作一般会涉及多个利益维度，在谈判实操中，一般采用以下两种提议方式：

- 双方一般先澄清和确认一些比较容易达成一致的条件，例如技术规格、数量、交付时间、支付方式等，然后再由一方提出最难以达成一致的条件，例如价格。这种提议方式比较常见。所以，谈判一方的"提议"又称为"开价"或"报盘"；另一方的"反提议"又称为"还价"或"还盘"。
- 一方提议由多个维度的条件组成的组合条件，又称"套餐"，例如谈判的一方可以提出由技术规格、数量、价格这三个维度的条件构成的"套餐"，也可以提出多个"套餐"供对方考虑和选择。相对于第一种方式而言，这种方式的提议在操作上难度更大，但是更富有灵活性，更有利于达成优质交易。

谁先开价

在谈判中，谈判者是自己先开价，还是让对方先开价呢？先开价既有弊端，也有好处。

先开价的弊端是开价会泄露自己底线的范围。例如，如果卖方先提出一个价格，那么买方立即知道卖方的底线肯定不高于这个价格。卖方一旦开出一个价格，那么如果交易达成，则成交的价格肯定不会高于卖方的开价；买方一旦开出一个价格，那么如果交易达成，则成交的价格肯定不会低于买方的开价。

先开价的好处是容易产生"锚定效应"。锚定效应是指人们在对某事做出判断时，第一印象或第一信息会支配大脑的思考，就像沉入海底的锚一样把人们的思想固定在某处。特别是当对方掌握的信息不充分时，谈判者开价所产生的锚定效应的作用十分强大，可以把双方讨价还价的范围锁定在首次提议的价格的附近。如果对方掌握的信息很充分，则谈判者先开价所产生的锚定效应就会大大减弱，甚至完全消失。

所以，我认为，谈判的一方先开价并不会给己方带来有利或者不利的影响。

在具体谈判情境中，是否应该先开价呢？我们可以按以下原则来处理：

- 当掌握的信息较多时，谈判者可以先开价。当然，在这种情况下，对方先开价也不要紧。如果对方的开价偏离了成交区间，谈判者可以忽略对方的开价，直接通过还价把价格拉回到适宜的水平。

- 当掌握的信息较少时，谈判者尽量避免先开价。谈判者掌握的信息不足，说明还没有准备好谈判。在这种情况下，最好的策略是暂时推迟谈判，加紧完成准备工作。如果必须立即开始谈判，谈判者就尽量请对方先开价，然后根据对方的开价决定如何行事。

如何开价

谈判者应该如何开价呢？

第一，谈判者开价时应瞄准对方的底线。

单纯从利益的角度来看，谈判者希望以成交区间以内、接近对方底线的价格成交。所以，谈判者应提议一个接近对方底线（可以大于或小于对方底线，根据具体情况确定）的价格。当然，最后成交的价格应该位于成交区间以内，也就是说，对方和己方都可以从交易中获利。谈判者如果开价"大胆"但又没有太"离谱"，则很有可能取得较有利的谈判结果。

第二，谈判者提出的价格应高于自己预期的成交价格。

也就是说，谈判者需要给自己留出充分的让步空间。谈判者在谈判中做出一定的让步，会使对方感觉更好。

第三，谈判者可以提出由多个维度的条件组成的"套餐"。

我们知道，增加维度会扩大成交区间，增加成交的可能性。谈判者可以提出一个"套餐"，也可以同时提出多个"彼此相当"的"套餐"，供对方选择。根据对方做出的选择，谈判者可以了解对方的利益偏好。

第四，谈判者的提议需要在谈判者的授权范围内进行。

谈判一方的提议是向对方发出的"要约"，因此是十分"严肃"的，需要在谈判者提前获得的授权范围内进行。

案例4-7

（接案例4-6）

休息结束后，大家回到会议室。

梅森微笑着说："我们之间已经有了一个基本的了解。那直接开门见山吧！我们这次邀请了三家供应商提交报价。我们聘请的专家认真评审了报价文件之后，认为在技术上三家供应商都可以满足本项目的需要。实话实说，我们也不会只和一家供应商谈判。H集团历来非常重视项目的成本管控。我们采购的基本原则是：在技术合格的前提下，选择和价格最低的供应商合作。我们认为W公司目前的报价是很有诚意的，但还是偏高。路易斯能否提出一个W公司能接受的优惠价格？"

H集团的谈判风格果然犀利。路易斯沉稳地回应道："非常感谢梅森的坦诚直率。我们都是做项目的，我非常理解贵公司对成本管控的重视。我们十分愿意和贵公司就价格进行友好协商。"

梅森点头表示认同。路易斯然后说："今天上午的信息交流对我们很有帮助。基于报价邀请文件中规定的供货范围、技术要求、供货期限、交货地点、支付安排、运输、保险安排、售后服务等条件，我司能接受的优惠价格是单价8.7万元/组，总价4 350万元。"

梅森感谢路易斯提出的优惠价格。他提议休会30分钟，双方各自内部讨论一下。

反　馈

谈判者在收到对方的提议之后，首先应该向对方确认自己收到了对方的提议，以示尊重。如果有必要，可以通过重复或提问等方式，确认自己正确理解了对方的提议。

然后，谈判者应该以适宜的节奏给予对方反馈，使谈判得以继续进行。

提供反馈的速度不应太快。谈判者如果短时间内无法给对方反馈，那么应该礼貌地说明原因，并告知对方什么时间可以给予反馈。

谈判中的反馈分为沉默、拒绝、还价、接受等类型。

沉默

谈判中的刻意沉默有时是一种很有力的反馈方式。在面对对方的提议时，谈判者以沉默应对，实际上是以无声的方式表示拒绝，但又没有给对方提供任何具体的信息。这往往会让提议的一方产生很大的压力。有时提议的一方可能会主动修改提议。

拒绝

在商业谈判中，特别是在分配式谈判中，当对方提出一项建议或报出一个价格时，谈判者在通常情况下应该说"不"。这是因为对方的提议和其底线之间一般会有或长或短的一段距离。

当提议被对方拒绝时，谈判者一般可以采用以下应对方法：

- 修改提议。一般只有当提议的一方地位很低或没有经验时才会采用这种回应方式。
- 邀请对方还价。当自己的开价被拒绝时，有经验的谈判者常常会邀请对方还价。
- 询问原因。提议的一方通过开放式问题，询问对方反对的原因，力图发现对方的深层次的利益诉求。

还价

谈判者的还价相当于"反要约",因此应特别慎重,并在授权范围内进行。

和提议类似,还价的弊端是会泄露还价者的底线范围。例如,假设卖方开价2 000元,买方还价1 500元,则卖方立即会发现买方的底线在1 500元以上。

还价的一个好处是可以把一个离谱的开价拉回到合理的水平。例如,假设某次谈判的成交区间是1 600~1 900元,但是卖方开价5 000元。买方如果在谈判前对成交区间心里有数,就可以清晰地指出其开价的荒唐性,同时还价1 500元。

谈判中,一旦双方完成报价和还价,其差距就是谈判的"分歧区间"。根据本书第二章的内容,如果双方达成交易,则交易价格肯定位于分歧区间之内,并且很可能在分歧区间的中点附近(这里假设报价和还价都没有严重偏离成交区间)。谈判者一旦还价,成交价格(如果双方能达成交易的话)就大致确定了。

所以,谈判者在还价时,应该先估算预计的成交价格,然后根据对方的报价和自己预期的成交价格,反算出正确的还价金额。

案例4-8

米娅在逛商店的时候看中一件衣服,报价3 800元。米娅希望能以3 000元的价格成交。她通过以下公式计算还价的数额:

$$3\ 000 - (3\ 800 - 3\ 000) = 2\ 200\ (元)$$

接受

接受对方的提议意味着双方就某一事项的谈判已经完成。一般情况下,谈判者过快地接受对方的提议可能产生以下弊端:

- 接受的一方可能错过达成更有利交易的机会。
- 提议的一方可能怀疑自己开价不当,从而后悔,并试图在其他方面挽回损失。

一种实用的接受对方提议的方式是:接受对方的提议,但是加上自己的条件。

案例4-9

佐伊计划参加国际项目经理认证考试,培训费和考试费共计7 500元。佐伊向其上级主管珍提出申请,希望公司能报销培训费和考试费。珍表示同意,但是有两个条件:

- 顺利通过考试并获得国际项目经理资格证书。
- 向团队分享培训的主要内容及自己的体会。

佐伊欣然接受。

案例4-10

(接案例4-7)

休会期间,H集团的谈判团队内部讨论如何回应W公司新提议的价格——总价4 350万元。

这个价格超过了H集团事先确定的底线(4 300万元),H集团当然应该拒绝。如果有必要,H集团可以给一个还价金额。

根据H集团的谈判分析,其预期的成交价格是4 250万元。据此反算出的还价金额应该是:

$$4\,250-(4\,350-4\,250)=4\,150(万元)$$

半小时后,双方谈判人员回到会议室。梅森对路易斯说:"贵公司新提议的价格还是明显超出我们的底线。请贵公司再提出一个新的报价吧。"

路易斯说:"感谢梅森的反馈。为了向前推进谈判,能否麻烦您提出一个H集团能接受的价格呢?"

梅森说:"根据我们了解到的供需状况和本项目的预算,我们能接受的价格是4 150万元。"

至此,W公司的新开价和H集团的还价形成以下分歧区间:

$$4\,150\,万 \sim 4\,350\,万元$$

双方的成交区间和分歧区间如图4-4所示。

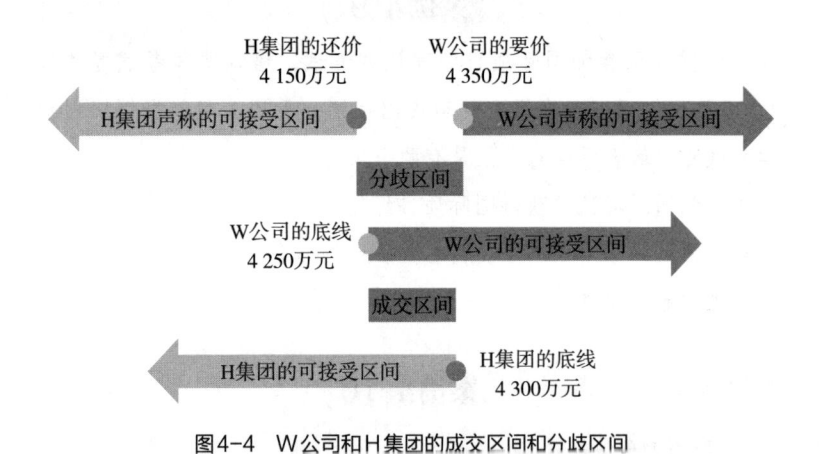

图4-4　W公司和H集团的成交区间和分歧区间

可见,双方的成交区间比较小,而双方的分歧区间比较大。接下来的谈判面临很大的挑战。

磋　商

谈判的双方在完成关于主要利益维度的提议、反馈之后,可能在一个或多个利益维度存在分歧。这时，谈判者可以采用以下方法进行建设性的磋商，与对方共同推进谈判，走向成交。

升维：打开固定变量

谈判者可以在谈判中打开固定变量，即引入新的变量来化解分歧。例如，将原来视为固定的变量，例如数量、技术参数、工期等，都拿出来谈，从而增加谈判的维度，增加成交的可能性。

降维：固化开放变量

在谈判过程中，双方先就容易达成一致的利益维度形成协议，即把这个变量固定下来，从而减少开放变量的数量，实现"降维"。对于难以快速达成一致的事项，我们可以暂时将其放在一边，先讨论其他事项，最后将这些遗留下来的困难问题集中讨论，一并解决。

交换利益

谈判双方可以利用双方在需求、能力、对某一对象价值的评估、资源等方面的差异，交换利益，从而把饼做大，并减少分歧。

谈判者可以通过提议有条件的让步来实现利益交换，可以这么说：

"如果您……，我可以……"
"如果我……，您能否……"

谈判者也可以通过提问的方式来引导对方提出利益交换方案，可以这么说：

"我需要做什么您才会接受我的提议？"

"如果我同意您的提议，您会为我做什么？"

创新：引入新方案

谈判者可以通过引入双方都可以接受的新方案来化解分歧或打破僵局，例如新的技术方案、新的交易模式等。

让步

双方可以通过让步来减少分歧。对于谈判中的让步，需要注意以下六点：

- 让步幅度要小。
- 不要让步太频繁。
- 不要太快让步，因为太容易获得的东西没人珍惜。
- 每次让步都要求对方给予回报。
- 应该事先设计好己方让步的幅度序列。理想的让步模式是：让步的幅度应该越来越小，最后趋近自己预期的成交价格。
- 实际谈判中可以把自己和对方所做的让步幅度序列记录下来，用以分析双方让步的规律和趋势。

案例 4-11

（接案例 4-10）

在 W 公司提议新的价格、H 集团还价之后，双方的分歧浮出水面，会议室陷入沉默。

梅森率先打破沉默，他把难题抛给了路易斯："路易斯，您看我们接下来谈判该如何进行呢？"

路易斯提议休会 15 分钟内部讨论一下。

15分钟后，大家都回到会议室。这时路易斯的凝重表情似乎有所放松。

他问梅森："梅森，报价邀请中提议的付款安排是以'均匀分发'的比例支付货款，即分别在签约后、完成设计后、完成材料采购后和完成交付后一周内支付25%的货款。W公司的现金流有些紧张，如果H集团可以采用'前重后轻'的比例支付货款，即在上述四个节点分别支付55%、15%、15%、15%，W公司可以考虑适当降低价格。"

梅森点头表示赞许："路易斯，这倒是一个不错的思路。还有别的好点子吗？"

路易斯继续说："报价邀请中要求的供货期限是30天，W公司可以做到，但是工期比较紧张。如果H集团能同意将供货期限延长到45天，那么这将大大缓解W公司的工期压力，同时将降低我们的成本。"

梅森说："关于交货期限，目前我们的总工期没有安排得特别紧，如果有需要，我们可以考虑对总体进度计划做一些调整，从其他活动中挤出一些'浮动时间'，争取能把交货期限延长到45天。而采用'前重后轻'的付款比例，也是可以考虑的。如果我们同意修改这两条，贵公司可以给我们什么回报呢？"

根据W公司的谈判分析，如果客户能接受这两项调整，W公司的底线将降低125万元，即从4 250万元降低到4 125万元。

路易斯说："如果您能同意这两项调整，对W公司将是很大的帮助，我们可以将总价格降低125万元，即从4 350万元降到4 225万元。"

对于路易斯提议的、有条件的价格下调，梅森和团队简短商议了一下，然后回应道："如果这样的话，我公司同意将交货时限从30天延长到45天，付款安排从'均匀分发'的比例改为'前重后轻'的比例。"

路易斯表示感谢。双方成功地进行了一次"以合同条件换价格"的利益交换。

此时双方的分歧区间缩小为:

4 150万~4 225万元

从"上帝视角"来看,在工期和付款安排的调整之后,谈判双方的成交区间有所扩大。目前的成交区间为:

4 125万~4 300万元

调整之后双方的成交区间和分歧区间如图4-5所示。

从图4-5中可以看到,在双方完成利益交换之后,W公司的新报价和H集团的还价都已经在成交区间之内了。具体来说,H集团的还价已经高于W公司的底线,而W公司的新出价也低于H集团的底线。也就是说,双方都知道,本次谈判肯定能够达成交易。

但是双方之间还有75万元的分歧,双方都不急于结束谈判,都还想争取更好的条件。

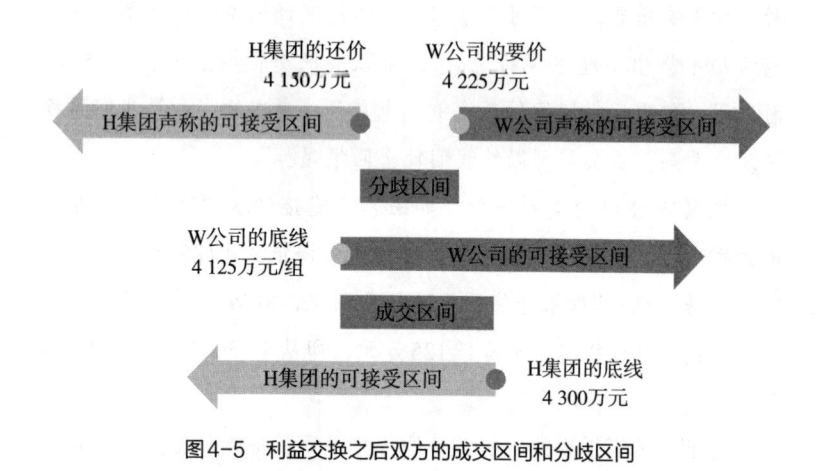

图4-5 利益交换之后双方的成交区间和分歧区间

路易斯和梅森都很清楚,剩余的75万元分歧并不会成为达成交易的障碍，因而感觉十分愉快。

这时路易斯提议双方讨论一下：除了今天讨论的合同条件和价格，双方在哪些方面还可以互相提供支持。

会议室内的氛围变得活跃起来，双方坦诚地分享了自己的优势和资源，以及需要的支持，很快达成以下共识：

- 如果W公司的产品和服务令H集团满意，H集团可为W公司提供业绩证明函或推荐信。
- 梅森作为中国TOD技术联盟的副秘书长，可引荐W公司参加中国TOD技术联盟的活动，并做主题发言。
- W公司总部的专家可帮助H集团对本TOD项目中的上部结构进行数值模拟分析和优化，从而在保障安全的同时降低项目造价。
- 本项目成功落地后，W公司可协助H集团申报国际结构工程学会颁授的国际结构工程大奖。
- W公司可协助H集团的专家在国际结构工程学会主办的期刊和国际会议上发表论文与讲话。

路易斯和梅森都对今天谈判取得的进展感到满意。他们商定，今天就谈到这里，双方在几天后再约时间见面讨论。

成　交

如何识别成熟的成交时机

如果谈判者发现以下迹象，那么这可能说明成交时机已经接近成熟。

- 双方差距已经不大。
- 双方要求的价格已经在成交区间内。
- 对方开始关注一些细节问题。
- 对方显示或表达成交意向。

如何推动成交

谈判者可以采取下列措施推动成交：

- 总结谈判成果，制造压力（例如时间压力）。
- 掌握节奏，提议成交。
- 最后由双方权威人士出面"一锤定音"。
- 如果在达成交易之前对方提出额外的小要求，那么谈判者可以要求对方给予己方某一项利益来交换。

成交以后

双方达成协议后，谈判者应注意以下要点：

- 向对方的专业精神表示敬重和感谢，共同祝贺谈判的成功。
- 尽快整理并签署合同。
- 双方以诚信和专业精神履行合同，致力于使履约结果超过对方预期，提高对方的满意度。通过诚信履约加深双方的关系。

案例 4-12

（接案例 4-11）

双方谈判之后的第二天，路易斯和梅森通过电话商定，双方于下周三在 W 公司办公室继续讨论本项目合作事宜，争取顺利完成合同的谈判。

路易斯表示，W公司高层管理人员对该项目十分关注，公司销售副总裁罗杰将参加会议。

梅森表示，H集团建设管理副总裁韦德将参加会议。同时，梅森建议双方安排法务负责人参会，以便于现场澄清并确认合同细节问题。

W公司为本次会议进行了认真的筹备。

会议如期举行。见面之后，罗杰和韦德这两位高管并不急于进入正题，而是先讨论了一番国内外形势和行业内的一些热点问题，气氛颇为轻松。双方都表示，期待在已经达成的共识的基础上，尽快达成合作协议。

路易斯提出了今天会议的主要议程：

（1）回顾梳理双方目前已经达成的共识；

（2）双方讨论澄清合同条件中的未决事项；

（3）双方协定合同价格。

梅森表示同意。

前两项议题的讨论进展非常顺利。谈判进入最后一个阶段：消除剩余的75万元的价格分歧。

韦德提议，说："罗杰，我们双方的共同利益远远大于分歧。要不我们就在中点成交吧！但是我有一个小条件：请W公司派总部最好的力学专家为H集团的工程师做一次深度讲座。"

罗杰说："感谢韦德的提议。您的条件我可以承诺，但是我也请您帮我一个忙：协助安排W公司的技术和市场人员实地考察几个国内最好的TOD项目。"

韦德说："好。一言为定！"

双方团队热情握手祝贺谈判成功，并请一位同事拍照记录这一难忘的瞬间。

路易斯和梅森商量后，建议双方法务和商务人员现场整理出合同初稿，于今天下班前发给双方相关人员审核。

罗杰代表W公司邀请H集团的客人当天晚上参加W公司安排的晚宴。韦德愉快地接受了邀请。

第五章

商业谈判礼仪

礼仪的内涵和原则

在漫长的社会演进过程中，我们的祖先发现，一些友好的人际互动方式有利于减少敌意和冲突，使人们更好地与他人相处和合作。渐渐地，人类群体中形成若干公认的、有利于调整人际关系的行为规范，这就是礼仪。

中国素有"礼仪之邦"的美称，从古至今，历来尚礼。孔子说："不学礼，无以立。""礼之用，和为贵。"东汉许慎所著的《说文解字》对"礼"的解释是："礼，履也，所以事神致福也。""礼"在汉语中的本意是"敬神"——祭祀天神，以求天神的赐福，后引申为"敬人"——以尊敬的方式对待他人，促进和谐相处，改善人与人之间的关系。

西方的很多礼仪源自人们在人际互动过程中释放善意、减少相互戒备的一些行为。例如，在刀耕火种的时代，人们在狩猎和战争时手上经常拿着石块或棍棒等武器。如果遇到陌生人且无恶意，他们会放下手中的武器，并张开手掌，让对方抚摸手心，表示手中没有武器，这种习惯逐渐演变成今天的握手礼。关于碰杯礼的来源，有一种说法是，人们在聚会喝酒时，互相碰撞酒杯，使双方杯中的酒液溅落到对方杯中，以此来表明酒是无毒的、安全的，这种做法后来演变为今天的碰杯礼。

礼仪的本质是通过表达尊重，培育信任，增强人际互动过程中的确定性,从而减少合作的风险,降低交易费用。因此,礼仪可以创造价值。

礼仪应遵循以下基本原则:

- 尊重原则。礼仪的核心是尊重。《孟子·离娄章句下》云:"仁者爱人,有礼者敬人。爱人者,人恒爱之;敬人者,人恒敬之。"
- 相互原则。《礼记·曲礼上》云:"礼尚往来。往而不来,非礼也;来而不往,亦非礼也。"
- 适宜原则。"礼从宜,使从俗。"(《礼记·曲礼上》)首先,礼仪要适度。礼不可缺,亦不宜过。其次,礼仪应合乎适用的规则、惯例,不违背对方的宗教、文化等方面的习俗。

现代礼仪主要可以分成以下四大类:

- 政务礼仪。政府工作人员在参加公务和外交活动时应遵循的礼仪。
- 商务礼仪。商业人士在参加商务活动时应遵循的礼仪。
- 服务礼仪。服务行业的从业人员,包括酒店、餐厅、旅行社、银行、保险公司、医院等单位的从业人员,在工作中应遵循的礼仪。
- 生活礼仪。人们在家庭生活以及与亲友相处的过程中应遵循的礼仪。

本章主要介绍和商业谈判密切相关的商务礼仪,包括:

- 商务会议礼仪。

- 商务宴请礼仪。
- 商务交谈礼仪。
- 商务通信礼仪。

商务会议礼仪

大部分的商业谈判是以面对面会议的方式进行的。为了高效开展谈判,谈判者应懂得商务会议礼仪。

会议的邀请和准备

根据谈判的推进状态,双方如果认为需要见面商谈,就可以商定面对面会议的时间、地点、会议目的、会议议程、双方参加人员等,然后一般由主导的一方(或提供会议场地的一方)通过电子邮件发送会议邀请。被邀请人应该及时回复邀请邮件。

典型的会议邀请包括以下内容:

- 会议主题。
- 时间。
- 地点。
- 议程。
- 双方参加会议人员。
- 双方联系人姓名及联系方式。
- 会议相关安排,例如交通、餐饮、住宿安排等。
- 会议相关文件资料。

双方应认真准备会议。

商务会议着装

商务会议参加者应该根据会议的类型来选择合适的着装。一般来说，商务人士需要准备三种不同类型的服装，有人称之为"三套战袍"：

- 商务正装（business formal）。公司中、高层管理者，重要商务会议的主持者或参与者，接待重要客户的工作人员等应该穿商务正装。
- 商务半正装（business semi-formal）。客户接待人员、公司内部会议主持者一般应该穿商务半正装。
- 商务便装（business casual/smart casual）。从事内部工作的员工、公司内部会议的参加者可以穿商务便装。

商业谈判中的着装要求：

- 对于双方高管参加的谈判、重大谈判、涉外谈判、签约仪式等，参加者应该穿商务正装。
- 对于普通的对外谈判，参加者可以穿商务半正装。
- 对于公司内部的会议或谈判，参加者可以穿商务便装。

案例5-1

伟恩笛公司创始人安迪曾在外资企业工作多年，他把外资企业的一个做法带到了公司：每周五是"休闲装日"（casual day），所有员工都可以穿休闲装。一个周五，公司客户关系总监爱丽丝穿着运动服来上班。没想到，上午刚到办公室，安迪就跟她说，一会儿要带她去见一个新加坡客户。

爱丽丝平时见客户比较少，所以在办公室没有预备"战袍"，这时也来不及回家换衣服，只好穿着运动服硬着头皮跟着安迪去见客户。客户方带队的是公司总经理，一位非常资深的商业人士。他一看爱丽丝的衣着，脸色一下子就沉下来了。爱丽丝环视会议室，发现除了她自己，其他人穿的都是清一色的商务正装，这显得自己穿的浅色运动服特别刺眼。她赶快向对方解释："我公司规定星期五是'casual day'，今天得知开会消息后已经来不及回家换衣服了，所以就穿着运动服来了，失礼了！实在抱歉！"气氛这才缓和一些。

吸取这次教训之后，爱丽丝就在办公室放了一套商务正装和一些配饰，以备不时之需。

迎接

参加会议的客方人员应该提前15~30分钟到达会议地点。

主人应安排对客人的迎接。迎接客人的地点体现尊敬的程度。一般来说，迎得越远，体现的尊敬程度越高。根据情况的不同，可以采用以下迎接方式：

- 迎接人员到客人抵达的机场或车站迎接。如果客人是乘坐自备汽车从异地过来，迎接人员到相应的高速公路出口等候迎接。这适用于来自异地的、十分重要的客人和十分正式的场合。
- 迎接人员到客人下榻的宾馆迎接。这适用于来自异地的重要客人和重要的场合。
- 迎接人员在主方的办公楼大堂门口，或会议室所在楼层电梯口迎接。这适用于一般的商务场合和迎接本地客人。

引导

　　主方接待人员应引导客人到达会面地点。引导人员应走在访客的左前方,并用左手示意行进的方向:"这边请。"但是,当人行廊道的一侧是墙,另一侧为空地时,引导人员应行走在廊道的外侧,把靠墙的一侧留给客人(因为靠墙一侧更为安全)。

　　按照国际礼仪,进入、离开封闭空间(例如电梯、飞机等)时,引导者应请位尊者"后入先出",以增强其安全感。

　　当引导客人进入电梯,且电梯内没有其他人时,引导者应先进入电梯(确认电梯内是安全的),并一手按住开门按钮,一手挡住电梯门防止其关闭,然后礼貌示意客人进入电梯。待客人进入电梯后,引导者再按关门按钮和目标楼层按钮。当电梯内已有其他人时(此时无须引导者先进入电梯以确认安全性),引导人员可以站在电梯外一手挡住电梯门,一手示意客人先进入。

　　当电梯到达目标楼层后,引导人员应一手按住开门按钮,待电梯门打开之后再用另一只手挡住电梯门,然后请客人先走出电梯。引导人员在客人全部走出电梯后再走出电梯。

介绍

　　在介绍两个相互陌生的人认识时,介绍者一般站在被介绍的两人中间。按照"右为尊"的原则,介绍者应该站在被介绍的位阶高者的左侧、位阶低者的右侧。

　　介绍者应该先介绍谁呢?按照"位尊者应该具有优先知情权"的原则,介绍者应该先称呼位尊者,然后将位卑者介绍给位尊者,例如:"张董事长,这位是人力资源部专员李乐;小李,这位是张董事长。"具体来说,介绍者应遵循以下规则:

- 先将位阶低者介绍给位阶高者。

- 先将年少者介绍给年长者。
- 先将男士介绍给女士。
- 先将主方人员介绍给客方人员。

如果上面的原则发生冲突，那么介绍者应综合考虑。例如，介绍客户和自己公司的领导认识，是先介绍客户还是先介绍领导呢？这可根据不同情况分别考虑：

- 如果客户和自己公司领导的位阶相当，那么介绍者应先介绍领导给客户认识，例如："张总，这位是我公司事业部总监陈总；陈总，这位是W公司项目总监张总。"
- 如果客户的位阶明显低于公司领导，那么介绍者应先介绍客户给自己的领导，例如："陈董事长，这位是W公司技术部的李工；李工，这位是我公司陈董事长。"

递接名片

位阶低者应先向位阶高者呈递名片。递送名片者应该双手将名片递向对方，名片上的文字应正面朝向对方，便于对方能清楚地看到名片上的内容。接收名片者应双手承接对方的名片，接过名片后，应该仔细看一下，并轻声念出名片上的某些核心信息，例如对方的名字、公司名称、地址等，并适当寒暄，例如："乔伊斯，这个名字好雅致！您的办公室在金融街，离我的公司很近，回头约您一起吃午餐。"

接收了对方的名片后，我们应该立即回赠名片以示尊重。如果没有携带名片，应该向对方解释，并采取适当的替代方案，例如给对方手写一张名片，或添加对方为微信好友，再把自己的姓名和联系方式通过微信发给对方等。

第五章　商业谈判礼仪

收到名片后，我们可以将其放入名片夹或西服外套的内口袋。如果在商务会议中同时收到多张名片，那么我们可以将名片按一定顺序摆放在桌上，以便在会议过程中使用名片上的信息。但是在离开会场时，我们要及时收置名片和桌面上的其他相关材料。

添加微信好友

微信已成为国人喜爱的社交软件。人们在相识后的一个重要行动是添加对方为微信好友。一般由位阶高者提议添加对方为微信好友，然后位阶低者请位阶高者出示其微信账号二维码，位阶低者扫描对方的二维码并发出添加对方为好友的申请，位阶高者批准申请后双方即为微信好友。通过这种方式添加微信好友符合"位阶高者拥有批准权"的原则。

座位安排

会议室、接待室的哪些位置是尊位呢？

- 如果会议桌的一端对着房间的入口，那么人站在门口、面向房间时右侧的座位为尊位，一般留给客人（但是入职面试时尊位留给面试官，下同），左侧的座位为次座，如图5-1所示。如果会议室有一些其他的标志可供参考，则需要另行考虑尊位。例如，如果入口的对面墙壁是精美的屏风，或者陈列了公司获得的奖杯、锦旗等，则这些设施的右侧为尊位。

- 如果会议桌的一侧对着房间入口，那么靠墙一侧的座位为尊位，入口一侧的座位为次座，如图5-2所示。但是，如果会议室入口的对面是景色漂亮的窗户，则入口一侧的座位因便于赏景而变成尊位。

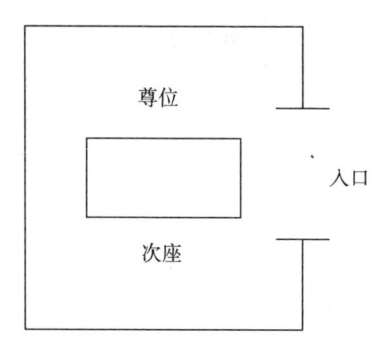

图5-1 会议桌的一端对着房间的入口时的尊位和次座

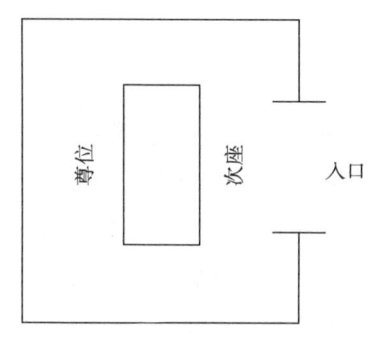

图5-2 会议桌的一侧对着房间的入口时的尊位和次座

- 按照国际商务礼仪规则，同一侧的座位中，中间座位为尊位，中间座位的右侧为次座，中间座位的左侧为第三号座位，以此类推，如图5-3所示。需要注意的是，这与中国政务会议的礼仪规则不同。中国政务会议的礼仪规则是，中间座位为尊位，中间座位的左侧为次座，右侧为第三号座位。

客方人员

8	6	4	2	1	3	5	7	9
9	7	5	3	1	2	4	6	8

主方人员

图5-3 同一侧座位的尊卑顺序

会场行为规范

商务会议参加人员应遵循以下行为规范：

- 参会人员应至少提前5分钟进入会议室。当有重要领导或客户参加会议时，应提前10~15分钟进入会议室。
- 参会人员应专注于会议。应将手机设置为静音或关机，不查看手机，不交头接耳，不相互嘀咕、嬉笑，不随意走动。
- 未经同意不要拍照、录音或录像。
- 会议如果持续时间较长，应该每隔1小时或1.5小时休息一次。会议中应安排服务人员定期添加茶水。
- 会议是大家一起交换意见、达成共识的过程，所有参会人员都应积极发言，坦诚发表意见。对于可以通过发邮件、发材料等单向沟通方式解决的事项，不应在会议中沟通。
- 参会人员在会议中应对事不对人，掌控情绪，营造良好的会议氛围。
- 会末及时总结和固化会议成果。
- 会议结束后双方应互致感谢，参会人员应将桌面收拾整洁，将座椅推回原位，然后迅速离开会议室。

礼品

得体的礼品馈赠可以传递对对方的尊重和感谢的心意，给对方带来愉悦和惊喜。

选择商务礼品应该考虑以下原则：

- 礼品符合对方的喜好和品味，具备一定的审美价值，例如艺术品、纪念品、文化产品等。
- 礼品应符合对方的需求，具备一定的实用价值，例如当地特色食品、茶叶、文具、演出票等。
- 礼品应承载一定的意义，例如公司定制纪念品、具有当地特色的文化产品、公司生产的特色产品等。
- 礼品应精致、小巧，便于携带。
- 礼品不可太昂贵，其价值须在双方公司的"行为准则"或"合规要求"中规定的最高限值以内。

送别

对于本地客人或者一般的外地客人，主人可以将客人送到本楼层电梯口（等电梯门关后再走），或者将客人送至楼下或车门边，再握手道别，然后目送客人远去。

对于十分重要的外地客人，主人可派送行人员将客人送到车站或机场。如果外地的客人是乘坐自备汽车来访，则可派送行人员带车将客人送到高速公路入口。如果客人在本地还有其他活动，主人则可将客人送到下榻的宾馆。

商务宴请礼仪

在商业谈判中，常通过商务宴请来加深对彼此的了解，有时也直接在餐桌上进行个别事项的谈判。除此之外，商务宴请还有以下目的：

- 介绍新朋友。通过参加朋友安排的商务宴请，结识新朋友，扩大人脉关系网络。
- 朋友间的日常交流。已经熟识的朋友之间不时宴请聚会，以互通信息，加深了解，增进感情。
- 礼节性招待。商务拜访或会议之后安排宴请，以表达对对方的欢迎，双方可借此机会进一步交流。
- 答谢帮助。为感谢朋友或商业伙伴的帮助而安排的宴请。
- 庆祝谈判或项目成功。客户、合作伙伴或团队成员为庆祝项目或谈判的成功而安排的宴请。

在商务宴请中应遵循以下行为规范。

计划

主方在安排商务宴请之前应对宴请的目的、时间、地点、参加人员、预算等进行计划，并和被邀请方提前沟通，然后确定宴请安排。

预订餐厅

确定宴请安排后，主方需要选择并预订合适的餐厅。选择餐厅时主要考虑地点、环境、菜品、服务等因素。主方可提供2~3个餐厅选项供客人选择。

邀请与接受

餐厅预订成功后，主方提前向客人发出参加商务宴请的正式邀请，可以通过口头、电话、微信、短信、电子邮件等方式发送，或者先口头邀请，再发送书面邀请，以确保信息准确。

被邀请者在收到书面邀请之后，如果同意参加宴请，那么应该用相同的书面方式迅速回复，并真诚地表达感谢。被邀请者如果因故而无法参加宴请，那么应该礼貌地谢绝邀请，并说明具体原因，表达歉意。

到达

主人一定要比客人早到餐厅，并做好迎接客人的各项准备，例如准备茶水、水果、小吃等。一般情况下，客人应提前到达餐厅，身份较高的客人可以略微晚点到达。

座次安排

对于圆桌，正对门的座位是尊座。一般情况下，主人（或称主陪）坐尊座。如果主宾是特别受人尊重的长者、老师或领导，则主人应请主宾坐尊座。这时双方一般会相互谦让一番，但是谦让一般不应超过三次。尊座右侧的座位为次位，其左侧座位为第三号座位，以此类推。一般主人和客人交叉排座，职务相近或有关联的人宜安排坐在一起，以便于交流。

主人、客人致辞

开席之前，一般先由主人致祝酒词，祝酒词应简短、明快、生动。在祝酒词中，主人可简要介绍本次宴请的缘起、意图、参加人员,以表达对客人的欢迎,并提议举杯,开启宴席。主人致祝酒词后,一般由主宾致答谢词,并提议举杯(也可以省略主宾致答谢词这个环节)。根据不同的风俗和惯例,参加宴会人员可以轮流致辞祝酒,或与其他人员自由碰杯交流。

在宴席的最后,一般由主人或公认的位尊者做总结致辞。

餐桌礼仪

中餐用餐时,建议在每个菜盘上放一双公筷或一把公用汤勺。餐桌桌面只应放置食物,手机、钥匙等个人物品不应放在桌面,可放在口袋或椅子上(身体和椅背之间)。席间可敬酒,但不宜劝酒。用餐过程中不可在餐位吸烟。

如何当好主人——"以客为尊"

商务宴请的主人应遵循以下行为规范:

- 商务宴请,一般情况下遵循"谁邀请,谁买单"的原则。主方在预订或者到达餐厅时,可以向餐厅人员表示,自己是本次宴请的主人,请餐厅不要接受其他人的付款,或者在点完菜后预先结账,用完餐后再多退少补。如果由于客人是长辈或有其他特殊原因,客人坚持付账的话,主方也可以表示接受,并诚恳表示感谢。
- 点菜应由主人主导,但宜征询客人的意见。接待外宾时,主方可选中国传统经典菜品,如蒸饺、狮子头、宫保鸡丁、鱼香肉丝等,这类菜品虽然并非山珍海味,但是因为具有鲜明的中国特色,外宾往往非常喜欢。接待外地客人时,主方宜选本地特色菜品,例如北京烤鸭、安徽臭鳜鱼、湖南剁椒鱼头、四川火锅等。

- 主人应引导用餐时的谈话话题，营造轻松、愉悦的谈话氛围。
- 主人应关注客人的状态，注意照顾客人。
- 主人可以为客人准备适宜的伴手礼。

如何当好客人——"客随主便"

商务宴请的客人应遵循以下行为规范：

- 提前到达，切勿迟到。
- 专程赴宴，不携带购物袋、运动包等与宴会无关的物品。
- 尊重主人的安排。

商务宴请禁忌

商务宴请的组织者和参加者应注意以下禁忌：

- 宗教相关的饮食禁忌。例如，如果客人是佛教徒，应避免荤腥食物；如果客人是穆斯林，应避免酒和猪肉。
- 地区相关偏好和禁忌。例如，川湘赣地区喜欢辣，江浙沪地区偏爱甜；欧美国家客人通常不吃动物的内脏、头、爪等。
- 健康相关禁忌。如果客人中有高血压、高血脂患者，则应避免脂肪含量高的食物；如果有糖尿病患者，则应避免含糖量高的食物。
- 不方便食用的菜品。例如，商务宴请中尽量不要安排刺多的鱼、需要用手剥壳的虾等。

商务交谈礼仪

商业谈判离不开面对面的交谈。商务交谈礼仪包括：

- "说"的礼仪。
- "听"的礼仪。
- "问"的礼仪。
- "答"的礼仪。

"说"的礼仪

谈判者应该避免无效的表达，例如：

- 内容虚假的表达。
- 内容空虚的或信息密度低的表达。
- 内容正确但重复、无新意的表达。
- 主旨不明、凌乱、含糊的表达。
- 不针对具体情况的空洞的说教。
- 炫耀自己的表达。
- 无视对方需要的表达。
- 无视对方反应的表达。

谈判者可采用以下方法来提升表达的有效性：

- 应该事先对每次沟通进行充分准备。
- 谈话者应该把听众放在第一位，提前了解听众的背景、偏好、需求。

- 表达应简洁、清晰、有逻辑，最好采用结构化的表达方式。
- 谈话内容应该新鲜、具体、明确，不可陈旧重复，不可模糊不清。
- 不要专注于自己想讲的内容或自己熟悉的内容，而是要专注于对方想听的内容或对方好奇的内容。应调动对方参与，激发对方的好奇心。
- 应强调所谈内容对对方有什么价值、能解决对方的什么问题。
- 与对方要有"温和"的眼神接触，和对方产生心灵"感应"。
- 不可试图使自己显得优于对方，而是要展示真实的、有亲和力的自己。
- 表达应通俗、浅显，不应使用晦涩的术语、难懂的俚语。
- 应有激情地讲述，相信自己所说的，并且践行自己所说的。
- 应得体地赞美对方，但是切忌空洞的恭维。称赞对方时，宜称赞努力，不宜称赞天资；宜称赞具体行为，不宜称赞人格。
- 当参加交谈的人所使用的语言不同时，应使用大家都懂的、共同的语言。例如，当来自不同地域的人一起交谈时，谈话者不宜使用某个地方的方言。
- 不要涉及容易陷入争议或引人不快的话题，例如政治、宗教、个人生活、八卦、收入、疾病等。

"听"的礼仪

在"听""说""读""写"这四项技能中，"听"是最常用的技能，但是在这方面我们获得的教导却最少。在谈判中，人们常常抢着说话，却没有耐心倾听。

在谈判中，"倾听"极为重要，这是因为：

- 通过倾听，谈判者可以获得宝贵的信息。

- 有效的倾听可以使对方获得极大的满足，因为人都需要被尊重、被理解、被听见。
- 有效的倾听可以引导谈话的方向和进程。在很多时候，倾听者才是谈话的真正主导者。

但是，有效倾听并非易事，这是因为：

- 倾听的速度快于讲话的速度。研究显示，人类倾听的速度大约是讲话速度的4倍。倾听者很容易在"多余的时间"里出现"注意力漫游"。不走神的、专注的倾听是一项辛苦的工作。
- 缺乏激励。很多人没有意识到倾听的价值。
- 缺乏训练。倾听技能并非天生的，而是需要教导和训练。

谈判者应警惕以下这些类型的无效的倾听[①]：

- 虚伪的倾听（pseudolistening）。虚伪倾听者看上去是很专注的，但专注的样子只是礼貌的假象，因为他们心里在想别的事情，例如构思自己的发言。
- 选择性倾听（selective listening）。只听到某些特定的内容，而忽略其他内容。
- 隔绝性倾听（insulated listening）。表面上点头或简单回应，实际上没有真正留意谈话内容。
- 埋伏性倾听（ambushing）。仔细地倾听说话者，但只是为了搜集信息，以便用来攻击对方谈话的内容。

---

① ［美］罗纳德·B·阿德勒，［美］拉塞尔·F·普罗科特.沟通的艺术：看入人里，看出人外[M].黄素菲，李恩译.北京：北京联合出版公司，2017.

- 鲁钝地倾听（insensitive listening）。这类倾听者只听到了对方谈话的字面信息，而忽略了对方谈话中更为重要的情绪性信息。

谈话者如何"听"，对方才爱说呢？
谈判者应专注于对方，可以：

- 表示关注的身体姿态。
- 适宜的身体动作。
- 眼神交流。
- 不打断。

谈判者应跟随对方，可以：

- 邀请对方开启谈话。
- 偶尔的必要鼓励。
- 间或的提问。
- 全神贯注的沉默。
- 做笔记。

谈判者应提供反馈，可以：

- 复述、总结。
- 体恤性回应：表示同情或理解。
- 鼓励性回应：鼓励对方进一步阐述。
- 不要过快表示赞同或否定，因为这会妨碍对方进一步表达。
- 如果你心中有一个好主意，不要热衷于提出建议，而要鼓励对方自己提出解决方案。
- 如果你不同意对方的观点，不要动辄批评对方，而是要先肯定对方谈话中的合理部分，然后提出问题请对方进一步阐述。

"问"的礼仪

如何"问"才能收获有用的回答呢？

首先，谈判者应避免无效提问，例如：

- 反问。
- 责问。
- 明知故问。
- 诱导性提问。
- 盘问。
- 进攻性提问。

谈判者应善于进行有效的提问，例如：

- 了解对方状况的提问。
- 探寻对方的想法、感受的提问。
- 发现对方的需要的提问。
- 鼓励对方思考的提问。

"答"的礼仪

对于对方的有效提问，谈判者应坦诚应答。对于某些不能、不宜或不愿意回答的问题，不必"有问必答"，可以根据具体情况适当应对。

（1）暂时没有答案时，推迟回答。例如：

- "我需要查一下归档材料，今天下午回复您。"
- "我需要咨询一下同事，然后尽快回复您。"
- "我先请示领导，然后尽快回复您。"

（2）不宜回答时，解释不能提供某些信息的原因，提供一些可以提供的相关信息作为"补偿"。不能提供某些信息的原因可能包括：

- 公司政策不允许提供某种信息，例如员工薪酬信息、公司的技术机密等。
- 和客户签订的保密协议中规定的信息。

（3）遇到不愿意回答的无效提问时，可以考虑采用以下方式回答：

- 含糊回应。例如，问："贵公司的新能源业务利润很高吧？"答："这要看碰到什么样的客户。有时还需要一点运气！"
- 答非所问，给出一个相关陈述。安琪就职于某国际大型投资银行的纽约办公室，她被派到伦敦办公室短期工作几个月。伦敦的物价虽然很高，但是和纽约的物价相比，还是低了一大截。一天，同一个小组的同事问安琪："安琪，你刚从纽约来，你是不是觉得在伦敦什么都便宜呀？"安琪知道，如果回答"是"，会给人"炫富"的感觉；如果回答"不是"，则显得言不由衷。安琪于是灵机一动，说："我还是觉得中国的物价最低！"

商务通信礼仪

电话礼仪

网络的普及使商务人士可以和世界各地的人很方便地通话，以前被当作"科学幻想"的视频通话现在也变得易如反掌。

虽然电话沟通的效果不如面对面交谈，但是电话沟通所传递的信息量远远大于电子邮件、微信或短信。所以，当需要沟通的事情比较复杂或敏感时，最好用电话沟通代替书面沟通，或者先电话沟通，然后通过书面的方式确认沟通成果。

商务人士进行电话沟通时应注意以下礼仪要点。

（1）何时拨打。

我们应该选择对方比较方便的时间拨打电话。一般情况下，不在工作日早上8:00以前或晚上18:00以后拨打商务电话，不在周末或节假日拨打商务电话；一般不在周一上班后的2小时内，或周五下班前的1小时内拨打商务电话；除非有急事，一般不在中餐或晚餐的时间拨打商务电话。

我们如果没有预约就直接拨打对方的电话，那么在接通后应该先询问对方当下是否方便通话，在获得对方确认后再开始通话。商务电话的通话时间一般不应超过3分钟。对于重要的电话或需要较长时间的通话，我们最好事先通过短信、微信或邮件和对方预约通话的时间，并告知预计通话时长。

（2）如何接听。

电话铃响第一声时接听会显得突兀。铃响第二声或第三声时接听比较适宜。如果在铃响第四声及以后才接听电话，那么接听者应先向对方致歉："抱歉，让您久等了。"

如果呼入电话来自陌生电话号码，电话接通后，接听者应该先自报家门："您好，这里是××。"

如果呼入电话来自熟知的电话号码，电话接通后，位阶较低者应先称呼、问候位阶较高者。

电话沟通时，切勿边说话边吃东西，或边说话边处理其他事务；切勿在开始接通电话之后、挂断电话之前与身边人员说话，如果有必要，那么要按下电话的"静音"键。

在商务电话中，不宜用"嗯""哦""啊"等作为回应，宜改用"是的""好的""明白""了解"等词语作为回应，后者显得更加尊重和专业。

（3）何时挂断。

商务电话一般遵循"谁拨电话谁挂断"的原则，拨打电话者拥有决定通话内容和通话时长的权利，由其决定挂断电话的时机。但是如果是打给客户或位阶尊者的电话，可以把主控权交给对方以示尊重。

不宜过快挂断电话。一般来说，在与对方说"再见"之后，在心中默数1、2、3之后，再挂断电话。

（4）如何提升电话沟通的效果。

- 为使通话更高效，通话前可先在纸上写下通话要点。
- 通话时保持微笑。微笑可以使声音变得更加柔和、悦耳。
- 语速中等偏慢，吐字清晰，语调平缓温和，音量不要过大。

电话会议或视频会议礼仪

新冠疫情之后，电话会议或视频会议的应用更加广泛。

在安排或参加电话或视频会议时应注意以下礼仪要点：

- 事先检查、调试好相关设备。
- 参会人员应至少提前5分钟到达线上会议室。
- 如果是视频会议,应根据会议要求打开或关闭摄像头。一般情况下,参会人员在会议开始和结束,以及自己发言时应该打开自己的摄像头,以加强现场感;在其他时间可以关闭摄像头。
- 会议中,没有正在发言的参会人员应该关闭自己的麦克风。
- 参会人员如希望发言,应先提出发言申请。获得同意后先自报姓名,然后再开始发言。
- 未征得会议组织者同意,参会者不要对会议进行录音或录屏。

电子邮件礼仪

在互联网时代,电子邮件出现后迅速取代了传真、纸质信函、纸质联系单等沟通方式,成为全球范围内最常用的书面商务沟通方式。

电子邮件具有以下优点:

- 快速、经济、可靠。
- 功能丰富。电子邮件不仅可以传送文字信息,还可以附加文本、图片、音频、视频等不同类型的文件。
- 便于存储和追溯。

电子邮件的缺点是:

- 不能实现即时互动。
- 传递的信息量远远小于当面沟通和电话沟通。

商务人士在使用电子邮件时应注意以下礼仪要点:

- 注意区分邮件的收件人和抄送人。收件人是本邮件的主要受理人，有义务及时回复邮件。抄送人只需要知道本邮件内容，没有义务对邮件予以回应。为稳妥起见，建议在完成邮件撰写后，再添加收件人和抄送人。
- 及时回复邮件。特别是对于客户或上级领导的邮件，收件人应该及时回复。对于回复邮件的时限，各行业的惯例有所不同。例如，在咨询行业，工作时间内客户的邮件一般应在2小时内回复，普通邮件应在24小时内回复。回复邮件时不必都提供实质性的内容，可以仅仅确认收到对方邮件，并陈述下一步行动。例如：

"王总，

您好！邮件收到。邮件所述事宜，我将和团队讨论后于明天下班前给您反馈。

谢谢！"

- 适宜的"标题"。每一封邮件均应有一个适宜的标题。发送无标题的邮件是一种失礼行为。标题应简短、具体，能反映邮件的主要内容。回复对方邮件时，如果邮件内容已经发生变化，那么我们最好修改标题。
- 称呼。在邮件的开头应该恰当地称呼对方，这样既显得礼貌，又可以提醒收件人这封邮件是发给他的。
- 结构化的"正文"。结构化的邮件正文一般包括一个中心思想和几点（一般为3~5点）支持理由或具体内容。我们可用数字编号或点句（bullet points）符号罗列内容要点。正文结构化有利于清楚地表达和理解邮件内容。
- 国际上对电子邮件的写作有"7C"要求：完整（completeness）、

具体（concreteness）、简明（conciseness）、正确（correctness）、礼貌（courtesy）、整洁（clearness）、体贴（consideration）。

- 一封邮件一般只讨论一件事。如果有多件事情需要沟通，最好分别发送多封邮件，每封邮件使用不同的标题，以便对邮件进行识别、整理。

- 邮件末尾应使用得体的"签名"。统一的、有特色的邮件签名是公司形象的一部分。邮件签名一般包括发件人姓名、职务、公司名称、公司地址、公司电话、手机号码、公司电子信箱、公司的网址等，有的还包括公司的商标图案、公司的口号、公司的微信公众号二维码等。发送邮件签名有利于收件人快速识别发件人的身份并获得发件人的完整联系方式。

- 发送邮件前应检查邮件内容，避免语法错误和打字错误。发送高质量的邮件是对对方最大的尊重。

- 转发邮件的时候须当心被转发邮件中的"敏感信息"。转发的邮件中可能包括一连串的邮件或附件，其中可能有敏感信息，应防止将敏感信息无意转发给其他人。

- 采用对方偏好的语言和风格。收件人如果可以使用多种语言，那么应该使用收件人偏好的语言。在回复邮件时，应该使用对方在原邮件中使用的语言。如果邮件有多个收件人和抄送人，那么我们应该使用这些收件人和抄送人都能使用的共同的语言。

- 在邮件中，应慎用"紧急"之类的词语或标识，慎用连写的惊叹号，慎用表情符号，慎用缩写字母（例如BTW、ASAP等），尽量不要整句全部使用大写字符。不要大规模使用红色字符。

- 如果邮件带有附件，应在正文中提示收件人查看附件。应该对邮件的附件赋予有意义的文件名。如果希望邮件包含附件，在发送时不要忘记添加附件。

微信和手机短信礼仪

微信文字信息和手机短信可以便捷、准确地传递书面信息，是商务人士喜爱的沟通方式。和口头沟通相比，我们在撰写文字短信时可以花时间仔细斟酌，这有利于准确表达，也具有一定程度的可追溯性。但是，文字短信是一种非正式的、简短的书面沟通。如果书面表达比较重要或比较复杂的内容，建议使用电子邮件。

商务人士在发送微信和手机短信时应注意以下礼仪要点。

- 发送信息前仔细检查信息内容，确保没有语法、标点符号或文字错误。
- 应礼貌地称呼对方，多使用敬语。
- 短信内容应完整、简洁、清晰。
- 熟悉的同事或朋友之间发送信息一般不需要落款。但是，给不熟悉自己的人发信息，或者向对方发送一条正式的信息（例如催收欠款的信息）时，应加上落款。
- 发送信息前仔细核对接收人的号码或微信账号，防止将信息发给错误的对象。
- 收到信息后应及时回复。如果未能及时回复信息，应解释原因，并表示歉意。
- 在用微信发送信息时，慎用语音信息。这是因为人们阅读文字的速度比语音表达的速度快很多，文字信息比语音信息更高效，也更准确。另外，有些场合不方便听语音（例如公共办公区）。
- 节假日向朋友发送祝福短信是一种维护和加强关系的常见做法。但是，商务人士不宜群发标准化的节假日祝福短信。建议单独发送有明确称谓的、内容适合对方的祝福短信。

第六章

商业谈判实务

商业的本质是洞察客户需求，并通过一系列的生产和交换活动来满足客户的需求，从而创造价值。每一种类型的商业活动都离不开和其他方的谈判与协作。本章探讨典型商业活动中的谈判实务，包括：

- 采购谈判。
- 销售谈判。
- 开发投资谈判。
- 资产交易谈判。
- 并购谈判。
- 建设工程谈判。
- 租赁谈判。
- 聘用谈判。
- 欠款催收谈判。

采购谈判

在市场经济中，一家企业往往处于价值链的某个节点，采购和销售几乎是每家企业都不可缺少的日常商业活动。采购是指客户向供应商购买产品或服务的行为。

采购的对象可以分为以下两大类。

（1）产品，例如材料、设备、零部件、消费品等。产品一般具有以下特点：

- 产品是有形的。
- 产品的生产和使用一般是分开的，产品可以储存。
- 产品一般具有同质性。
- 产品的生产制造一般适合以连续的、大规模的方式进行，适合使用运营管理的方法。

（2）服务，例如运输、仓储、咨询、培训、维修、物业管理等。服务一般具有以下特点：

- 服务是无形的。
- 服务的生产和消费一般是同时进行的，服务不可储存。
- 服务的交付受诸多因素的影响，因而具有差异性。
- 服务的交付一般以项目的方式进行，适合使用项目管理的方法。

基于产品和服务的上述特点，人们在采购产品和服务时考虑的重点也不同：

- 产品是有形的，因此采购产品时人们可以直接考查产品本身的规格、功能、质量、品牌、原材料、生产过程等因素。
- 服务是无形的，因此采购服务时人们更加关注供应商的能力、资质、经验、团队、业绩、信誉等因素。

传统观念认为"谁都可以干采购""采购是个肥差"。其实，虽然采购不直接创造收入，但是采购决定了一个企业的相当一部分成本，采购省下来的都是净利润。因此，采购对提升企业的运营效率和财务绩效具有重要意义。

采购人员不仅包括直接从事购买活动的人员，还包括公司负责供应链的高管、对采购产品有选择权的技术人员、采购产品的使用人员、公司的法务和财务人员等。

采购谈判中的利益

采购是一个多维交易，采购谈判可能涉及多个维度的利益。

产品的采购可能涉及的利益维度包括：

- 价格。
- 产品规格、技术标准。
- 数量。
- 质量要求。
- 预付款。
- 付款条件。
- 交货日期。
- 交货地点。
- 违约责任。
- 包装。
- 运输。
- 售后服务。
- 供货优先权。
- 备货数量。
- 备件和易损件的供应与价格。

- 保修期。
- 担保。
- 保险。
- 风险分担。
- 培训。
- 额外服务。

服务的采购可能涉及的利益维度包括：

- 价格。
- 服务范围（包括服务内容、适用标准、客户要求等）。
- 服务期限。
- 交付成果。
- 付款条件。
- 服务团队。
- 违约责任。
- 额外服务。
- 项目管理程序。
- 交付要求。
- 客户提供的协助。
- 评审与验收条件。

采购方关注的利益

一般来说，采购方（客户）比较关注以下方面：

- 产品的功能或服务的范围。
- 良好的质量。

- 安全性。
- 及时交付。
- 适宜的价格。
- 售后服务。
- 供应的可靠性。
- 培训。
- 技术支持。

采购方可能给予的利益

采购方可能给予供应方以下利益:

- 合理的价格。
- 较多的采购数量。
- 较大的合作范围。
- 较有利的支付条件。
- 排他性合作。
- 长期合作。
- 认可、背书。
- 推荐、转介绍。

供应方关注的利益

一般来说,在与采购方的交易中,供应方希望获得以下利益:

- 良好的价格。
- 有利的支付条件。
- 合理的交付期限。
- 较大的采购数量。

- 合理的质量要求。
- 长期合作安排。
- 采购方在履约过程中提供的支持。
- 采购方的推荐和转介绍。

不同的供应方可能对上述利益赋予了不同的优先级，例如：有的供应方更重视价格和利润率；有的供应方更重视付款安排，即现金流；有的供应方更重视扩大市场份额；有的供应方更重视客户关系；有的供应方更重视提升团队的能力等。采购方可以根据供应方的利益优先级与其进行利益交换，从而创造更大的额外价值。

供应方可以给予的利益

供应方可能为采购方提供以下利益：

- 满足需要的产品功能或服务成果。
- 良好的产品或服务质量。
- 及时交付。
- 充分的备货。
- 良好的售后服务。
- 行业洞见分享。
- 技术培训。
- 技术咨询。

采购谈判中双方的底线

根据谈判的基本模型，供应方的底线取决于：

- 供应方的成本。

- 供应方的最佳替项。

采购方的底线取决于：

- 产品或服务对采购方的价值。
- 采购方的最佳替项。

供应方可以通过以下策略来提高自己的谈判地位：

- 发现更多的采购方，并强化自己的最佳替项，从而强化自己的底线。
- 增加产品或服务的价值，或者加强产品或服务的独特性，从而弱化对方的底线。
- 和其他供应方合作，组成一个联合团队和采购方谈判，以减少采购方的替代项，从而弱化对方的底线。

采购方可以通过以下策略来提高自己的谈判地位：

- 增加自己的替代选项，尽可能避免单一来源采购。
- 在单一来源采购的情形下，尽可能培养双方的互相信任，了解对方的底线和需求。
- 整合多个采购方，减少对方的替代项，例如多家企业联合采购，或大型企业内部整合各业务单元的需求，实行"集中采购"。

案例6-1 [1]

2008年，在欧洲某个国家，ATM（自动柜员机）市场被4家大型供应商垄断，ATM的价格居高不下。为了应对这种被动局面，4家大型银行组团联合采购ATM，成功使ATM价格下降25%。

共创额外价值的机会

在采购和销售谈判中，买卖双方的利益之间存在较强的竞争，但是仍然存在双方一起创造额外价值、"把饼做大"的共创机会。例如：

- 交换利益，包括以数量换价格、以价格换账期、以合作期限换额外服务等。

案例6-2

伟恩笛公司市场总监凯文和客户协商一项技术顾问服务的合同条件。双方以客户提供的合同范本为基础进行讨论，包括以下条款：

"乙方在提供服务的过程中，未经甲方同意不得更换本合同中约定的项目经理。每违反一次，乙方应支付违约金50万元人民币。"

凯文团队担心当项目经理生病等意外事件出现而不得不更换人选时，客户拒不批准，从而造成损失。凯文询问客户方的主谈人——客户方的采购经理："设立这一条款是出于什么担忧？"对方表示最大的担忧是咨询公司在无合理理由的情况下未经客户方同

---

[1] Petros Paranikas, et al. *How to Negotiate with Powerful Suppliers*[J]. Harvard Business Review, July-August 2015.

意私自更换项目经理,影响项目执行情况。凯文表示理解客户的担忧,然后询问客户是否可以将本条款修订为:

"乙方在服务过程中,未经甲方同意不得更换本合同中约定的项目团队成员。每违反一次,乙方应支付违约金50万元人民币。但如果乙方项目团队成员发生离职、生育或病假等超出乙方合理控制的情况而不得不更换的,乙方应及时通知甲方,并在不影响项目履行的前提下,以资质、经验不低于原项目人员的其他人员进行替换。"

修订之后的条款明显降低了乙方的风险,并未明显增加甲方的风险。显然,这个修订使"饼"(双方的总价值)变得更大一些。同时,咨询公司的团队表示,如果客户能接受这一修订,咨询公司愿意为客户免费提供一次为期一天的技术培训。客户接受了咨询公司提议的修订。

案例6-3

某互联网行业巨头(采购方)是全球知名度最高的公司之一。一年前,该公司从一家新能源公司(供应方)那里采购了一批新型储能装置,采购金额大约为900万美元,双方对合作均感到十分满意。

该互联网公司希望再采购一批同样的储能装置,邀请供应方见面讨论商务事宜。供应方表示,由于过去一年原材料价格上涨,并且产品性能也有进一步升级,对于本次供货,产品报价上调了5%,总价为945万美元。

该互联网公司的采购负责人没有直接要求供应方降价,而是问:"我能为您做些什么呢?"

供应方的销售负责人回答:"我希望您用带有贵公司标志的信函纸,以贵公司采购部门的名义,为我写一封推荐信。"

该互联网公司的采购负责人问:"如果我同意为您写推荐信,那么您可以为我做些什么呢?"

供应方的销售负责人说,"如果您能为我写一封推荐信,那么我将为您申请一个特别优惠的价格。"

该互联网公司的采购负责人说:"我们对一年前的合作很满意,我可以为您提供推荐信。"

该互联网公司采购负责人亲自为供应方写了一封热情洋溢又符合事实的推荐信。供应方十分开心,对本次供货只象征性地收取了94.5万美元的价款,即报价的十分之一。双方对这个结果都极为满意!

- 采购方或供应方帮助对方进入新的市场。
- 采购方利用自己的专业能力,帮助供应方寻找更加经济的原材料,或优化生产工艺流程,或减少浪费,以降低生产成本。
- 供应方为采购方提供技术支持、培训、产品开发等方面的额外价值。
- 采购方把供应方介绍给采购方的其他业务单元,从而增加采购数量。
- 采购方除了向某供应方采购某种产品,还采购原本可以从其他供应方处采购的产品,从而增加该供应方的利益。

案例6-4

中国大型企业C公司(采购方)与邻国的M公司(供应方)签订了为期2年的采购煤炭合同。合同约定,邻国的M公司在其煤矿的坑口向中国的C公司交付煤炭,由C公司负责在邻国境内的仓储和物流,双方合作十分愉快。

在合同履约即将结束的时候,双方协商合同续签事宜,供应商

M公司要求将交货地点修改为两国边境口岸。也就是说，由M公司负责在该邻国境内的仓储和运输，并把这一部分的成本纳入煤炭价格。

由于采购方C公司已经建立了在该邻国的运输和仓储的设施与团队，M公司的提议将导致C公司设备设施闲置，利润下降。与此同时，C公司了解到，M公司的核心能力是开采煤炭，对仓储与运输业务并不熟悉和擅长。

C公司的谈判团队询问M公司的提议是出于什么考虑。M公司的谈判团队告知，提议的主要原因是M公司的外汇日趋紧张，希望通过承担煤炭在其国家境内的仓储和运输工作来赚取更多的外汇。

双方在了解了彼此的需要和利益之后，顺利地达成以下协议：

- 双方续签为期3年的合同，交货地点仍然是煤矿的坑口，仍然由采购方C公司负责在煤矿所在国境内的仓储和物流，从而保证C公司的利润水平。
- 采购方C公司向M公司另外采购一定数量的某种贵金属（此前C公司从第三国采购该种贵金属），从而帮助M公司获得其急需的外汇。

双方的诉求都得到了满足。

- 双方共享资源，从而降低双方的成本。

案例6-5

位于某发展中国家首都的一家大型钢铁厂长期从毗邻的一家燃煤电厂采购电力。因为双方是长期合作伙伴，且采购量很大，所以采购电价比市场价格略低。

在钢铁厂的总成本中，电力成本占了相当大的比重。由于市竞争愈演愈烈，钢铁厂面临的削减成本的压力越来越大。

钢铁厂负责运营的副总裁和电厂负责销售的副总裁见面商谈电价事宜。钢铁厂副总裁表示："以目前的电价水平，钢铁厂的运营将难以为继。所以我方要求降低电价，否则将不得不把主要的生产车间搬迁到成本更低的内陆城市。"

电厂副总裁表示："我们完全理解钢铁厂的诉求，但是电厂的利润已经十分稀薄，确实没有什么降价空间了。"

钢铁厂副总裁提出一个建议："贵厂每年消耗数万吨煤炭，而我厂每年消耗的煤炭更多，我厂有专门的煤炭采购来源。贵厂可以使用我厂的煤炭采购渠道，获得优惠的煤炭采购价。在此基础上，希望贵厂降低电价。"

最终双方按这个思路达成双赢协议。钢铁厂获得了更低的电价；电厂保住了和钢铁厂的合作，并且降低了煤炭采购成本。

- 双方互相采购对方的某些产品或服务，从而降低双方的交易成本。
- 双方共同向第三方采购某些产品或服务，从而通过"规模经济"效应来降低双方的成本。
- 双方签订长期采购合同，建立长期合作伙伴关系。
- 互相参股，或设立合资公司，或共同研发经济适用的定制化产品。

案例6-6

某世界500强化工企业（采购方）长期向某小型专业供应商（供应方）采购某种特殊功能阀门，但是采购量不大。因这种阀门功能特殊，销量偏小，而这条生产线占用的资源比较多，利润薄而风险高，于是该供应商计划停止生产和供应这种阀门。

但是，这种阀门是采购方产品中一个不可缺少的重要部件，目前市场上没有类似的替代产品。停止供应将对采购方的业务产生重大的不利影响。

采购方的替代选项包括：
- 寻找其他供应方定制特种阀门。
- 自行生产特种阀门。
- 变更现有产品的设计，在现有产品系列中取消该阀门。

但是，这些替代项对采购方来说都成本过高。于是采购方约供应方见面讨论解决方案。

双方达成以下协议：供应方升级特种阀门生产线，采购方分担50%的生产线升级改造成本；采购方和供应方签订特种阀门的长期采购合同，供应方按照合理的利润率定价，采购方承诺一定的采购数量。合同期为4年，期满后双方再基于友好协商续签合同。

这是一个双赢协议：对于供应方来说，新的合作方案降低了成本，保证了收益，使继续供货变得更有吸引力；对于采购方来说，新的方案解决了生产急需，并且明显优于替代选项。

采购谈判实务要点

采购方与供应方在谈判时应该注意以下要点：

- 清晰定义待采购的产品或服务，例如产品的品类、技术规格、数量等，或服务的工作范围、交付要求等。
- 了解市场行情，以及供应侧、需求侧的竞争态势。
- 通过各种渠道，发现尽可能多的供应方，并考察评估候选供应方的实力，建立高质量的供应方数据库，以便在采购时货比三家。
- 了解供应方的能力、市场份额、信誉、过往履约记录等，以及供应方谈判团队的背景和风格。
- 了解供应方的成本。

案例6-7

某世界500强公司欲采购大宗化工产品,收到了三家大型供应商的报价。该公司对供应商A产品的功能和质量十分满意,但是认为其价格有较大的下降空间。

该公司的采购部门向这三家供应商发送邮件,要求在3天内提交该化工产品的成本明细,包含主材成本、辅材成本、综合加工费用、摊销费用等。如果未能按时提交成本明细,将被视为自动放弃本次合作机会。

三家供应商均按时提交了成本明细。该公司的采购部门也掌握了有关该类产品成本明细的大量数据。该公司以这些数据为基础形成各分项成本的"基线"。

随后该公司约供应商A进行谈判。然后双方一起对供应商A提交的成本明细进行逐项审核,并对照分项成本基线,去除多余的成本。审核中发现,供应商A对数种主材设置的采购价格偏高,双方共同优化了这些主材的采购渠道。

最终,该公司顺利地将该化工产品的采购价格降到合理的水平,同时保证供应商A可以获得合理的利润。

- 着力寻找、挖掘更多的替代项,提高自己的谈判地位。

案例6-8

某东南亚国家的一家大型造纸厂一直从当地一家占据垄断地位的能源公司购买电力。该造纸厂认为电价过高,多次向该能源公司提出降低电价的要求。该能源公司知道该造纸厂没有其他选择,每次都拒绝了该造纸厂的要求。

无奈之下，该造纸厂计划建立自己的发电厂，并有意把消息透露给该能源公司。但是该能源公司并没有把这则消息当真。

该造纸厂对建立自己的发电厂的财务可行性进行了认真的分析。按照目前的购电价格，自建发电厂发电的成本将低于外购电力的价格。

接下来该造纸厂开始采取行动：用了几个月的时间选定了发电厂的厂址；获得了相关的政府许可；请顾问公司对电厂进行总体规划；等等。

该能源公司看到该造纸厂真的有意自建发电厂，开始担心失去这个大客户。他们主动找到该造纸厂的运营管理部门讨论双方合作事宜，最后双方达成以下协议：

- 双方签订长期购电协议，电价在现有的基础上下降20%。
- 该造纸厂放弃建设自有发电厂。

- 大型企业可通过集中采购等方式来减少对方的替代项。但是集中采购会增加内部管理成本，此外，如果通过集中采购把价格压得太低，就会影响供应方的服务水平。所以，集中采购应适可而止，不宜过度。
- 共创额外价值。采购方可以和供应方共同寻找"把饼做大"的机会，例如扩大合作范围、合理分担风险、降低对方成本、建立长期合作机制等。
- 强化采购流程，杜绝采购中的腐败行为。采购方可以用采购流程规范采购行为，杜绝腐败行为。如果采购人员中发生受贿等腐败行为，那么将严重影响采购的正常进行，并可能成为供应方销售人员要挟、控制采购人员的把柄。
- 采购方应为供应方提供适宜的利润空间。如果采购方对供应方过度施压，供应条件过于苛刻或价格过低，不仅会使供应方失去动力，还可能导致交付质量和时间等方面出现问题。

销售谈判

销售是指供应商向客户出售产品或服务的行为。采购和销售是同一个活动的两个侧面。同一个交易，对客户来说是"采购"，而对供应商来说，则是"销售"。

销售谈判的目标是吸引客户，赢得客户，并留住客户。

何为客户

客户是购买产品或服务的一方。彼得·德鲁克说："企业的终极目的，也是经济活动的终极目的，即创造客户。"

如果没有客户，企业就没有存在的意义了。客户可能是一名消费者，也可能是一个组织（例如企业、非营利机构、政府等）。如果客户是一家企业，那么客户采购产品或服务的目的是服务好自己的客户。相对于供应商而言，客户承担的责任和风险更大。所以，客户往往会比较挑剔。在供应过剩的时代，客户一般比供应商更强势。

如何吸引客户

客户的购买动力来自其从交易中获得的买方剩余，即客户从交易中获得的收益减去成本：

$$客户的购买动力（买方剩余）= 收益 - 成本$$

上式中，客户在和供应商的交易中获得的收益为所采购产品的价值，既包括所采购产品的效用，也包括所采购产品带来的未来收益。

客户在和供应商的交易中发生的成本，除了客户向供应商所支付的价格，还包括交易过程中发生的成本，例如采购成本、沟通成本、协作成本等。

客户不仅仅关注所采购产品的价格，更关注所采购产品的价值。也就是说，客户最关注的不是"贵不贵"，而是"值不值"。

只有当客户获得的价值大于其成本时，客户才会通过这笔交易收获一定的"买方剩余"，客户才有购买的动力。这时，供应商才有能力吸引客户。

如何留住客户

供应商能否留住客户，并使其成为重复采购的客户或长期客户，取决于客户的满意度：

$$客户满意度 = 体验 - 预期$$

上式被称为"Maister等式"。当体验到的价值高于预期时，客户会感到惊喜，其满意度为正；当体验到的价值等于预期时，客户没有感觉，其满意度为零；当体验到的价值低于预期时，客户会感到失望，其满意度为负。

所以，提升客户的满意度有两个方法：一是提升客户体验到的价值；二是管理好客户的预期，不要对客户做出难以实现的承诺。

销售谈判实务要点

供应商在销售谈判中应注意以下要点。

发现客户

没有客户,一切无从谈起。供应商应做好:

- 通过各种渠道,发现尽可能多的潜在客户,为自己创造更多的替代选项。
- 和客户保持有效的沟通,加强和客户之间的相互了解、信任,加深和客户之间的联结,降低交易成本。
- 尊重客户,关爱客户,用诚心感动客户。

了解客户

供应商应深入了解客户的以下情况:

- 客户的需求。通过提问等方式,发现客户的战略方向、业务重点、痛点、挑战、需求。和客户深度沟通,讨论如何帮助客户应对困难和挑战。
- 客户的底线。了解客户的替代选项,即己方的竞争对手。
- 客户的能力、信誉、过往履约记录,以及其谈判团队的背景和风格。
- 客户的采购流程、采购决策机制,以及客户过往采购的情况。
- 客户内部不同角色的利益和诉求。客户内部的相关方可能包括产品使用者、技术团队、商务团队和高层决策者。一般来说,产品使用者主要关注产品的功能和品质;技术团队主要关注产品的技术性能;商务团队主要关注产品的价格和风险;高层决策者更关注总体利益和长远合作。

了解客户的项目

了解客户的项目是提供差异化解决方案的前提。供应商应做到：

- 和客户高层管理人员保持沟通，尽早发现客户拟实施的项目。
- 尽早介入项目，和客户共同策划项目。
- 提前发现或创造合作机会。

了解自己

谈判者需要：

- 了解己方的成本和最佳替项。
- 清晰了解自己的底线。
- 明确自己的目标。

创造价值

供应商可以通过以下方式和客户共创价值：

- 根据客户的需求调整或定制产品或服务，与客户一起创造价值。竭尽所能为客户提供与众不同的、独特的价值。
- 先"做饼"，再"分饼"。先和客户方的高层管理人员谈合作框架和项目方案；然后和客户方的技术人员协商确定技术要求；再和客户方的商务人员谈一般商务条件；最后和客户方的采购人员谈价格。
- 帮助客户赚钱。帮助客户创造需求，设计商业模式，找到其客户，服务好其客户，减少运营成本。

案例6-9 ①

20世纪90年代,打印机制造商S公司的销售员王女士负责销售500万元/台的打印机,她负责的销售对象是邮政局。

王女士费尽千辛万苦才约到一个大型邮政局的领导,在听了王女士对设备的介绍后,对方兴致勃勃地问:"你说的这个设备不错,卖多少钱一台?"

她很小声地回答:"500万元。"

"什么!500万元?"客户一听到这个价格,震惊到把桌上的水杯都掀翻了,马上把她轰了出去:"我们不需要这样的产品,我们买不起。"

不过,王女士对此早有思想准备,在客户还没生气到失去理智前赶紧提出一个小要求:"不好意思,我是刚负责邮政行业的新员工,我的确不了解你们需要什么。如果可以的话,是否能把你们以前的文件、资料借我研究一下,我看完了就还给你。"

客户一愣,马上明白了,说:"放在墙角的是我们准备当废品卖掉的文件和资料,你可以都拿走,不用还了。其他的销售员都是把他们的资料留下来,让我学习;你是第一个要拿我的资料回去研究的。有什么不明白的地方随时来问我。"

深入研究这些资料后,王女士发现邮政局真的有很多很好的业务。邮政局只是因为刚从国营转为市场化经营,营销经验还不足,许多业务的推广还做得不够。

凭借自己的市场营销经验,在认真深入研究邮政局的业务后,王女士撰写了一份邮政局市场营销策划方案。这份报告引起了邮政局高层领导的重视,领导对王女士的主动精神十分赞赏:"没想到这样的方案居然出自一个外企员工之手。我们邮政局感谢你,也要

---

① 王雯. 赢在路上[M]. 天津:天津教育出版社,2009.

向你学习。"

就这样,王女士与邮政局建立了非常好的关系。邮政局领导也真心把王女士看作自己的顾问和朋友。

可是,王女士的销售却没有任何进展。最主要的原因是,500万元/台的打印机打印速度快,打印品质好,但邮政局只做一些传统的打印业务,已有的小型打印机完全能满足目前的业务需要,所以就不可能买这么昂贵的打印机。

冥思苦想之下,王女士突然想到一个点子:"不少中小客户其实也需要高品质的打印服务,但是打印量不足以支撑一台大型打印机。那如何解决这些客户的问题呢?邮政局!邮政局可以帮他们做。"

在当时,邮政局的打印业务量很小,只是帮客户做一些简单的、和邮寄相关的打印工作。但是,来邮政局办理业务的客户有不少打印需求,例如打印用户手册、产品说明书、培训材料、对账单、付款通知单、商务信函等。邮政局为这些客户提供打印服务的话,打印量一定很大。这样的话邮政局就有兴趣购买大型打印机了。

王女士兴奋极了,立刻打电话给邮政局领导。领导听了也很高兴,说:"我们一直在琢磨如何拓展业务。只要打印业务量够,我们可以筹集资金买一台大型打印机。"但随即又叹了一口气,说:"我们的员工不太懂如何从客户那里接生意。你能帮我们一下吗?"

王女士说:"没问题!我可以给您的团队示范如何联系客户和接生意,然后再给大家做几次培训。"

功夫不负有心人。中国市场邮政行业的第一台售价500万元/台、打印速度180页/分钟的打印机终于顺利售出并开始启用了。

王女士也获得了公司的表彰,老板开心地夸赞说:"You are a born sales person!"(你天生就是做销售的!)

在这个案例中,王女士帮助客户找到了客户,帮助客户取得了成功,同时实现了自己的目标。

第六章 商业谈判实务

- 减少客户的风险和担忧。
- 以创新的方式向客户交付价值。例如，根据客户的现实需要，将销售设备变为提供租赁设备的服务。这免除了客户昂贵的一次性投资，并大大减少了客户持有资产引起的风险。
- 与客户共创"把饼做大"的机会，例如成为彼此的长期合作伙伴、扩大合作范围、交换利益等。
- 为客户准备多项提议，提供选择自由和灵活性，从而使客户感觉更好。

呈现价值

供应商可采用"FABE销售法"向客户呈现产品的价值：

- 特征（feature）：本产品在哪些方面有特点。
- 优点（advantage）：和其他产品相比，本产品在哪些方面有优势。
- 效益（benefit）：本产品能给客户带来哪些具体的好处。
- 证据（evidence）：客观的、权威的证据，包括检测报告、客户推荐信、第三方认证、实际案例、照片、视频等证明材料。

捕获价值

供应商可通过以下方式捕获到属于自己的那部分价值：

- 整合、联合自己的竞争对手，或并购自己的竞争对手，从而减少对方的替代项，弱化对方的底线。
- 合理报价，审慎让步。
- 坚守自己的底线，不做亏本的买卖。
- 对成交不可过于追切。

案例6-10

W集团（某知名房地产开发商）旗下的大型商业综合体经营业绩下滑，希望聘请有实力的商业策划咨询公司进行"重新定位"。A公司是大型国际咨询公司。W集团向包括A公司在内的三家知名咨询公司发送了征求建议书邀请函。

A公司的团队了解到自己多年的竞争对手M公司近年来曾多次为W集团提供服务，这次应该也是客户的候选单位之一。A公司的团队非常清楚，和M公司相比，自己在价格上没有任何优势，同时自己和客户团队的关系也不如M公司。为了找到突破口，A公司的团队决定采取一个特别的策略：不谈价格，只谈技术。

A公司的团队抓紧时间对客户项目做了大量的调查研究工作，深入分析了该项目的背景、现状、痛点、公众反馈，以及类似项目的运营情况等。

在客户和各家咨询公司进行第一轮沟通的时候，A公司的团队对项目现状进行了系统的分析，然后有针对性地提出了自己的见解。A公司的团队所做的功课和对该项目的了解远远超出了客户的预期，效果非常好，客户对A公司的专业度有了非常好的第一印象。之后A公司顺利地进入报价环节。A公司很快得知，A公司的价格是三个候选单位中最高的，甚至比第二名高出一倍多。但是这个时候A公司的团队依旧没有降价，而是在第二轮沟通时进一步展示其技术实力，通过对多个国内外同类型案例的分析以及对客户项目的思路设想来打动客户。客户内部层层商议，最后报请董事长特批，选择了A公司作为该项目的咨询顾问。

后来客户告诉A公司的团队，他们之所以选择A公司，其实是因为被感动了。在其他公司都谈价格的时候，A公司的团队专注地谈技术；在其他公司讨价还价的时候，A公司的团队还是在谈技术。所以客户认为A公司提供的服务值这个价钱，最后选了A公司这个最贵的顾问。

第六章 商业谈判实务　　223

开发投资谈判

投资是指个人或组织投入一定资源或资金以获得未来收益的行为。我们可以将常见的投资项目分为以下三种主要类型：

- 开发投资。开发、创造新的设施或资产，并通过持有、使用、出租或出售该设施或资产获得收益。
- 资产交易。收购已有的设施或资产，并通过持有、使用、出租或出售该设施或资产获得收益。
- 企业并购。收购或合并其他企业，并通过并购产生额外价值，实现更好的收益。

本节讨论开发投资谈判。和采购、租赁、建设工程等项目相比，开发投资项目具有以下特点：

- 开发投资项目的范围广，综合性强。一个典型的投资项目常常包括众多子项目。
- 开发投资项目涉及金额大。一些大型开发投资项目的投资额可能高达数亿元、数十亿元甚至数百亿元。
- 开发投资项目期限长（有的基础设施投资项目期限长达40年），项目实施过程中不确定因素多，因而风险较高。
- 开发投资项目涉及的相关方多，需要多方密切协同，长期合作。
- 投资者责任大。投资者需要对整个投资项目的绩效承担最终的责任。

在一个典型的开发建设项目中，投资人募集、投入资金，组织资源，规划、设计、建设一项设施，并通过运营或出售该设施获得收益。所以，开发投资项目实际上是一个由融资项目、土地转让项目、工程咨询项目、设计项目、施工项目、保险项目等组成的"项目群"。对于其中的每一个项目，投资商（或者开发商）一般都需要在和各方谈判之后，签订各自项目的合同，形成投资项目的"合同群"，如图6-1所示。

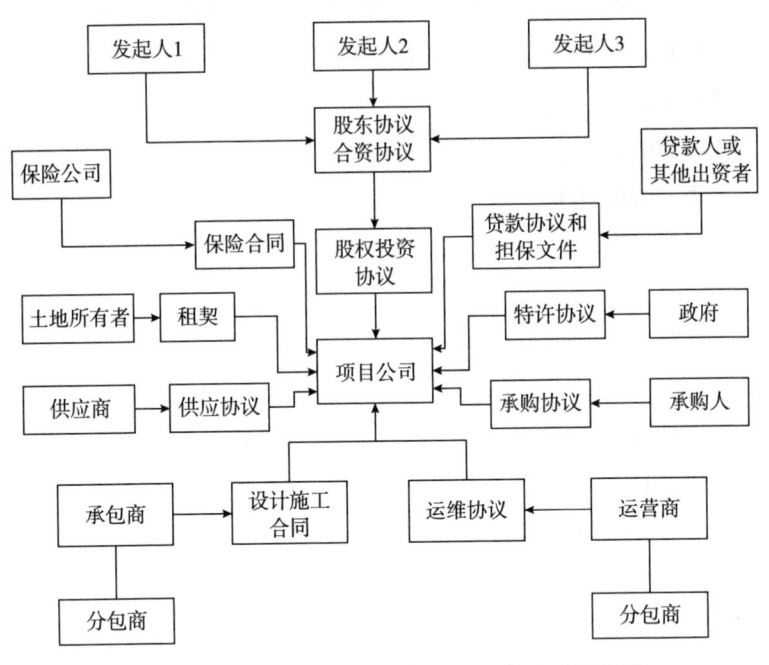

图6-1 典型开发投资项目中的"合同群"和"项目群"

开发投资谈判中的利益

本节以基础设施投资建设项目中的投资人和政府机构之间的特许经营协议谈判为例，分析开发投资谈判中的利益。

一个典型的特许经营协议谈判涉及的利益包括：

- 投资项目的范围,包括项目内容、功能、性能参数、使用标准等。
- 投资金额。
- 项目公司股权结构。
- 融资安排。
- 特许经营年限。
- 土地转让价格。
- 运营阶段产品销售价格,例如高速公路项目的收费价格、电厂项目的售电价格、污水处理厂项目的污水处理价格等。
- 税收优惠。
- 政府的支持。
- 配套基础设施。
- 风险分担。

投资人关注的利益包括:

- 项目的收益率。
- 项目的风险。
- 政府政策的稳定性。
- 政府方承诺的落实等。

投资人可以提供的利益包括:

- 企业注册和纳税安排。
- 其他投资项目。
- 公益活动。

政府方关注的利益包括:

- 项目对当地税收的贡献。
- 项目对当地经济的拉动,包括项目对就业、相关产业、城市建设等的积极影响。
- 项目对城市形象的贡献。

政府方可以提供的利益包括:

- 税收等方面的优惠措施。
- 政府审批方面的支持。
- 融资支持。
- 配套基础设施。
- 员工落户、子女上学等方面的支持。
- 政府可以提供的其他投资机会。

开发投资谈判中双方的底线

在基础设施特许经营谈判中,双方可能在多个核心利益维度都有自己的底线,例如土地出让金底线、特许经营期底线等。但是最重要的底线很可能是项目产品销售价格的底线,例如特许经营电厂的电价。

投资人的底线

投资人可通过以下步骤计算己方的产品销售价格底线:

- 根据融资成本、项目风险、最佳替项的投资回报率等因素,估算项目的投资回报率底线(投资人能接受的最低回报率)。
- 根据投资人要求的投资回报率,基于项目的财务模型计算项目产品销售价格底线（投资人能接受的项目产品最低销售价格）。

政府方的底线

政府方可以通过以下方式确定己方的产品销售价格底线：

- 政府财政（对政府付费项目）或项目使用者（对使用者付费项目）所能接受的项目产品最高价格。
- 其他投资人提议的项目产品的最低销售价格（最佳替项的价格）。

政府方的底线是上述两项中数额较低者。

开发投资谈判中共创价值的机会

在开发投资项目中，投资方和政府方可以深入地、有建设性地沟通，共同创造额外价值。

- 优化方案。双方发挥各自的优势和能力，共同优化项目方案，降低项目的成本，增加项目的价值。
- 双方交换利益。例如，政府以更优惠的税率换取投资项目的更高功能参数。
- 双方在不断增强互信的基础上，扩大合作范围和提高合作深度。例如，政府帮助投资人把项目的副产品销售给当地其他企业，投资人为当地企业提供咨询服务和培训等。
- 风险分担。双方遵循"最有控制力原则""管控成本最低原则"来分担项目风险，从而使整个项目的价值最大化。

开发投资谈判实务要点

投资人在进行开发投资项目的谈判时应注意以下要点：

- 投资人积极与有投资需求的地方政府沟通交流，了解政府的产业政策和需求，展示企业的实力和优势，尽早介入项目，提出多套可供比选的项目方案。
- 投资人应对项目所处环境、行业、市场、技术等维度进行深入的调查和分析，识别评估风险，进行财务测算。
- 投资人应及时获得融资、设计、施工等领域的合作伙伴的支持，以及技术、法律、财务、税务、风险管理、保险等领域的咨询顾问的专业支持。
- 投资人应发现己方的最佳替项，了解对方的最佳替项，估算双方在主要利益维度上的底线，在此基础上设定谈判的目标。
- 投资人应提出既具合理性和专业性，也有适当让步空间的建议书。
- 双方应在互信的基础上，充分挖掘共创价值的潜力。
- 双方应该积极探索更大范围的合作前景，但是应该区分真正可行的未来合作机会和无太大实际意义的"画饼"。对于对方的"虚无缥缈"的"画饼"，谈判者可将其视作对方的"善意"，但不能作为决策的依据。一般情况下，投资人应该确保当下正在谈判的项目是可行的、盈利的。

资产交易谈判

资产交易是指投资人出资收购有形或无形资产，通过使用或出售资产获得收益的行为。资产交易包括：

- 房地产交易，例如商业地产、住宅、厂房等的交易。
- 文物、珠宝的交易。
- 无形资产交易，例如专有技术、专利权、商标权、著作权、版权等的交易。

资产交易谈判中的利益

典型的资产交易可能涉及以下维度的利益：

- 资产的范围。
- 价格。
- 支付方式。
- 资产交付时间。
- 税费承担。
- 资产权属及具体状况的承诺。
- 责任承担。
- 风险分配。

在资产交易谈判中，双方都最关注的利益维度一般是价格。

资产交易谈判中双方的底线

卖方的价格底线取决于以下两项中的较高者：

- 自己持有和使用资产所产生的收益。例如，自己长期持有房屋并将其出租所能产生的租金收益。
- 最佳替项的价格，即当谈判破裂时，将资产卖给其他买主所能获得的最好价格。

买方的价格底线取决于以下两项中的较低者:

- 价值,即买方使用资产所产生的收益。例如,买方收购的某一项专有技术给买方带来的额外利润。
- 最佳替项的价格,即买方从其他卖方处收购一项类似功能的资产的最低价格。

资产交易谈判中共创价值的机会

以房地产交易为例,双方在交易谈判中共同创造价值的机会可能包括:

- 双方可针对价格之外的其他维度进行谈判,例如支付时间、支付条件等。
- 双方可以对房屋交易相关的风险进行合理分配,例如房屋设备使用性能风险等。
- 双方可能扩大交易的范围,例如家具、家电、设备等。
- 卖方可以提供移交房屋后的支持,例如协助和物业等相关方的对接、协助进行房屋设备维修保养等。
- 买方可以提供支持协助,例如帮助短期存放卖方的部分家具物品、帮助收转邮寄物品、将部分房间短期租给卖方等。
- 买卖双方通过本次交易建立信任后在其他方面进行合作的机会。

资产交易谈判实务要点

以房地产交易为例,谈判者在资产交易谈判时应注意以下要点。

谈判分析

谈判者首先应使用谈判模型对谈判进行分析,所进行的活动有:

- 双方应清晰界定标的资产的范围。
- 双方应清晰界定标的资产的交付状态。
- 谈判者应寻找尽可能多的替代选项,明确自己的底线,确定自己的谈判目标。
- 了解对方的背景、需求,以及进行本次交易的原因和意图。
- 了解对方的替代选项,推算对方的底线。
- 分析双方共创价值的机会。

谈判准备

资产交易谈判的准备工作包括:

- 买方应详细了解资产状况。对于重要资产(例如写字楼、工业厂房等),一般需要聘请专业顾问进行法务、税务、财务、工程方面的尽职调查,出具尽职调查报告。
- 对于重要资产,应该聘请专业顾问对资产的价值进行评估,出具资产评估报告。
- 双方应了解市场行情,特别是近期类似交易的情况。

谈判实施

在资产交易谈判的实施阶段,谈判者需做好以下工作:

- 谈判者应该多提问,以了解对方的需求、制约和偏好。
- 双方应讨论澄清资产本身的情况。
- 卖方可强调资产的无形价值,例如位置、自然景观、社区氛围、人文环境、配套设施、附近的教育机构、升值空间等。
- 双方应该先讨论交易条件,充分挖掘共创价值、"把饼做大"的机会。

- 最后双方讨论价格。
- 谈判者如果对对方的底线没有很大的把握,那么可以邀请对方先报价。如果对方坚持由己方先报价,那么谈判者可以报一个比较"大胆"的价格,然后观察对方的反应。

案例6-11 [①]

2013年10月,中国知名企业家曹德旺来到美国,准备在美国买一块地建厂。

到达美国的第二天,曹德旺一行来到密歇根州看了一块地。这里原来是一个工厂,停产后被要求拆除而留下的一块空地。曹德旺对这块地很满意,但是听说俄亥俄州有一个现成的厂房,决定到那里看看再说。

当天他们就到达了俄亥俄州的那个厂房。那里原来是美国通用汽车的一个工厂,总建筑面积大约为30多万平方米,外面的空地也有30万平方米。曹德旺仔细查看了厂房,厂房的空间尺寸符合曹德旺的要求,特别是工厂的质量令曹德旺十分满意。

曹德旺的代理人和业主此前已经进行了初步沟通。曹德旺原计划购买8万平方米的厂房,犹太业主开价350美元/平方米,总价为2 800万美元。代理人建议还价2 500万美元。

如何分析和计划本次谈判呢?

曹德旺首先分析了对方的底线。根据美国相关法律规定,工厂关闭后业主应负责拆除厂房。根据以往的类似案例,该业主6年前从通用汽车手里拿下这个废弃厂房的时候,很可能没有付太多钱,但是需要花钱拆除。目前,该业主拆除了设备并清理了垃圾,但是还没有拆除厂房。曹德旺粗略算了一下,拆除设备的费用加上利息

---

① 曹德旺. 心若菩提(增订本)[M]. 北京:人民出版社,2020.

等财务成本大约为1 000万美元。出价1 500万美元购买这座厂房的50%，一定超过了该业主的底线。因为这样的话该业主可以直接收回整个厂房的成本并获得可观的利润。另外，如果有一个大企业落户于此，那么剩下50%的厂房的价值也会倍增。

看完厂房后双方坐下商谈。曹德旺首先夸奖犹太人是全球最会做生意的人，对方听后很高兴。曹德旺同时表示，自己也是一个久经沙场的生意人，希望双方能高效率达成双赢合作。

然后曹德旺解释了自己作为投资方的底线。曹德旺告诉对方："我刚刚看了密歇根州的一块地；你的厂房质量很好，不过自己不需要这么好的厂房。另外你的厂房还有两个缺点，一是离自己的客户较远，二是离原材料供应商较远。所以，对于购买你的厂房，我的底线价格比较低。"

曹德旺接着说："怎样说服我做出购买决定呢？最好的办法就是降低价格。只有让我觉得便宜了，我才会买。"

接着，曹德旺在墙上的厂区图纸上用彩色笔将厂房和空地一分为二，说："我出价1 500万美元购买一半的厂区和空地。"

该业主听完后瞪大了眼睛看着曹德旺。曹德旺说："你可以不卖，但是我不会加价。"

该业主说："你等我两分钟，我还有一个合伙人在外面，我和他商量一下，马上回来。"没到两分钟，该业主进来表态同意以1 500万美元出售50%的厂房和空地，并提出晚上宴请曹德旺一行。

后来曹德旺了解到，该业主获得厂房基本没有成本，拆除设备和清理垃圾花费约600万美元，囤在手上6年，利息300多万美元，成本总计约1 000万美元。对于剩余的厂房，他们决定不再出售，改为分区出租，以获得长期的、稳定的现金流。所以该业主通过这笔生意也赚了大钱。

并购谈判

并购（Mergers and Acquisitions，M&A）是以企业控制权（business control）为标的的交易[1]。

并购交易具有以下特点：

- 并购是一种复杂的交易活动。普通交易活动的标的是单一资源，例如原料、产品、技术、人力资源等；而并购交易涉及一家企业，是众多资源的有机集合。所以，并购交易是一种高度综合又十分专业的交易。
- 并购交易中的利益相关方很多，包括买方和卖方的大股东、小股东、董事会、管理层、员工、合作伙伴、地方政府等。
- 并购交易的参与方也很多，包括买方、卖方、财务顾问、律师、评估师、会计师、审计师等。

企业有动力开展并购活动是因为并购可以通过协同效应（synergies）创造新的价值。并购创造的新价值主要来自以下方面：

- 规模效应（scale effect）。在一定的条件下，公司扩大规模有利于降低单位产品分摊的固定成本，从而提高利润率。
- 市场地位（market position）。企业可通过并购来提高自己的市场地位和控制市场的能力，从而获得超额利润。
- 多元化（diversification）。企业可以通过并购实现多元化经营，从而降低风险，提升企业的价值。

---

[1] 张秋生.并购学：一个基本理论框架[M].北京：经济科学出版社，2019.

- 交易成本（transaction cost）。当规模扩大时，企业需要承担的交易成本将降低；当然，与此同时，企业的管理成本将上升。在一定条件下，如果交易成本的下降量大于管理成本的上升量，那么企业的总成本将下降，企业的价值将增加。

并购谈判的重点是协同价值的创造和分配。

并购谈判中的利益

并购是一个涉及多个利益维度的复杂交易。并购谈判可能涉及以下利益维度：

- 目标公司的范围。
- 交易价格。
- 支付方式，比如现金、股票或混合支付。
- 支付期限。
- 交割条件。
- 过渡期安排。
- 员工安置方案。
- 品牌保留或整合。
- 业绩对赌条款。

并购谈判中双方的底线

买方的底线

假设公司A在和公司B进行收购谈判，公司A的价值是V_A，公司B的价值是V_B，完成收购后的新公司的价值为V_N：

$$V_N = V_A + V_B + V_\Delta$$

其中，V_Δ是并购协同效应所产生的价值。

只要公司A收购公司B的价格不大于V_B+V_Δ，公司A就可以通过本次收购获益。所以，买方公司A的底线是被收购公司B的价值加上收购产生的新增价值。

正因为收购可以产生额外价值，所以很多买方都愿意溢价收购自己中意的公司。

卖方的底线

在上述假设情境中，只要公司A收购公司B的价格大于公司B的价值，卖方就可以通过本次收购获益。因此，卖方的底线就是公司B在收购前的价值。

当然，如果有另外一个收购方也有意收购，则这个收购方是卖方的替代选项，其出价P_{BATNA}如果高于V_B，则P_{BATNA}就成为卖方的底线（假设公司A和替代项提议的收购条件相同）。

买方和卖方的底线与成交区间如图6-2所示。

卖方的底线
V_B

成交区间

买方的底线
V_B+V_Δ

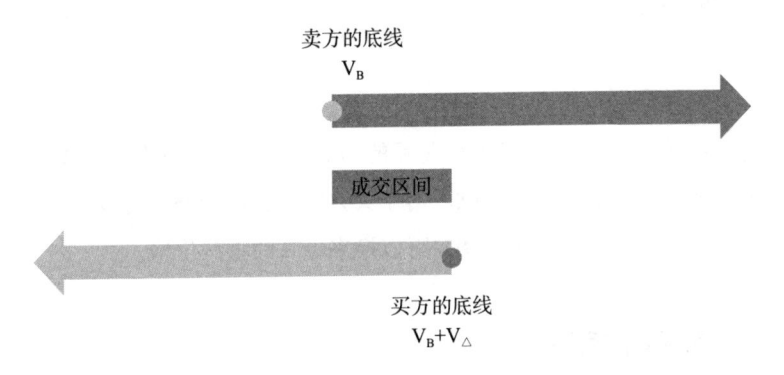

图6-2　并购中买方和卖方的价格底线

并购谈判中共创价值的机会

并购之所以存在，是因为双方通过并购创造了新的价值。从图

6-2中可以看出,并购谈判的成交区间的大小就是并购创造的额外价值的数额V_Δ。如果双方在并购谈判中能进一步挖掘共创价值的机会,则有可能扩大成交区间,使双方都获得更好的谈判结果。

并购谈判中双方可通过以下方式进一步共创价值:

交换利益

并购双方对不同维度的利益设置的优先级可能不同。例如,买方可能因为现金紧张而希望采用支付股票的方式;卖方对支付方式持灵活态度,但是希望获得更高的收购价格。因此,双方可以协定达成以"股票支付方式"换取"更高收购价格"的双赢安排。

核心员工留任

当被收购公司的业务对股东的经验、能力和人脉关系依赖度比较高时,双方可以协定:收购完成后,新公司继续聘请被收购公司的核心人员在公司工作一段时间(例如3年),这有利于新公司业务的顺利发展。

对赌条款

由于对被收购公司未来业绩的信心不同,双方可以在并购交易合同中设置业绩对赌条款。对于买方而言,对赌条款可以减少风险;对于卖方而言,对赌条款可以换来更高的收购价格。

收购后的支持

双方可以协定,在收购完成后,被收购公司的股东继续为被收购公司提供支持,例如战略客户关系的维护、正在执行合同的履行、历史账款的回收、公司品牌方面的合作、技术咨询和培训等。

并购谈判实务要点

谈判者（以买方为例）在并购谈判中应注意以下实务要点：

审视自己

买方需要认真审视自己，审视自己的地位、进行本次收购的动机，以及希望通过本次收购实现的意图。

了解对方

买方应广泛收集信息，以了解对方的背景、出让公司所有权的动机，以及希望通过本次交易实现的意图。

了解目标公司的状况

买方应对目标公司进行全面、详细的尽职调查。尽职调查包括以下事项：

- 目标公司的主体资格及获得的批准和授权情况。
- 目标公司的业务状况，包括主要客户、合作伙伴、未执行完的合同等。
- 目标公司的财务状况，包括会计政策、财务报表及明细（收入、成本、资产、负债、应收账款、应付账款等）等。
- 目标公司的税务状况，包括纳税凭证、应交税费等。
- 目标公司的人力资源状况，包括主要管理人员的情况、员工的情况、员工福利政策等。
- 目标公司的法律纠纷以及潜在债务。

评估目标公司的价值

买方应聘请专业的资产评估公司对目标公司的价值进行评估，

并出具估值报告。一般采用以下方法评估公司的价值：

- 折现现金流法（Discounted Cash Flows，DCF）。将目标企业的预期未来现金流以一定的折现率折算成现值，再求和，即公司的价值。
- 重置成本法。在目标公司的资产负债表的基础上，合理评估企业各项资产和负债，从而确定目标公司的价值。其理论基础是，任何一个理性人为购买某项资产而支付的钱将不会高于重置相同用途替代品的成本。
- 市场法。买方将目标公司与可参考企业或者市场上已有的交易案例进行对比，以确定目标公司的价值。其依据的假设是，在一个完全市场上相似的资产一定会有相似的价格。

估算双方的底线和成交区间

买方应该对自己公司目前的价值、目标公司的价值，以及收购目标公司后新公司的价值进行评估，从而计算出本次收购能创造的新价值。

然后，买方基于目标公司的价值、收购创造的额外价值，确定双方的底线和成交区间。

协商交易条件

并购谈判涉及多方的利益、敏感事项，还常常伴随着较强的个人情绪因素。双方应营造良好的谈判氛围，体察彼此的感受，循序渐进，尽可能挖掘进一步共同创造额外价值的机会，就主要交易条件达成一致。

协定交易价格

双方在协定的主要交易条件的基础上，进行交易价格谈判。最后可以由双方的最高决策者出面敲定最终交易条件和交易价格。

案例6-12

（1）背景

位于中国沿海某省的G公司是一家从事特种化工材料研发和生产的民营企业。其创始人赵总20年前创办G公司，5年前企业成功上市。上市之后，赵总又把自己的大部分股权出售给国有基金公司F基金，赵总自己保留一小部分股份，成为公司的第二大股东。

由于F基金对化工行业并不了解，能给予G公司的投入和支持很有限，因此在F基金接手G公司以后，G公司业务增长乏力，财务绩效逐年下滑。G公司的第一大股东F基金和第二大股东赵总对公司的现状均不满意。

而这时，G公司工厂所在地也由原来的郊区变成核心城区，当地政府出于环保和城市规划方面的考虑，要求G公司尽快迁出市区。G公司对市政府的要求反应迟缓，态度不明，当地政府对G公司也颇为不满。

重重压力之下，F基金决定出售自己持有的全部G公司的股票，退出实业，专注于金融业务。赵总和当地政府支持F基金退出，并十分期待一个懂产业、能成事的大股东带领公司继续前行。

T集团是一家从事制造业的国有企业。根据T集团的发展战略，T集团需要通过并购来填补自己在特种化工材料方面的短板，并聘请知名投资专家王教授担任并购顾问。

王教授通过其学生了解到G公司的情况，发现G公司的业务和能力十分符合T集团的需要。

（2）谈判分析

王教授向T集团章董事长汇报了G公司的情况，章董事长很感兴趣，请王教授和T集团的并购工作小组着手分析和准备谈判。

因为G公司是上市公司，互联网上有很多公开材料。另外，王教授也通过化工领域的朋友细致了解了G公司的背景信息。

目前G公司的股价是5.8元/股。同时，王教授和并购团队对完成收购后的G公司的财务报表进行了模拟，从而推算出收购后的G公司的价值，以及收购的协同效应产生的额外价值。根据王教授的测算，T集团收购G公司股票能接受的最高价格（T集团的价格底线）是7.1元/股。

同时，王教授了解到，F基金4年前收购G公司时的收购价格是6.3元/股。王教授考虑，F基金作为一家国有基金公司，目前的首要目标是顺利完成对G公司的剥离。关于出售价格，如果本次卖出G公司的价格不低于4年前的买入价格，那么F基金不会因剥离G公司而产生账面亏损，F基金的管理团队会"比较有面子"。否则，F基金可能遭遇有关方的质询甚至问责。王教授据此估计，F基金出售G公司股票的价格底线就是其4年前收购G公司的价格，即6.3元/股。

所以，从买方的视角看，本次收购谈判的成交区间是6.3~7.1元/股，如图6-3所示。

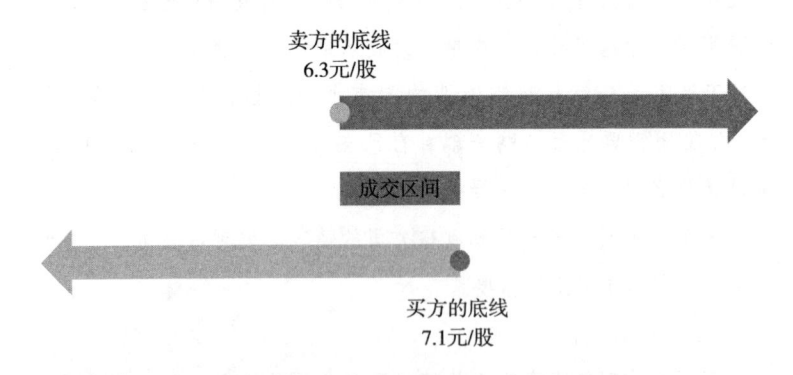

图6-3　T集团收购G公司谈判的底线和成交区间

（买方视角）

（3）谈判准备

在开启和F基金的谈判之前，王教授做了一系列准备工作：

- 融资安排。考虑到F基金希望退出实业，F基金应该希望采用现金支付方式。但是T集团手头的现金不多。王教授建议T集团财务部门提前和中国四大商业银行之一的某家大型银行就融资达成意向。

- 和地方政府沟通。其实，T集团一直和G公司所在地的地级市政府保持良好的沟通。王教授请T集团章董事长安排集团高管和市政府领导进行专题对接。T集团高管了解到，地方政府非常希望有实力、有产业背景的公司接盘G公司。此外，地方政府财政实力雄厚，如果T集团可以收购G公司并实施工厂搬迁，那么地方政府将提供8亿元的土地补偿款。利用好8亿元的土地补偿款，G公司就可以将其生产设施"一步到位"升级到国际一流水平。

- 王教授还考察了当地政府安排的新厂区所在地——一个配套齐全的工业园区。与新厂区一墙之隔的是王教授非常熟悉的一个化工集团的分厂。王教授心中萌发了一个令人激动的设想：T集团可以把隔壁化工集团的分厂也收购了，实现T集团在该沿海地区化工材料产业链的完美整合！

- 最后，王教授还通过多条渠道了解到F基金的掌门人李董事长的背景信息。王教授了解到，李董事长是一位很务实的金融企业管理者。受中国东南沿海商业文化的影响，李董事长的做事风格是：一诺千金；言必信，行必果。

（4）谈判实施

时机成熟之后，王教授作为T集团的特别顾问和F基金李董事长约好时间进行一对一的"秘密"谈判。

两位都是顶尖的商业精英，沟通十分顺畅。

王教授首先询问了对方的想法和意图，确认了自己此前了解到的信息的真实性。同时王教授也表达了T集团的初步收购意向。

然后双方讨论了一些收购的基本条件。李董事长提到，希望采用现金支付的方式。王教授对此表示理解。

关于价格，由于王教授事先对对方的底线拿捏得非常准确，双方顺利地协定了6.38元/股的成交价格。

王教授和李董事长就本次收购的各个主要事项进行了讨论。双方又聊到了以后在其他领域可能开展的一些合作，竟有相见恨晚之感。当走出李董事长的办公室时，王教授一看手表，才发现不知不觉中，两人竟谈了5个小时！

王教授当天晚上就向T集团章董事长汇报了谈判情况。双方的董事长决定，G公司于次日停牌，双方启动收购流程。

这是一桩极为成功的收购谈判。收购顺利完成后G公司如期完成搬迁。F基金、T集团、赵总、当地政府、员工均对本次收购感到十分满意，这是一桩多赢交易。

王教授唯一感到遗憾的是，对新厂区隔壁化工集团的分厂的收购，后来由于各种情况，未能启动。

建设工程谈判

建设工程是指规划、设计、建造具有一定使用或生产功能的人工构筑物的活动。每一项建设工程都是一个项目，适合使用项目管理的方法进行管理。建设工程兼"服务"和"产品"的某些特性。《民法典》将"建设工程合同"单独设为一种合同类型。

建设工程项目按工作对象可以分为以下类型：

- 房屋建筑项目，包括居住建筑项目、公共建筑项目、工业建筑项目等。
- 交通工程项目，例如公路项目、铁路项目、港口项目、航道项目、机场项目等。
- 能源工程项目，例如输变电项目、水电项目、火电项目、风电项目、光伏项目等。
- 市政工程项目，例如供水工程项目、供热工程项目、污水处理项目等。
- 其他建设工程项目。

建设工程项目可以采用以下实施模式：

- 设计—招标—建造（Design-Bid-Build，DBB）模式。在这种模式下，客户按照设计、招标、建造的顺序依次实施项目。这是一种传统的交付模式。
- 设计—采购—施工总承包模式。在这种模式下，总承包商是唯一的责任点。造价、工期、功能明确、可预见，并且有利于缩短工期。
- 设计—采购—施工管理（Engineering-Procurement-Construction Management，EPCM）模式。在这种模式下，由工程咨询公司提供工程设计、采购支持和施工管理服务，类似国内的"全过程工程咨询"模式。
- 管理承包（Management Contracting，MC）模式。在这种模式下，客户委托一家有专业经验的"管理承包商"（management contractor）来组织和管理项目的实施，类似国内的"代建制"

第六章 商业谈判实务　　245

项目交付模式。
- 建造—运营—转让模式。在这种模式下，政府授权企业投资建造某一设施，并在一定期限内（例如30年）运营设施以获取回报，然后将设施移交给政府。这类项目合同复杂，企业所承担的风险大。

建设工程项目按照工作内容可以分为以下类型：

- 总体规划项目。
- 可行性研究项目。
- 工程设计项目。
- 工程施工项目。
- 工程咨询项目。
- 维修养护项目。

建设工程具有以下特点：

- 建设工程项目一般规模大、工期长。工期一般可达几年，有的长达十几年。
- 合同比较复杂。
- 建设工程项目一般在露天的固定地点实施，影响因素多，风险大。
- 建设工程的利益相关方多，例如政府、融资方、设计方、施工方、供应商、监理方、咨询顾问、保险公司等。

建设工程谈判按照项目的阶段可以分为两类：

- 建设工程缔约阶段的谈判,例如合同谈判。
- 建设工程履约阶段的谈判,例如变更谈判、索赔谈判、结算谈判、催款谈判等。

建设工程谈判中的利益

典型的工程施工项目的利益维度包括:

- 工作范围。
- 适用标准。
- 工期。
- 价格。
- 价格调整机制。
- 质量要求。
- 业主的支持协作。
- 风险分配。
- 保修期。
- 保险。
- 变更和索赔。
- 不可抗力。
- 违约责任。
- 争议解决。

建设工程谈判中双方的底线

我们以工程施工为例,分析建设工程项目谈判中双方的底线。

承包商的底线

承包商的价格底线取决于以下因素:

- 承包商完成约定的建设工程所需要的成本。承包商一般会在谈判前进行项目计划,然后以项目计划为基础、由专业的工程造价团队进行项目的成本估算。
- 承包商的最佳替项的价格。如果谈判失败,承包商能承接到的其他项目就是承包商的替代选项。这些替代选项中最好的那个就是承包商的最佳替项。

在实际操作中,承包商一般根据成本估算确定己方的底线,但是可以根据替代选项的多少来调整自己的底线。例如,如果市场上项目机会很多,或者说承包商的替代选项很多,那么承包商可以调高自己的底线。

业主的底线

业主的价格底线取决于以下因素:

- 承包商的施工给业主带来的价值。理论上,只要工程施工项目的价格不超过承包商的施工给业主带来的价值,业主就会因施工项目而获益。
- 业主的最佳替项。业主一般会邀请多个承包商报价。如果谈判失败,那么业主可以和其他承包商洽谈承包合同。业主的最佳替项是这些备选的承包商中最优的那个承包商的报价。

在实际操作中,因工程施工给业主带来的价值不便量化,所以业主一般以最佳替项的价格作为底线。

建设工程谈判中共创价值的机会

在建设工程谈判中,双方可能通过以下方式共同创造额外价值：

价值工程

在谈判中，双方通过优化设计来提升建设工程成果的功能或降低造价，从而增加项目的价值。

优化工作范围

如果某部分额外工作对业主的价值大于承包商的成本，则应该在工作范围内增加该部分工作内容。如果现有工作范围中的某部分工作对业主的价值小于承包商的成本，则应在工作范围内去除该部分工作内容。

交换利益

如果承包商的资金比较充裕，那么他可以用"延迟收款"换取"价格提高"；如果承包商的赶工能力比较强，那么他可以用"工期缩短"换取"价格提高"；如果客户的预算紧张，那么他可以用"范围缩小"换取"价格降低"；等等。

案例6-13

客户委托承包商负责境外某酒店的施工。因为客户的耽搁，项目工期延误1个月。如果该酒店延迟开业，那么这将严重影响运营收入。客户要求承包商赶工，承包商要求客户支付赶工费。最后双方协定，客户同意支付赶工成本3倍的金额作为赶工费，以高额的赶工费换工期，从而保证了酒店如期开业。

风险分担

通过在业主和承包商之间合理地分配风险可以增加项目的总

价值。

建设工程谈判实务要点

以工程施工项目为例，承包商在建设工程项目谈判中应注意以下要点：

- 了解项目环境，包括项目的自然环境、政治环境、经济环境、社会环境、法律环境。
- 了解客户的背景和以往的履约记录。
- 承包商在项目早期（客户的决策阶段）介入项目，甚至和客户一起谋划项目，将有利于承包商以良好的条件获取该项目。
- 清晰地定义项目的工作范围，清晰了解项目的内容、边界和要求。

案例6-14

中国某承包商和中东某政府客户就某房屋建筑项目进行谈判。客户要求在合同里规定房屋内的设备是"全球最好的"（best in the world）。中国谈判团队表示这个表述过于模糊，将来履约的时候不好掌握。客户表示，这一条必须坚持，因为这是该国国王的意见。

后来中国承包商被迫接受这一条款。在履约的时候因此发生了巨大争议，造成高额亏损，同时客户还很不满意。

- 在谈判前通过项目计划，明确己方在项目范围、工期、成本方面的"基线值"（baseline），在此基础上制定己方在范围、工期和价格方面的底线。在制订项目计划时，应研判风险，并预留适宜的风险预备。
- 换位思考，和客户坦诚沟通，探讨共创额外价值的机会。

- 提前研读提议的合同范本，并提前考虑好修订意见。
- 谈判团队应善于调动各方面的资源一起协作：公司内部各支持部门、外部专家、外部法律顾问、外部财务和税务顾问等。
- 谈判团队需要通晓各方面专业知识以及规则：项目管理、技术、法律、合同、财务、税务、工程造价、保险、保函、工期索赔、费用索赔、争端解决等。

以工程施工项目为例，客户在建设工程项目谈判中应注意以下要点：

- 了解自己的需求，清晰界定项目的工作范围和要求。
- 必要时可寻求外部专业顾问的支持，例如战略咨询顾问、技术咨询顾问、市场顾问、设计顾问、财务和税务顾问、造价咨询顾问、项目管理顾问。
- 选择合适的项目实施模式和合同范本。
- 编制自己的项目成本估算，以了解承包商的底线，并可以将其作为价格谈判的支撑数据。
- 邀请多家有能力的承包商参与报价，保证充分的竞争性。

租赁谈判

租赁是出租人在约定的期间将资产使用权让与承租人以获取租金的行为。

在租赁活动中，出租人首先投入资金购置可使用资产（租赁物），然后通过每期收取租金的方式来获得收益。承租人不需要投资购置资产来获得资产的所有权，而只需要每期缴纳租金来获得资产的使用权。所以，租赁可以减少承租人的资金占用和持有资产的风险。

租赁包括以下两种类型：

- 经营性租赁（operating lease）。出租人向承租人短期出租资产，出租人需要反复出租才可收回对租赁物的投资。
- 融资性租赁（financial lease）。由出租人向承租人选定的供货人购买承租人选定的资产，然后将该资产的使用权长期转让给承租人，并通过向承租人收取租金的方式，收回全部或大部分投资。出租人和承租人可以约定租赁期间届满租赁物的归属。融资性租赁的主要目的是为承租人融通资金。

在租赁中，出租人可以进行专业化、集约化的资产采购和保养维护，承租人不需要占用大额资金就可以灵活、便利地使用资产，有利于提高全社会经济运行的效率。互联网技术使得租赁活动变得更为简便，从而催生如今十分流行的共享经济，例如共享单车、共享办公、网约租车等。

租赁谈判中的利益

以房屋租赁为例，租赁谈判可能涉及以下利益维度：

- 租赁物的范围。
- 租赁期限。
- 价格。
- 支付方式。

- 免租期。
- 租金调整。
- 退租时恢复原状的要求。
- 押金。
- 费用承担（物业管理费、水电费、网络费、维修费等）。
- 免费车位。

租赁谈判中双方的底线

出租方的底线

出租方的底线取决于以下因素：

- 成本，包括资金成本和资产维护保养成本。只有出租人的收益大于出租人的成本，出租人才有利可图。对于房屋租赁来说，租金收益和预期的房屋升值收益之和应该大于出租人的成本。也就是说，房东的租金底线是房东的成本减去预期房屋升值的收益。
- 最佳替项。如果谈判失败，那么出租人将资产租给其他承租人所能获得的最高租金就是最佳替项。

理论上，出租方的底线是上述两项中的较高者。实际上，因为出租人的成本和预期房屋升值的收益均不便计算，所以出租方的底线一般取决于最佳替项。

承租人的底线

承租人的底线取决于以下因素：

- 价值，即承租人使用该资产所获得的效用。如果承租人使用该资产进行经营活动，则价值是租赁资产为承租人带来的边际收益。
- 最佳替项。如果谈判失败，那么承租人从其他出租人处租赁类似资产需付出的最低租金就是最佳替项。

理论上，承租人的底线是上述两项中的较低者。实际上，由于承租人租赁房屋获得的价值不便量化，所以承租人的底线一般取决于最佳替项。

租赁谈判中共创价值的机会

租赁谈判中，双方可以通过坦诚的沟通共同寻找"把饼做大"的机会，包括：

交换利益

例如，出租方可以用"更长租期"换取"更低租金"，用"每半年支付一次租金"换取"免费车位"，等等。

扩大合作范围

例如，出租方可以提供一些额外的配套设施，承租人可以利用其特有技能为出租方提供服务，双方建立信任后可以开展其他商业合作等。

长期合作

双方可以建立长期合作关系，从而降低交易成本，提升双方的价值。

租赁谈判要点

承租人在进行租赁谈判时应该注意以下要点：

- 明确自己的租赁需求。
- 了解出租人的背景、意图、需求。
- 了解市场行情，寻找、考察尽可能多的替代选项，从而在此基础上确定自己的底线和目标。
- 了解对方可能的替代选项，并在此基础上估计对方的底线。
- 双方先协商确认租赁条件，例如租期、支付方式、物业管理费承担等，最后再谈价格。

出租方在进行租赁谈判时应该注意以下要点：

- 了解市场行情，尽可能多地寻找潜在租户，从而在此基础上确定自己的底线和目标。
- 了解承租人的业务情况、租赁物使用意图和信用记录。
- 通过提问了解承租人的需求。
- 呈现租赁物的优势、亮点和价值。
- 了解承租人可能的替代选项，并在此基础上估计承租人的底线。
- 探讨把"饼"做大的机会。

聘用谈判

聘用是一种最为紧密的商业合作关系之一。一旦雇主决定聘用一位员工，双方将在未来几年、十几年，甚至更长的时间内深度合作。

优质的聘用协议需要通过谈判才能达成。但是聘用谈判和其他谈判不同。因为聘用谈判的双方在谈判之后一般会一起共事，因此保持良好的关系尤其重要。

聘用谈判中的利益

很多人误以为聘用谈判主要是谈薪酬，其实聘用谈判中涉及的利益维度很多，例如：

- 工作岗位。
- 工作内容和职责。
- 薪酬。
- 福利。
- 长期激励。
- 工作环境。
- 假期。
- 工作地点。
- 工作时间。
- 工作时间的灵活性。
- 工作地点的灵活性。
- 培训机会。
- 晋升机会。
- 海外轮岗机会。
- 医疗保险。
- 通勤补贴。
- 搬家补贴。

- 子女上学补贴。
- 聘用合同签字奖金。

在聘用谈判中，雇主的主要目标是：

- 及时招聘到合适的人员。
- 将人员的薪资待遇成功控制在预算范围内。
- 保证入职员工的积极性和稳定性。

在聘用谈判中，求职者的主要目标是：

- 获得符合自己特长和兴趣的工作岗位。
- 获得满意的薪酬待遇和工作环境。
- 获得良好的个人成长和事业发展机会。

聘用谈判中双方的底线

在聘用谈判中，双方可能在多个维度都有各自的底线，例如薪酬、绩效奖金、年假天数等。下文以薪酬为例讨论双方的底线。

雇主的底线主要取决于以下因素：

- 员工的价值，影响因素包括学历、工作经验、专业能力、人际沟通协作能力、学习能力、解决问题的能力、商业敏感度、未来对公司的预期贡献、类似人才的稀缺程度等。
- 公司的最佳替项，即其他候选人中最优秀的那位候选人。

求职者的薪酬底线主要取决于以下因素：

- 生活成本，例如房租、食品、子女抚养、子女教育、交通、通信、休闲、保险等。
- 最佳替项，即除了对方，求职者的其他潜在雇主中最优秀的那个雇主。当求职者没有替代项时，其底线会非常低。相对于未在职人员而言，在职人员多了一个替代项——"保持现状"，因此在聘用谈判中，在职人员比未在职人员的谈判地位更高。

聘用谈判中共创价值的机会

在聘用谈判中，双方可以通过以下方式创造额外价值：

- 优化工作职责。例如，有的求职者愿意承担更多的工作，以换取更高的薪酬；而有的求职者对薪酬没有很高的要求，但是希望减少一些工作以便有时间做一些自己的事情。
- 调整工作岗位。双方通过沟通，可能发现雇主有更适合求职者的其他工作岗位。通过对工作岗位的优化安排，双方都更满意。
- 培训机会。雇主提供适合员工的培训机会，可以增加双方共事的总价值。
- 灵活的工作时间或远程办公。对于某些类型的岗位，采用灵活工作时间或远程办公，可以为公司节省办公场地和费用，同时为员工带来价值。
- 绩效薪酬。对于某些类型的工作，将一部分薪酬与绩效挂钩，可以达到双赢的效果。
- 长期激励措施。对于高层管理人员，采用发放股份、期权等激励措施有利于创造新的价值。

聘用谈判实务要点

求职者在进行聘用谈判时应注意以下要点。

谈判分析和准备

- 了解人才市场行情。求职者可以和人力资源管理人员、猎头、同行、校友、同学、朋友等交流，广泛了解市场行情。
- 谈判前，求职者应深入了解公司的状况，包括发展历史、发展战略、行业地位、公司文化、空缺岗位、薪酬水平等。
- 发现尽可能多的替代项，求职者的替代项可能包括：来自其他公司的录用通知；自主创业；成为一名自由职业者；延长自己的求职期；保持现状（如果是在职人员）。
- 改进替代项，例如和现有雇主讨论调职加薪问题、和其他潜在雇主积极谈判等。
- 推算雇主的底线。
- 思考自己关注的和对方关注的利益维度，确定需要重点讨论的利益事项。
- 确定谈判目标。

谈判实施

- 清晰地呈现自己的以往工作经验和取得的业绩成果。
- 展示自己对行业、公司、岗位的了解，表现出对本岗位的热情，阐述自己将如何为公司创造价值。
- 提出具体、清晰的薪酬预期，以及客观依据，例如上一份工作的薪酬等。
- 提出薪酬期望时，可以给一个薪酬区间，让对方感受到求职者的灵活性，使得其更容易与对方心目中的薪酬区间产生交集。但是求职者应注意，当你给出一个期望薪酬区间的时候，对方关注的可能只是你提出的薪酬区间的最低值。

案例6-15

"我目前的年薪是21万元左右，我期望有一个合理的涨幅，比如20%~25%。当然，薪资对我来说不是唯一的考虑因素，我想加入贵公司主要是看好业务发展前景，而且贵公司提供的岗位和我过往的经历也比较匹配，我也非常希望未来能和新的团队一起成长。所以在薪资方面我们可以根据具体情况来商量。"

- 在讨论薪酬时，引入其他维度的利益，例如福利、培训、职业发展等。
- 建立和雇主人员之间的联结，赢得对方的信任。例如，校友关系、相近的专业背景、共同的兴趣爱好等都有助于建立信任。一旦聘用方对求职者产生好感，求职者的谈判力就呈指数级增长了。
- 观察对方的反应，适可而止，不应进行过长时间或过度的谈判。

雇主在入职谈判中应注意以下要点：

- 基于岗位、市场行情、在职员工的薪酬水平、公司的政策等因素，确定拟聘员工薪酬的区间。
- 通过提问、考查、确认求职者的经验、能力、动力，以及求职者与岗位的匹配度。
- 同时考查多名候选人，进行充分的比较，选择最佳、最合适的候选人。
- 介绍公司的发展历史和现状、愿景，以及公司可以给员工带来的价值。
- 解释公司的薪酬结构。
- 询问员工的薪酬预期,以及在其他利益维度方面的期望。
- 当求职者询问公司的薪酬预算时,雇主不应透露有关公司底线的任何信息,但是可以向求职者解释公司的聘用流程。
- 以开放的态度和员工讨论其他利益维度,例如培训机会、福利、激励计划等。

欠款催收谈判

商业活动中的欠款主要有以下两种情形:

- 客户拖欠应付给供应商或承包商的价款。
- 借款人拖欠应偿还融资人的债务。

产生欠款的原因可能包括:

- 客户还款能力不足,无力偿还债务。
- 客户对供应商不满意而不愿付款。
- 客户有能力还款,但是恶意拖欠。

解决欠款问题的最好办法是预防欠款。如果已经产生欠款,最好的解决办法就是谈判。在欠款催收谈判中,双方已经被捆绑在一起了,双方的替代选项都很少,因而谈判的难度较大。

欠款催收谈判中的利益

欠款催收谈判中涉及的利益维度可能包括：

- 还款金额。
- 还款时间。
- 供应商提供的后续服务。
- 双方的其他合作。

欠款催收谈判中双方的底线

在欠款催收谈判中，催款人的底线取决于选择替代选项时己方可以获得的补偿。催款人的主要替代选项就是启动争议解决程序（仲裁或起诉）。

欠款人的底线取决于自己的还款能力，以及对方采取替代选项（仲裁或起诉）时己方需要付出的代价。

欠款催收谈判中共创价值的机会

在欠款催收谈判中双方的对抗性比较强，但是仍然存在一些共创价值的机会，例如：

- 债转股。催款人和欠款人可以协商，将催款人持有的债权转换成股权，从而解决欠款人的现金流困难。
- 实物抵扣。欠款人用房屋、汽车、设备等资产来抵扣债务。
- 融资协助。催款人可以协助欠款人获得新的融资，从而获得偿还欠款的能力。

欠款催收谈判实务要点

提前预防欠款

- 签约前对客户信用进行评估。
- 签订完善的合同。
- 高质量履约,高质量文件管理。
- 提前发现恶意欠款信号。

欠款催收谈判的分析和准备

- 分析对方欠款的原因,评估对方的还款能力。
- 实时了解对方目前的状况。
- 搜集证据,包括合同、履约记录、来往信件和邮件、验收记录等。
- 考虑收款方案,例如分阶段收款、折扣收款、实物抵扣。
- 考虑针对对方的制约措施,例如停止供货/服务、向其上级投诉、向新闻媒体曝光、依据合同提交仲裁或提起诉讼。

欠款催收谈判的实施

- 催款人诚恳、积极、坚定地催收欠款。欠款人一旦有现金,一般会优先支付给非常执着、坚定的催款人。
- 通过相关方施加压力,例如相关政府部门、欠款人的上级单位等。
- 向欠款人提供激励。例如,如果及时付款,那么催款人将愿意组织团队追赶进度,及时交付客户项目。
- 制造僵局。在需要交付成果的关键节点之前,催款人可以告诉欠款人,如果不能按时付款,那么乙方将因资金紧张而无法按计划交付成果,从而形成一个对方无法容忍的僵局。
- 告知不合作的后果。例如,向对方表明,如果在某日期之前未收到款项,那么己方将到法院起诉,从而形成有可信度的"威胁"。当然,威胁将要起诉的目的是避免真正的起诉。

案例6-16

伟恩笛公司正在实施一个工程设计项目。项目经理迪克已经根据合同向客户提交付款申请两个月了,可是客户方没有任何动静,迪克口头或通过微信提醒客户方的项目经理时,对方总是含糊其词地搪塞。

在快到达初步设计图交付节点时,迪克约客户方的项目经理见面沟通。迪克告诉客户:"公司提交付款申请已经两个多月了,尚未收到款项。现在公司现金流出现困难,公司领导指示,如果在未来一周内还不能收到款项的话,那么我方将不得不根据合同第18条规定,暂停服务。我也不愿意出现这种情况,所以还请您多多理解支持。"

客户方的项目经理一看情况有些严重,承诺尽快查明原因,并协调内部各方。伟恩笛公司很快就收到了这笔应收款。

第七章

如何与不同的相关方谈判

在商业谈判中，我们可能面对不同类型的相关方。每一把锁都有一把打开它的钥匙。对于每一类人，也都有最有效的沟通方法。鬼谷子云："故愚者易蔽也，不肖者易惧也，贪者易诱也，是因事而裁之。"(《鬼谷子·谋篇》)

不同类型的相关方的谈判地位、需求、行为方式、沟通风格各不相同，我们需要采取有针对性的谈判方法。

本章讨论与不同类型的相关方谈判的方法，包括：

- 与强势的对手谈判。
- 与弱势的对手谈判。
- 与政府机构谈判。
- 与上司谈判。
- 与下属谈判。
- 跨部门谈判。
- 与朋友谈判。
- 跨国谈判。

如何与强势的对手谈判

强大的谈判对手具有以下特点：

- 在规模、能力、品牌等方面明显超过己方。
- 有较多的替代选项。
- 对己方的依赖度低。
- 态度强硬，拒绝让步。

谈判者在和强势的对手谈判时应该注意以下要点：

- 对方再强大，谈判者也要相信自己的价值。既然双方都坐到同一张谈判桌前，对方至少在一定程度上需要己方，或者说，己方至少在一定程度上可以为对方提供价值。
- 面对强大的谈判对手，谈判者需要清楚地了解自己的底线，并保护好自己的机密信息。谈判者如果了解自己的底线，清楚什么时候自己应该离席，就会更加自信。
- 面对强大的谈判对手，谈判者应该着力培育和强化自己的替代项，从而加强自己的底线。
- 面对强大的谈判对手，谈判者应该下功夫加强己方的独特性，从而甩开竞争对手，弱化对方的底线。
- 面对强大的谈判对手，谈判者不可拘谨、卑微，而应该靠特色、品质、专业度等赢得对方发自内心的尊重。只有与对方平等对话，才能赢得持久的、健康的合作关系。

案例7-1

伟恩笛公司收到某《财富》500强企业客户的邀请，就客户的商业地产投资项目的专业咨询服务提交建议书，报价385万元。一周后，客户邀请伟恩笛公司的资深项目经理文森进行合同谈判。

客户是一家实力强大的"航母级"企业集团。客户方的谈判团队包括采购经理、设计经理和商务助理。

文森很快和客户方的设计经理确认了工作范围、时间节点、交付成果、质量标准等相关技术事项。

然后双方进入谈判的重点——商务条款和价格的谈判。

文森早就听说客户方的商务团队十分强势。果然，客户方的采购经理直奔主题，眼睛直视着文森，说："本次招标共有四家优秀的咨询公司提交了建议书，在技术方面均符合我们的要求，报价也都很有竞争力。因为我们的上一个项目和贵公司合作得很愉快，所以本次希望优先考虑贵公司。但是贵公司的报价明显超出我们的预期。打开天窗说亮话，我们希望贵公司能把价格降低20%。如果贵公司同意，双方可在本周内签订合同；如果贵公司不同意，我们将考虑选择其他咨询公司。"

文森礼貌地表示需要向其领导请示一下，请求休会15分钟。

文森重新审视了自己的底线和对方的底线。伟恩笛公司的规模虽然无法和客户比，但是在专业领域，伟恩笛公司是很有特色的一家公司。另外，伟恩笛手头还有几个不错的项目机会，如果全力争取，中选的可能性很大，并且价格不会低于这个项目的报价水平。所以，伟恩笛公司的底线价格是比较高的。同时，文森也了解这次向客户提交建议书的另外三家同行目前的任务都比较饱和，它们的报价很可能比伟恩笛的报价更高。

另外，客户是一家资金实力雄厚的大公司，客户项目也是投资额达几十亿元的大项目，虽然客户方的商务团队在"斤斤计较"地砍价，其实客户内心更看重的应该还是服务的品质和服务的价值。

基于上述分析，文森温和而坚定地对客户方的采购经理说："我们十分理解客户对成本的关注，但是高价值的咨询成果需要有足够的资源投入。为了保证咨询成果的质量，我们只能象征性地降价1.5%。感谢您的理解。"

几天后，客户和伟恩笛公司以优惠2%的价格签订了咨询服务合同。因为项目预算比较充足，文森的团队交付的成果再一次超出了客户的预期，客户非常满意。

如何与弱势的对手谈判

当谈判者遇到实力弱小的谈判对手时，表面上看自己是强势的一方，其实面临更多风险。如果对方没有能力履约或破产，己方可能因此蒙受损失。

实力弱小的谈判对手具有以下特点：

- 规模比较小或能力比较弱。
- 替代项少，对己方的依赖度相对较高。
- 态度谦卑，迫切希望达成本次合作，愿意接受对自己不利的条件。

谈判者在和弱势对手谈判时应该注意以下要点：

- 给予对方应有的尊重，以平等的方式和对方谈判，不应威胁、逼迫对方。

- 事先了解对方的履约记录和履约能力。谈判者可以请第三方专业机构对对方进行背景调查，了解对方的财务能力、信用记录、诉讼记录等。
- 如果对方的履约能力不足，那么可以采取必要的合同措施减少己方风险，例如：如果对方是客户，可以要求对方提供定金、预付款，甚至要求客户提前支付全款；如果对方是供应商，可以要求对方提供担保、保函等。
- 谈判者不可利用自己的优势地位强逼对方接受不合理的价格或其他合同条件。对方应有合理的利润空间，对方承担的风险应在其承受范围内。否则，双方不可能达成持续的合作。
- 在和弱势的一方合作时，完善的合同尤其重要。签订完善的合同有利于减少己方的风险。
- 面对弱小的合作伙伴，谈判者应在履约阶段严格监控合同的履行。一旦发现问题，及时采取应对措施。

案例7-2

G集团（某世界知名的材料供应商）掌握了大型工程项目中常用的某种专用材料的专利权，从而垄断了这个细分领域的全球市场。

中国某隧道工程业主计划采购A等级的该种专用材料。G集团提交了A级材料的报价。在合同谈判阶段，业主发现该项目预算不足，要求改用价格更低、性能参数较低，但仍然符合使用要求的B级材料。但是，由于B级材料价格低，利润也低，G集团的销售人员以B级材料缺货为由拒绝将供应合同中的标的改为B级材料。在本次交易中处于弱势地位的业主被迫采购原来计划的A级专用材料。

供应商完成专用材料的交付后，因业主项目成本超预算，G集团始终无法收到交易的最后一笔款（数额约为合同额的30%）。

G集团为自己的强势行为付出了代价。

如何与政府机构谈判

政府是管理一个国家或地区的政治机构。政府通常会向社会提供教育、医疗、基础设施等公共品。同时，政府需要采购大量的产品和服务。

政府和政府工作人员拥有公共权力，但是同时受到制度的约束和民众的监督。政府工作人员的典型行为风格是稳重、规范、谨慎，重视程序，讲究礼仪，厌恶风险。

政府关注的利益

在和企业谈判时，政府一般关注以下维度的利益：

- 所在区域经济的增长。政府希望引进和当地发展战略相匹配的产业、技术、品牌和投资。
- 税收。政府希望增加近期或远期的税收收入。
- 就业。政府一般希望创造更多的就业岗位。
- 社会公益事业，例如减贫、公共健康、防灾等。
- 形象和业绩。良好的形象和业绩有利于政府机构获得民众的支持，有利于政府工作人员的升迁。
- 合规性。不合规的操作可能会给政府工作人员带来巨大的风险。

政府可以给予的利益

政府在和企业谈判时，在法律和政策允许的范围内，可能提供以下维度的利益：

- 快速行政审批。
- 企业税收优惠或减免。
- 企业高管个人所得税优惠。
- 购买住房的指标。
- 户口指标。
- 高管、员工子女上学便利。
- 土地出让金优惠或减免。
- 特许经营权，例如公路、污水处理厂、发电厂等的特许经营权。
- 提供配套基础设施，例如中国某地方政府为落户本市的国际著名主题公园提供总投资达数百亿元的交通、市政基础设施。
- 免费或以优惠价格提供厂房、办公室。
- 政府产业基金引导扶持（投资入股企业）。
- 采购企业的产品或服务。
- 政府为某些优先发展行业的企业提供资金补贴。

如何提升与政府谈判的效能

在和政府谈判时，谈判者应注意以下要点：

- 了解政府管辖区域的外部和内部形势、主要挑战、发展策略、方向和重点，关注政府当前的核心需要和诉求。
- 了解相关政府机构的组织架构、决策程序、办事规则。
- 了解政府方谈判者的职位和权限。

- 针对政府的需求，构建对政府有吸引力的解决方案，包括合作模式、项目内容、实施计划、社会效益等。
- 了解对方的替代选项（自己在本项目上的竞争对手），预估对方在核心利益维度上的底线。
- 培育自己的替代选项（可能开展合作的其他地方政府），并参照最佳替项确定自己在核心利益维度上的底线。
- 考虑更多的利益维度，例如可能的其他合作项目、政府能给予的资源、企业可以给予的支持等。
- 及时把政府方的承诺落实到合同中，防止"新官不理旧账"。如果政府方无法将承诺落实到书面合同中，则企业不应将其作为己方决策的依据。
- 考虑某些地方政府的实际财政承受能力，提前防范部分地方政府机构的信用风险。
- 为了使双方的合作"长治久安"，必须确保廉洁和合规。
- 了解政界礼仪规范，对政府工作人员给予充分的尊重。谈判者如果同时接触多位政府工作人员，那么应特别关注政府工作人员之间的内部分工与层级关系，避免引起其相互之间的冲突。

如何与上司谈判

在当今时代，团队中的下属不能仅仅满足于服从命令或执行指令，还需要通过与上司谈判来达成更高品质的"向上沟通"。

上司关注的利益

在职场中，一个组织或团队的领导者一般会关注以下维度的利益：

- 团队绩效，包括财务绩效、客户满意度、社会效益、品牌、无形资产等。
- 团队成长。
- 下属的尊重。
- 积极、和谐的团队氛围。
- 自己的职业发展。

上司可以给予的利益

一个组织和团队的领导者可以给予下属以下维度的利益：

- 完成工作所需的资源。
- 协调和支持。
- 辅导和建议。
- 职业发展机会、工作职责、职位。
- 薪酬和福利。
- 建设性的批评。
- 灵活的工作职责和工作时间。
- 良好的工作环境。
- 对下属的关心和爱护。
- 聆听下属。
- 帮助下属。

如何提升与上司谈判的效能

下属在和上级谈判时应该注意以下要点:

- 不要和领导在绩效目标方面讨价还价,但可以请求领导给予更多的资源,例如人手、资金等。
- 不要唯唯诺诺、唯命是从,而要善于以表述清晰、态度尊重的方式提出自己的反馈和诉求。
- 从领导的角度考虑问题,理解领导的目标,考虑领导的诉求,分担领导的负担,减少领导的担忧。
- 主动落实领导的要求,主动向领导汇报工作进展和下一步工作计划,必要时主动寻求领导的帮助,主动申请担当更重要的岗位。
- 为领导带来价值,帮助领导成功。

案例7-3

按照W公司的惯例,在每年的第四季度,每一位员工都需要和自己的直接上司讨论下一年的绩效目标,并达成共识。

销售总监路易斯的直接上司是销售副总裁罗杰。路易斯已经结合公司的目标,提出了自己的下一年绩效目标,其中最重要的一个目标是"新签合同金额2.0亿元。"

罗杰希望这个目标可以更高。他约路易斯面对面讨论。在一对一的会议上,路易斯首先汇报了自己今年到目前为止工作上取得的进展。他说:"自己今年到目前为止有200多天都在出差跑销售,努力再加上好运气,预计新签合同额也就1.7亿元左右。将明年的新签合同金额目标定为2.0亿元很具有挑战性。"

罗杰表示:"对于你今年所做出的努力和取得的进展,公司管理层十分认可。公司看好你的潜力,计划将你作为核心团队成员重点培养。为了确保公司完成明年的总体目标，希望将你明年的新签合同金额目标定为2.3亿元。"

路易斯说："感谢领导的认可和信心。对于领导提出的目标，我愿意努力尝试，但是需要公司给予支持。"

罗杰说："我们的目标是一致的。我的任务就是全力地支持你。"

路易斯说："希望领导能在以下四个方面帮助我：第一，今年我的部门申请招聘两名优秀的实习生帮助处理一些具体事务，希望元旦后尽快到位。第二，我的团队缺少技术型人才，我希望能请技术部派一位专家在准备大型项目的投标文件和向客户述标期间提供支持。第三，我的团队缺少系统学习的机会，希望明年能派几位骨干团队成员参加一次高水平的销售培训。第四，我最近发现了一个超大型项目的线索，正在策划一次和客户高层的对接，希望邀请您到时出席并致辞。"

罗杰表示："你的这些诉求都是正当的，我原则上同意。请你准备一个行动计划发给我，回头我和你定期跟进落实这些行动。"

这样路易斯和上司罗杰就下一年的绩效目标与支持措施顺利地达成共识。

如何与下属谈判

在一个组织中，领导者的职责是动员团队自愿地为实现共同的目标而努力奋斗。在当今时代，领导者不能简单地靠行使职权、发布指令来控制下属，而要通过辅导、赋能、协商、服务的方式来引领团队。所以，领导者需要懂得如何与下属谈判。

下属希望获得的利益

在职场上，下属可能希望获得以下维度的利益：

- 薪酬、福利。
- 工作内容和自己兴趣、特长的匹配度。
- 个人发展和成长机会。
- 团队氛围。
- 工作环境。
- 上司的认可。
- 他人的尊重。
- 工作自豪感和成就感。

当然，对于不同的群体而言，上述利益维度的优先级是不同的。例如，对于"60后""70后"而言，薪酬和福利待遇可能是最重要的；对于"80后"而言，个人发展和成长机会可能是最重要的；而对于"90后"和"00后"而言，工作内容与自己兴趣、特长的匹配度可能更重要。

下属可以贡献的利益

在职场上，下属可以为上级领导和公司贡献以下维度的利益：

- 取得优良的个人工作绩效。
- 为团队的结果出力。
- 积极和同事协同配合。
- 勤于学习，快速提升工作能力。

- 主动发现工作中的问题和风险。
- 持续改进工作方法。
- 利用自己的资源和优势,发现业务机会。
- 建立并加深与客户及其他相关方的良好关系。
- 向上司提出建设性的反馈。
- 减轻上司的压力和负担。
- 为上司分忧。
- 帮助上司成功。

如何提升与下属谈判的效能

上司在和下属谈判时,应该注意以下要点:

- 先倾听,了解下属的状况、需要和诉求。
- 多提开放式问题,启发下属自己提出解决方案。
- 鼓励下属接受有挑战性的工作目标,但是应给予下属资源等方面的必要支持。
- 知人善任,充分发挥下属的特长和优势。
- 信任下属,敢于授权。
- 以公平、公正的方式对待所有下属。
- 以适宜的方式激励下属。
- 以身作则,要求下属做到的,自己先做到。

案例7-4

伟恩笛公司正在积极推进国际化战略,计划在非洲的5个国家设子公司,并向每一个子公司选派一位优秀的员工担任国别经理,全权负责该公司在该国的市场开拓和项目交付。

经过筛选,公司考虑派遣项目经理戴夫常驻埃塞俄比亚担任国别经理。业务发展副总裁克里斯代表公司和戴夫讨论此事。

克里斯首先询问了戴夫的个人发展计划及执行情况。戴夫表示，自己在农村出生、长大，是读书改变了自己的命运，很庆幸加入了伟恩笛公司并成长为项目经理。戴夫计划再经过10年的奋斗，实现两个目标：成为公司中层以上的管理者；在公司所在的一线城市拥有一套完全属于自己（没有房贷）的住房。

克里斯表示："你的个人发展目标非常清晰可见且切实可行。如果你不怕艰苦的话，现在有一个机会可以帮你加快实现自己的目标。不知你是否有兴趣？"

戴夫表示自己很感兴趣。

克里斯说："公司将在埃塞俄比亚设立子公司，需要派遣一位优秀的员工常驻其首都亚的斯亚贝巴，担任国别经理。国别经理是一个特别有利于个人成长的关键岗位。未来公司新提拔的高层管理人员必须有担任国别经理的经历。"

"公司管理层认为你是合格人选。考虑到这个职位责任很大，条件艰苦，公司考虑了相应的待遇：年薪60万元人民币加绩效奖励；每年6张往返商务舱探亲机票，机票可供自己或家人使用；每年带薪休假60天，可以根据工作和个人的需要灵活安排；入选公司每年一期的'远航'核心管理人员培训项目。"

戴夫表示自己虽然有在非洲交付项目的经验，但对埃塞俄比亚不熟悉，有点信心不足。克里斯告诉戴夫，公司已经安排了一位常驻埃塞俄比亚多年的专家担任戴夫的副手，同时公司在当地还有一个合作多年的、可靠的合作伙伴，可以提供支持。

一周后，戴夫愉快地接受了公司的安排。

如何进行跨部门谈判

当组织的规模不断扩大的时候，部门之间、团队之间的沟通和协作的成本将越来越高，组织内部可能逐渐形成所谓的"部门墙"。

但是组织存在的意义就在于通过内部协作创造价值，所以其必须突破"部门墙"，实现跨部门的高效能合作。

任何协作都需要创造额外价值，实现双赢。组织内部的跨部门合作也不例外。相对于外部合作而言，内部合作的交易成本更低，所以内部合作应该比外部合作更有利于创造额外价值。组织内部合作的双方，应该通过高效能谈判，合理分配创造出来的额外价值，使跨部门合作的双方都获得"赢"的结果。

谈判者在进行跨部门谈判时，应注意以下要点：

- 平时和其他部门多交流互动，保持良好的关系，扩大内部"关系网络"。
- 平时多帮助对方，在"感情账户"上多充值。这样的话，当自己的部门需要帮助时，更容易获得对方的帮助。
- 强调共同的目标，可以这么说："我们都希望这样的错误能够避免，对吗？"
- 向对方表达体恤和理解，可以这么说："我能体会这样的错误让我们都很困扰！"
- 多给予对方肯定和推崇，可以这么说："你向来想法很多、很棒，你一定有解决方案。"
- 多向对方提出探索性问题，可以这么说："对于这样的问题，你认为该如何解决？"
- 和对方共创解决方案，可以这么说："我们一起来研究怎么解决这个问题。"
- 各方应主动承担自己应担负的职责,不推诿。
- 各方不要仅从自己部门的角度考虑问题,而是要站在更高层面考虑问题,要有全局观。

如何与朋友谈判

友情是人生的宝贵财富。朋友关系明显超过普通的人际关系,有的好朋友之间的亲近程度甚至超过了亲兄弟姐妹之情。无数实例表明,朋友之间不仅可以交流思想,还可以进行成功的商业合作。

如何与朋友谈判才能使友谊和利益兼得呢?

与朋友谈判的便利

相较于普通的商业谈判,和朋友谈判有不少便利,包括:

- 双方更看重长远关系,对短期的利益得失不会看得太重,因而更慷慨。
- 彼此比较了解对方的需求、偏好。
- 彼此信任,有利于降低交易成本。

与朋友谈判的挑战

但是,和朋友谈判也有不少特殊的挑战,例如:

- 担心"谈钱伤感情"。因为双方是朋友,所以两人不好意思大大方方地谈利益，不好意思清晰地表达自己的真实需求，比较乐于接受对方的提议，从而导致双方未能达成最优质的协议。
- 双方碍于朋友情面，甚至不好意思签订正式的合同，从而导致合作实施阶段发生争议。
- 在进行商业谈判时，双方未能把各自的身份暂时由"朋友"转换成"商业伙伴"，两种身份掺杂在一起，妨碍商业合作的正常进行。

如何提升与朋友谈判的效能

在和朋友进行商业谈判时，应该注意以下要点：

- 在和朋友进行商业谈判时，应提前就本次合作的原则达成一致，即在生活中，双方是朋友；在合作时，双方是合作伙伴。朋友之间讨论商业事项时，应该能做到由"朋友"到"合作伙伴"的角色自然转换。例如，可以对对方说："嘿，我现在要带上我的'商人'帽子啦。"
- 在商业合作中，朋友之间应该"亲兄弟，明算账"，事先签订完善的书面合同。
- 朋友之间的合作也要以"双赢"为基础。谈判者不可挥霍朋友之间的感情和信任，更不可"杀熟"。
- 朋友之间进行谈判时，虽然可以大方谈利益，但是不可斤斤计较自己的利益。朋友之间应该能在双赢的前提下，主动向对方让利，这样的话自己的朋友会越来越多。
- 普通的谈判达成双赢结果就是可以接受的；朋友之间的谈判需要适用更高的标准：除了双赢，还需要尽可能的公平。这样的话朋友间的友谊会不断加深。
- 谈判者如果担心一些敏感的商业合作可能伤害朋友关系，应该谨慎权衡与朋友合作的利弊。如果弊大于利,则应该放弃与朋友合作,而选择与其他伙伴合作。

案例7-5

乔伊是一位专栏作者,工作十分辛苦,但是工作时间相对自由。乔伊的一位朋友赵女士是一位资深的理疗按摩师,赵女士开了一家高端理疗按摩会所,离乔伊家不远。她们两人相识已有十余年,性格颇为相似,也很聊得来。

乔伊平时写作十分辛苦,如果不出差,会每周去赵女士的会所做一次理疗和按摩。赵女士对乔伊的身体状况非常了解,每次都会亲自为乔伊服务,使乔伊从身体到心灵都重新充满能量。

乔伊知道赵女士生意很忙,而她自己的时间十分灵活,就请赵女士在没有其他客人预约的时候电话通知她去做按摩,这既最大限度地利用了赵女士的时间,又不影响乔伊享受赵女士的服务。

乔伊在赵女士的店里预存了一笔服务费,并确保余额充足。但是赵女士坚持每次只收取正常收费标准的一半作为服务费。

乔伊和赵女士对彼此之间的合作均感到十分满意,朋友关系也不断加深。

如何进行跨国谈判

中国自改革开放以来,经历了两次大规模的跨国合作浪潮。第一次是20世纪80年代,大量外资企业和世界银行等国际金融机构纷纷进入中国,给国人带来了观念上的巨大冲击。第二次是21世纪初，大量中国企业走出国门，开拓海外市场。在可预见的未来，中国的国际化企业将越来越多。

在国际合作中，来自不同国家的企业可以通过优势互补创造额外价值。商业人士未来会有越来越多的机会进行跨国谈判。

跨国谈判的挑战

社会、经济环境的差异

不同国家的社会结构、经济运行机制等可能不同，这些因素将影响跨国合作和谈判。

制度、法律的差异

每个国家都有不同的法律和公共管理制度，例如：有些国家可能在产品质量和安全方面有严格的要求；有些国家可能对外国投资人有税收等方面的优惠政策；有些国家的政府机构可能存在效率低下且腐败严重等问题。这些法律和制度方面的差异增加了谈判的复杂性。

文化差异

文化植根于群体的历史和自然、社会环境。例如，中华文化的源头是以儒家为代表的诸子百家，长于探究人伦之道，一般而言，中国人性格内敛，表达含蓄，强调道德与和谐。而西方文化的源头是古希腊、古罗马文化，他们擅于探究自然之道。一般而言，西方人性格外向，表达直接，重视科学与规则。

21世纪初，我在麦吉尔大学读MBA的时候，同学的构成非常国际化，大家来自几十个国家或地区。不同国家的学生在课堂上的表现风格也迥然不同。近十多年来，我在大型跨国公司工作，有机会和来自不同国家的人共事。虽然我们不应固守对某国人的刻板印象,但是来自不同国家的人的确有一些不同的特点。例如,德国同事通常严谨、认真,北欧同事一般质朴、沉静,英国同事大多自信、幽默,而瑞士同事崇尚专业精神。

在进行跨国谈判时,如果没有文化差异方面的觉知,那么可能导致误解、误判,甚至冲突。

如何提升跨国谈判的效能

谈判者在进行跨国谈判时应注意以下要点:

- 提前了解对方的背景,包括对方所在国家的地理、历史、政治、社会、经济、文化、宗教、习俗和礼仪规范。
- 根据对方的背景和偏好,调整沟通方式。例如,在和德国人谈判时,表达应该清晰、精确,多说事实,慎开玩笑。
- 尊重对方的习俗、礼仪、宗教习惯。例如,谈判者学几句对方的母语,可以让对方感到亲切;遵循对方的礼仪规范,可以让对方感到被尊重。
- 采用清晰、简单、平易的语言,多用实例、事实、图表,少用俚语、缩写、成语,慎用比喻、讽刺、夸张等,以避免引起误解和歧义。
- 充分评估、预判国际合作相关的风险,例如政治风险、经济风险、自然风险、合同风险、财务风险、税务风险、人力资源风险等,并在谈判中尽量将风险的应对措施纳入合同条款。
- 充分了解和利用项目所在国的当地资源,获得当地的支持。例如,谈判者聘请当地法律顾问、业务开发顾问、财务和税务顾问,与当地合作伙伴合作等。
- 包容彼此的差异,并利用彼此的差异创造额外价值。来自不同国家的谈判者之间往往存在多方面的差异,这些差异给谈判带来了挑战，但也提供了创造价值的机会。双方应该着力研究、探讨双方之间的利益互换、优势互补、共创价值的机会。

案例7-6

有一位海外华人企业家带领一个小型考察团到中国内陆某地级市考察投资机会。

地方政府正在全力开展招商活动，对考察团非常重视，专门派一位官员负责接待。在考察团上午到达之后，接待组当天中午就安排了隆重的宴请，十多人一桌，点了24个菜，只吃了一小半，剩余全浪费了。晚上接待组又安排了豪华晚餐，并不断劝酒。接待组按照自己的习惯做法，希望用美味珍馐来表达对客人的热情欢迎，但是没有下功夫安排有实际内容的商务交流和考察活动。

海外华人企业家在国外生活了几十年，已经完全接受了西方的商业文化。在他看来，当地政府的做法不但铺张、浮夸、低效，而且是对自己极大的不尊重。他对接待组的好意安排不但不领情，而且十分反感，认为这个地方完全不适合自己的投资项目，第二天就匆忙离开了。

这次投资合作谈判还没来得及开始就以失败而告终。其主要原因是接待组不了解对方的文化习惯和需求，导致双方没有相互对话的共同基础。

| 第八章 |

如何化解谈判难题

在商业谈判中，谈判者需要考量敏感的利益点，需要面对复杂的人性，因此商业谈判充满了挑战和困难。谈判者必须直面并化解各种谈判难题，才能成为真正的谈判高手。

本章讨论如何化解各种谈判难题，包括：

- 如何吸引对方到谈判桌前？
- 如何驱离纠缠不休的谈判对手？
- 如何得体地拒绝对方？
- 如何进行高风险事项的谈判？
- 如何突破谈判僵局？

如何吸引对方到谈判桌前

有时，我方迫切需要和对方合作，而对方对谈判没有很大兴趣，其原因可能包括：

- 对方没有认识到谈判可能给自己带来的利益。
- 对方没有感受到不谈判可能给自己带来的损害或损失。

所以，当对方对谈判的态度不够积极时，谈判者可以使用以下两种方法将对方吸引到谈判桌前：

- 正向激励，即阐明合作将给对方带来的好处。
- 反向激励，即阐明在不合作的情况下，对方将遭受的损失。

案例 8-1

伟恩笛公司的市场总监凯文通过行业内朋友的介绍，认识了大型精细化工厂 H 公司的采购负责人马总。凯文希望向 H 公司销售伟恩笛公司的高性能空气净化系统。但是，H 公司目前正在使用伟恩笛公司的竞争对手 S 公司的类似系统，所以马总对采购伟恩笛公司的空气净化系统不感兴趣。

凯文终于争取到一个和客户见面沟通的机会。简短寒暄之后，凯文就开门见山地向客户提出一个问题："您想让 S 公司服务更好、价格更低吗？"

马总问："您有好的方法吗？"

凯文说："让我公司也参与进来，一个小项目就可以。"

马总也感觉到 S 公司在拿到 H 公司的几个大项目后，对马总的态度好像没有以前那么客气了，那他不妨给 S 公司施加一点压力。于是，马总给了伟恩笛公司一个小项目。凯文牢牢抓住机会，在项目交付质量方面明显超过了 S 公司，也超出了马总的预期。不久，伟恩笛公司又拿下了一个更大一点的项目，逐步建立了和 H 公司的稳定合作关系。

如何驱离纠缠不休的谈判对手

有时，谈判者没有兴趣和对方谈判，但是对方软磨硬泡、纠缠不休。这时，谈判者需要采用适当的方式将一部分谈判对手"驱离"谈判桌。

谈判者可以采用以下方法将不理想的谈判对手驱离谈判桌：

- 设置门槛，例如：客户可以在资质、业绩、公司规模等方面设置准入门槛，从而快速排除不合要求的候选供应商；招聘方可以设置学历、学校、专业、成绩等方面的准入门槛，从而快速筛选出比较优质的候选人。
- 提高成本。通过增加对方需要付出的成本，我们可以驱离某些特定的人群。例如，中国古代有在赈灾粮中掺沙子的做法。当发生饥荒时，赈灾粮一般是不够的，而来领取赈灾粮的人中可能有不是真正饥民的人。这时官员可以通过赈灾粮中掺入沙子来增加食用赈灾粮的"成本"，从而使那些并不真正需要赈灾粮的人选择放弃。
- 要求对方等待。例如，同事经常请你帮忙做一些他完全可以自己做的事，你可以说："不好意思，我本周实在太忙了。如果你能等的话，我下周可能有时间。"如果对方真的需要你帮忙做这件事，那么他会愿意等待；否则，他就会自己想办法把这件事做了。
- 提出条件。当对方向你反复提出一项诉求，而你不想同意时，你可以提出一个让对方无法接受的条件。这时对方很可能就知难而退了，参见案例2-17。

如何得体地拒绝对方

如何得体地拒绝对方的请求

孔子说:"君子成人之美,不成人之恶。"当别人请求我们提供帮助时,我们应该尽可能地提供力所能及的帮助。但是在某些情况下,我们应该选择拒绝。我们在拒绝对方的请求时,应该考虑对方的感受,采用适当的方式,以免伤害彼此之间的关系。

在什么情况下应拒绝对方的请求

当别人请求我们提供帮助时,在下列情形下,我们应该选择拒绝:

- 对方请求帮忙做的事违反原则、法律、规范或合同约定。
- 对方请求帮忙做的事超过己方的能力范围。
- 对方请求帮忙做的事是对方本应该自己完成的事。
- 对方请求帮忙做的事并不紧急,并且己方帮对方做的成本比对方自己做的成本还高,在这种情况下帮助对方是一场"负和游戏"。

如何得体地拒绝对方的请求

我们在拒绝对方的请求时应注意以下要点:

- 以直接、清晰、礼貌的口吻拒绝对方,不要让对方抱有不切实际的希望。
- 拒绝时应采用简短的语句。语句冗长啰唆,可能表示你很犹豫，从而让对方觉得还值得做进一步的努力。
- 当你决定拒绝对方时，应尽早给对方明确的反馈，越早越好。
- 在拒绝对方时，最好给对方一个理由。但是，当你有很多拒绝对方的理由时，只应给出一个最重要的理由。当你给出多个理由时，如果其中一个理由有漏洞或被质疑，那么这将会撼动拒绝的正当性。另外，解释太多，可能被解读为拒绝者内心不自信。
- 在拒绝对方的同时，为对方提供一个变通方案。

案例8-2

某行业协会邀约安迪参加一个科技成果评审会，并担任评审委员会副主任。安迪查看自己的日程安排后，发现那天正好要到外地出差。安迪只好告诉对方："我当天正好有出差任务，无法参加评审会了，实在是太遗憾了。不过，我的朋友周教授是一位担任这个角色的合适人选。如果您需要，那么我可以介绍您和周教授认识，二位直接沟通。"对方对此十分感激。

- 提供安慰性的补偿。

案例8-3

伟恩笛公司成功地向业主交付了一个大型项目。该项目团队计划于本周五一起聚餐，庆祝项目成功。项目经理文森提前邀请公司总裁安迪一起聚餐，并和项目团队交流一下。安迪查看了自己的日程之后，发现当天已经安排了重要活动。他对文森说："文森，我很希望能参加这个活动，但是很遗憾时间冲突了。不过，我可以为大家录一段视频，表达对项目团队的祝贺和感谢！"

- 当我们拒绝对方时，对方可能会表现出生气或懊恼，我们应对此表示理解，可以这么说："我理解你面临很大的压力。你是了解我的，如果我能帮的话我肯定会帮你。"

如何得体地拒绝对方的邀请

当对方邀请自己参加聚餐、聚会、观演、郊游等活动时，你如果因为时间冲突、个人因素或其他因素需要谢绝对方，那么应注意以下要点：

- 首先真诚感谢对方的邀请。
- 说明不能参加活动的原因，应尽可能地具体，但是切记不可杜撰不能参加的原因。
- 提议弥补性的活动。
- 态度应积极、热情。

案例8-4

一位熟人朋友黄总打电话邀请伟恩笛公司市场总监凯文在周五和几位行业内的专家朋友一起聚餐叙谈。凯文当天正好有外地客户来访，便对黄总说："非常感谢黄哥安排这次活动，您邀请的这几位朋友我也有一段时间没见了，很想一起好好聊聊。不巧的是，我有一个重要客户周五要过来谈一个项目，所以实在参加不了这次聚餐了。下周我邀请您和这几位专家到我朋友开的一家很正宗的湘菜馆小聚如何？"

如何得体地拒绝对方的提议

在商业谈判中，谈判者需要敢于且善于拒绝对方的提议，才能达成更优质的协议。具体来说，谈判者在下列情况下应该拒绝对方的提议：

- 对方第一次出价。
- 对方第一次还价。
- 对方提议的价格未达到己方的预期目标。
- 己方估计，对方提议的价格和对方的底线之间还有一段距离。
- 己方估计，成交价格或条件还有改善空间。
- 虽然对方的提议已经达到了己方的预期目标，但是如果己方立即同意成交，对方可能后悔出价太高（假设对方是买方），或者己方显得过于"迫切"。

谈判者在拒绝对方提议时应该注意以下要点：

- 语言干脆、果断，不可迟疑、躲闪。
- 注意自己的肢体语言。这是因为肢体语言可能"泄露"谈判者的真实想法。
- 可以在拒绝对方后，提议新的价格（还价）。
- 基于己方的判断，也可以接受对方提议的价格，但是要附加己方的条件。

在交易谈判中，如果己方的提议遭遇对方的拒绝，谈判者应该注意以下要点：

- 拒绝是谈判中的"常规动作"，谈判者应该冷静面对拒绝。
- 谈判者可以询问对方为什么拒绝己方的提议，以及对己方的提议有什么具体反馈。
- 谈判者可以询问对方有什么顾虑、困难，有哪些具体诉求。
- 请对方提议新的价格或合同条件。

如何进行高风险事项的谈判

在商业中,风险无处不在。我们应该辩证地看待风险:

- 风险有消极的一面,也有积极的一面。一方面,风险事件的发生会给目标带来危害;另一方面,对于懂得风险管理的公司来说,风险可以减少竞争,提高收益。
- 我们必须直面风险,不能过于恐惧风险;但是,我们更不能漠视风险,而是要系统地管理风险。
- 如果麻痹大意,风险是一只"真老虎";但是如果管理得当,风险就是一只"纸老虎"。

风险管理的四个基本步骤是:

- 风险识别。
- 风险评估。
- 风险应对。
- 风险监控。

在各种商业活动中,谈判者难免需要进行高风险事项的谈判。谈判中涉及的高风险事项往往是谈判中的棘手难题,但也是通过谈判创造价值的机会。

谈判者在进行高风险事项谈判时应该注意以下要点:

- 在谈判前,谈判者应进行充分的调查、分析,识别和评估与谈判议题相关的各种风险。

- 在谈判前，谈判者应对拟谈判的交易项目进行计划，并且在计划中考虑工期、成本、资源等方面的不确定性，考虑风险应对措施，并预留适宜的风险储备。
- 双方应在合同条款中纳入适宜的风险应对措施，以满足各方的风险管理要求，并增加双方的总价值，例如：

  - 风险减轻措施，包括支付预付款、设置银行监管账户、提前锁定材料供应价格等。
  - 风险转移措施，包括担保、保函、保险等。
  - 风险分担措施，包括对于政治风险、通货膨胀风险、自然灾害、意外事故、质量缺陷等风险的分担安排。双方在分配风险时，应该从全局出发，将风险分配给承担该项风险能力最强、管控该项风险成本最低的一方，但是对承担风险较多的一方应给予收益方面的适当补偿。

案例8-5

某企业（客户）将以BOT模式建设一座公路桥梁，该企业初步选定三家候选承包商，计划通过"竞争性谈判"的方式选择承包商。目前该企业正在和其中一家承包商谈判。

该承包商的谈判团队了解到，该桥梁位于山区，交通十分不便。桥梁施工所需的砂石等材料可能被当地某供应商垄断，在供应的可靠性和价格方面存在较大风险。

谈判团队来到桥址地区实地调研，并和该供应商见面商谈。该企业代表对供应商负责人表示："我们正在和业主就该桥梁的工程施工进行竞争性谈判。当地材料的成本是整个桥梁项目成本中的一个重要部分，如果当地材料成本不确定，那么我们在和业主谈判时需要预留较多的风险储备，这会降低我们在价格方面的竞争力。所以我公司希望现在就和您协商好当地材料的供应价格。这既有利于我公司在风险可控的前提下和客户顺利达成协议,也有利于减少您的风险。"

当地供应商负责人表示认同。该承包商和当地供应商签订了"带生效条件"的当地材料供应合同,合同协定了当地材料供应的价格和预计数量,但是该供应合同只在承包商和业主之间的承包合同生效后才生效。

通过提前锁定当地材料的供应价格,承包商比较有把握地确定了自己的底线,从而以相对合理的价格顺利和客户签订了工程施工合同。

- 双方可以签订对赌协议,也称"相机合同"(contingent contract),即在合同中约定,某一不确定性事件的发生将触发合同方的某项权利或义务生效。

案例8-6 [①]

1997年夏天,美国NBA篮球运动员丹尼斯·罗德曼(Dennis Rodman)的经纪人和芝加哥公牛队就下一个赛季的聘用合同进行谈判。罗德曼具有惊人的天赋,但是经常因在球场上的一些出格行为(例如与对手、裁判发生冲突)而遭禁赛处罚。在上一个赛季,在公牛队82场常规比赛中,罗德曼只参加了52场。

大量球迷和著名篮球明星迈克尔·乔丹(Michael Jordan)公开要求芝加哥公牛队在下一个赛季签下罗德曼。罗德曼知道自己明星效应的价值,索要1 000万美元的新赛季薪酬。但是由于罗德曼的行为不可预测,芝加哥公牛队不愿意出这么高的价。由于在薪资

---

① 雷顿编译. 敢签一份"不确定"合同吗? [J]. 经理人, 总68-69期.

方面双方的差距很大，谈判陷入僵局。

经过长时间的拉锯，公牛队与罗德曼签署了一份在NBA历史上最具创造性的"相机合同"：在赛季期间，罗德曼可以得到总额达1 050万美元的酬劳，但是其中只有450万美元是固定数额，其余的酬劳则是基于参赛情况发放的奖金。

这份相机合同事后被证明很管用。在这一赛季，罗德曼在总共82场常规赛中出场80次，得到了预期的薪酬。他的优异表现也使公牛队老板乐得合不拢嘴，因为芝加哥公牛队再一次蝉联了NBA总冠军。

案例8-7 [①]

蒙牛乳业集团成立于1999年。2003年，摩根士丹利（Morgan Stanley）等投资机构向蒙牛注资约3 500万美元。为了使预期的业绩增长目标能够实现，摩根士丹利等投资机构与蒙牛乳业签订了对赌协议，协议约定：2003—2006年，蒙牛的复合年增长率应不低于50%；若达不到50%，蒙牛原始股东需向摩根士丹利无偿转让6 000万~7 000万股的上市公司股份；如果达到目标，摩根士丹利等机构就要拿出自己持有的相应股份奖励给蒙牛管理层。

最终，蒙牛乳业业绩增长超过了预期目标，蒙牛乳业的股份奖励得以兑现。由于蒙牛乳业业绩快速增长，其股价大幅上升，摩根士丹利等投资机构也获得了高额的收益，而蒙牛乳业则既获得奖励的股份，又享受了股价上涨的收益，双方均实现了巨大收益。"蒙牛乳业对赌摩根士丹利"也成为经典的投资对赌案例。

[①] 吴子瑶.私募股权投资中对赌协议的法律风险——对中国十大典型PE对赌案例的分析[J].金融理论与探索，2017（6）.

- 双方可以利用不确定性创造价值。例如，利用双方对未来市场走势的不同看法，进行有价证券和公司控制权的交易。
- 聘请专业顾问，例如资产评估顾问、市场顾问、财务顾问、技术顾问、法律顾问、珠宝鉴定顾问、工程造价顾问等。专业顾问在特定领域的知识和经验可以帮助谈判者减少风险。

如何突破谈判僵局

当谈判双方分歧明显，而又无法取得新的进展时，谈判进入僵局。在僵局状态中，双方都拒绝让步，都试图以强硬的态度迫使对方让步，从而陷入强对抗性的"角力"状态。如果双方不能设法突破僵局，则谈判将以失败告终。

产生僵局的原因

产生僵局的原因可能包括：

- 谈判者专注于己方的利益，而忽略了对方的需求、利益或目标。
- 谈判者专注于价格，而忽略了其他维度的利益。
- 谈判者专注于索取价值（"分饼"），而忽略了创造价值（"做饼"）。
- 谈判者对双方底线的错误估计。
- 双方都不急于立即达成协议，而希望等待时机以达成更好的交易。

- 双方或其中一方有意制造僵局，以测试对方的底线，或给对方施加压力。

突破僵局的方法

谈判者可以采用以下方法突破僵局：

提振谈判信心

- 表达自己的感受，重申合作的诚意。
- 回顾总结谈判成果，鼓舞双方的信心。
- 强化双方的共同基础，例如共同的目标、共同的敌人、双方都希望回避的不利局面等。
- 考虑谈判破裂的后果。当都意识到谈判破裂可能导致重大损失或问题时，双方可能愿意做出让步。

推动谈判进程

- 暂时搁置争议事项，先讨论其他议题。
- 披露一些重要信息。一般来说，一方披露一些重要信息可以提升对方的兴奋水平，激活谈判的氛围，并释放善意。但是谈判者应慎重考虑披露哪些信息，披露信息过多可能对己方产生不利影响。同时，披露信息的速度要慢一些，使对方感受到该信息的珍贵。
- 在非关键事项上做一些让步，推进谈判。
- 设置最后期限，增强紧迫感。

创造新的方案

- 开展头脑风暴，收集新的解决方案。
- 重新"构造"合作模式，使合作为双方带来更多的利益。

第八章 如何化解谈判难题

- 换位思考。一个具体的方法是,请双方都问自己一个问题:假设自己站在对方的位置,那么如何应对眼前的僵局呢?

调整谈判过程

- 双方休息一下,重新获得能量。
- 调整谈判团队成员。谈判陷入僵局有时是因为己方的谈判团队成员与对方的成员个人之间出现沟通障碍。改变谈判团队成员,可能为谈判带来新的活力。
- 改变谈判地点。谈判环境可能影响谈判效果。例如,将谈判从正式的会议室转移到更舒适、宽松、随意的场所,可能会使谈判者感到更放松、自由,从而有利于激发新的思路。
- 双方暂时中止谈判,但是商定在一段时间后重新回到谈判桌前。
- 请双方的更高层人士出面谈判。
- 请双方认可的第三方(调解人)协助谈判。

第九章

商业谈判之"忌"

商业谈判是一个动态的、充满风险的过程。谈判过程中的一个错误或一个问题，可能使一场精心策划的谈判毁于一旦。谈判者应该了解谈判中的常见错误，避免"踩坑"。

本章讨论商业谈判的主要禁忌，即谈判者应该竭力避免的行为，包括：

- 谈判心态之"忌"。
- 谈判计划之"忌"。
- 谈判实施之"忌"。
- 谈判礼仪之"忌"。
- 合同订立之"忌"。

谈判心态之"忌"

怯于发起谈判

一旦遇到正和游戏机会，发起谈判是一件对对方、对自己都有利的事，否则很可能与创造价值的机会擦肩而过。所以，商业人士应克服自己畏难、羞怯的心态，勇敢地发起谈判。一旦尝到了谈判的甜头，你就会爱上谈判！

过于"渴求"

如果你表现得过于"渴望达成交易",那么对方可能会推测出你的底线很低,或者没有替代选项,从而借机提出强硬的、苛刻的要求,你将处于不利地位。

以自我为中心

谈判者如果以自我为中心,不考虑对方的感受和需求,那么将难以获得对方的认同和好感,并且难以和对方达成协议。

炫耀自己

谈判者不可专注于显示自己的优越感;相反,谈判者应该鼓励对方展示自己,引导对方多表达,并给予对方认可和尊重,让对方感觉良好。对方的积极情绪有利于谈判者实现自己的诉求。

争强好胜

谈判不是一场比赛。谈判者不应着眼于压倒对方、胜对方一筹。谈判的目标不是"己方比对方获得更多",而是"合作比没有合作更好"。

态度过于卑微

当处于弱势地位时,谈判者的态度不可拘谨、卑微。谈判不是乞求施舍,市场不相信眼泪。只有不卑不亢,以平等的态度对待对方,才能赢得对方的尊重和可持续的合作。同时,过于卑微的态度容易被对方解读为"没有实力"而受到对方的强势碾压。

态度傲慢

当处于强势地位时,谈判者不应以傲慢的态度对待对方。傲慢无礼的态度会使对方内心产生抗拒和反感，相当于增加了对方在情绪方面的"支出"。对方（假设对方是卖方）可能因此而索要更高的价格作为补偿。

主观武断

谈判者的认知可能存在盲点、局限或偏误，因此不可主观武断，而要多观察客观事实，多收集信息，多听取各方的见解，从而减少决策失误。

缺乏商业敏锐度

谈判者应善于敏锐地洞察行业和市场中的信号、先兆，见微知著，发现和捕捉可以创造价值的谈判机会。

只顾眼前利益

人与人之间的互动是一出"连续剧"，而不是"独幕剧"。谈判者需要兼顾当前利益和长远利益，并做好二者之间的平衡。

只考虑价格

商业谈判往往涉及多个维度的利益。其中价格是最引人注目的利益维度，但绝不是唯一的利益维度。如果谈判者自觉或不自觉地专注于价格这一个维度，这就容易使双方陷入对立状态，并且可能错失共创额外价值的良机。

假设"饼"是固定的

谈判者容易想当然地假设双方合作所创造的价值（"饼"）是固定的，谈判的任务是确定如何分配这张"饼"，从而自然而然地进入对抗性的分配式谈判模式。其实，谈判双方完全可以运用智慧合力把"饼"做大,也就是说,跨入更"高级"的共创式谈判模式。

假设对方的需求和自己的相同

人们常常假设别人的需求和偏好与自己的相同或类似。孔子说的"己所不欲,勿施于人"也是基于同样的假设。其实,我们的世界是丰富多样的。我的需求和对方的需求,有些是相同的,而有些是不同的。谈判者应该发现双方需求的差异,并利用双方需求的差异来创造新的价值。

把对方视为"敌人"

在历史上物资匮乏的年代,人们需要与他人竞争有限的资源,自然形成对他人防备的心态,很容易把对方视为竞争对手或"敌人"。在现代商业中,世界高度互联、互赖,人们共融、共生,虽然竞争仍然不可避免,但是在更多时候我们应把对方视为伙伴,而不是敌人。

谈判计划之"忌"

不了解自己的需求

谈判者应该清晰地了解自己希望通过谈判获得什么。谈判者需要了解自己多方面的需求,并根据其优先级进行排序,从而发现自己最重要的需求。

调查不足

信息对谈判的成功起着至关重要的作用。很多谈判者不重视谈判前的调查和信息收集，而指望在谈判现场"见机行事"，这往往使其陷入不利境地。商业谈判经常涉及外部环境、宏观政策、技术、市场、财务、法务等方面的专业事项，需要事先进行充分的调查，必要时需要聘请专业顾问进行调查并提交专门报告，真正做到"知己知彼"。

计划不足

商业谈判是一个典型的项目，完善的计划是项目成功的关键。当然，由于信息的不完备性和谈判中的不确定性，计划应该具有灵活性，计划的深度和颗粒度应该适宜。谈判者应该控制好"计划"和"行动"之间的平衡。没有计划的谈判是盲目的，而过度的计划是"纸上谈兵"。

准备不足

充分的准备可以为谈判的成功创造良好的条件，从而提升谈判的效能。心存侥幸、仓促上场是谈判的大忌。

未着力开发替代选项

优质的替代选项可以加强谈判者的底线和信心，如果没有替代选项，谈判者的底线就会很低。而如果对方知道谈判者没有替代选项，那么谈判者的处境将更为不利。所以，谈判者在启动谈判之前应该着力寻找、开发自己的替代选项，以提高自己的谈判地位。

不了解自己的底线

如果谈判者不了解自己的底线，那么后果可能非常可怕。在这种情况下，谈判者不知道什么时候应该离席，并且可能接受本应该拒绝的、对己方不利的条件。

谈判目标不明

一般情况下，谈判者应该事先确定自己的谈判目标，包括最低目标、预期目标和最高目标。谈判者如果不能正确地制定自己的谈判目标，就可能错过达成对己方有利的协议的机会。

没有意识到自己的真正实力

有时，谈判者没有意识到自己的真正实力，例如交易谈判中自己的不可替代的能力、自己有很多替代选项等，争议解决谈判中对自己有利的合同条款、对自己有利的证据等，从而可能错过达成对己方有利的协议的机会。

谈判团队配置不合理

谈判的一方应该根据需要组建一个合适的谈判团队。谈判团队应该包括一位有能力的主谈，以及拥有各类专业知识、配合良好的团队成员。

谈判团队内部分工不明

谈判团队内部应该分工明确，各司其职，同时配合默契。

谈判团队内部未达成一致意见

谈判团队应该事先就谈判目标、谈判策略、谈判方法、谈判风格等达成一致，防止在谈判现场出现成员之间相互矛盾和不一致的说法。

未提前研究相关材料

谈判团队应提前研究相关材料，例如客户的招标文件（或征求建议书邀请、报价邀请）、承包商或供应商的投标文件（或建议书、报价文件）、合同模板、设计图纸、技术规格书、相关技术标准等。

未了解对方的需求

谈判者应该尽可能地了解对方希望通过谈判获得什么。对方可能有多方面的需求，谈判者应对对方的需求按优先级进行排序，从而发现对方最重要的需求。

未了解对方的最佳替项和底线

谈判者应尽可能地了解对方的最佳替项（己方最强的竞争对手），并在此基础上估计对方的底线。

未考虑可能的利益维度

谈判者应考虑本次谈判所涉及的所有可能的利益维度，从而通过增加维度的方式来提高成交的可能性。

未考虑如何把"饼"做大

谈判者应该深度思考如何通过交换利益、增加维度、创造性思维等方式创造新的价值，把"饼"做大，从而达成对双方都更加有利的结果。

错误估计对方的实力

谈判者应该深入了解对方的情况，正确评估对方的实力。如果谈判者过高或过低估计对方的实力，那么这将导致己方接受不利的条件，或提出不切实际的要求。

未了解对方的决策机制

谈判者应该事先了解对方的组织架构、相关方、决策人、决策流程等。假设对方为客户，对方的相关方可能包括使用者、影响者、购买者、决策者等。

未了解对方人员是否获得充分授权

谈判者需要（事先或现场）了解对方的谈判人员是否获得充分的授权。如果对方的谈判人员没有获得充分的授权，那么谈判者应为对方的高层级人员预留一定的让步空间。

过于喜欢自己的最佳替项

谈判者应理性地看待自己的最佳替项。谈判者如果过于喜欢自己的最佳替项，那么可能对开展谈判激情不足，或轻易放弃谈判。

谈判实施之"忌"

未营造友好氛围

在开启谈判时，谈判者首先应花点时间积极营造安全、友好的氛围，释放善意，使双方以放松、积极的心情进入谈判状态。

草率报价或还价

谈判中的首次报价和首次还价极为重要。谈判者应该在收集信息、调查专题事项、分析谈判的基础上，根据对双方底线的估计和具体的谈判场景，谨慎地提交首次报价或首次还价。

急于求成

谈判者应该依步骤、有章法地推进谈判，不可急于求成。欲速则不达，过于性急不利于谈判者取得令人满意的结果。谈判者可通过沉默、休会等方式控制节奏，不应立即接受对方的要求、急切催促对方提供反馈、急忙推进谈判或急于完成谈判。

口若悬河

谈判者一定要"少说多听"。在谈判中倾听者可以从对方的谈话中获得信息，因而获益较多；而滔滔不绝的谈话者一直在输出信息，因而几乎没有获益。所以谈判者应该通过提问等方式鼓励对方多说，自己多听。

过度辩说

以辩论的方式来谈判是谈判者的大忌。商业谈判的双方一般都是富有经验的商业人士，任何一方都不会轻易被对方的辩说或论证所说服。谈判之所以取得成功，往往不是因为双方被对方"说服"，而是因为双方通过比较后"选择"了对方。

过度博弈

谈判的成功是以相互信任为基础的。如果谈判者在谈判中费尽心机或使用过多的招数为己方谋求利益，那么这将损害双方之间的信任，不利于谈判的成功。

过快接受对方的提议

谈判者如果过快接受对方的提议，就会显得己方底线不强，同时对方（假设是买方）可能会觉得自己出价太高而后悔。即便自己愿意接受对方的提议，谈判者也可以给对方提一个小要求或增加一个小的附加条件，这样对方感觉会更好。

让步过快

如果谈判者让步过快，那么对方会推测出己方底线不强，从而进一步强力施压。另外，对一方快速做出的让步，对方一般不会珍惜。

寸步不让

谈判者如果寸步不让，就可能给对方留下傲慢、强硬的印象，因而也是不可取的。所以，谈判者应在开价或还价时预留一定的让步空间，在谈判时宜根据情况做适当的让步。

锱铢必较

一个错误的做法是谈判者在蝇头小利上斤斤计较，而对重大的利益视而不见。谈判者应该"抓大放小"，着眼于重大的利益，着眼于全局利益，着眼于长远的利益。

否定对方

一些谈判者喜欢寻找并指出对方谈话中的错误或问题，以此削弱对方陈述的合理性，并显示自己"聪明"的一面。这不是一个明智的做法。每个人都不愿意被否定，都希望被认同。谈判者应该尽力发现对方谈话中的精彩和合理的部分，并加以肯定和认可。这更能营造良好的谈判氛围，加强双方之间的好感。

指责对方

谈判中，当对对方的行为或提议感到不满时，我们不要抱怨或指责对方，而要提出建议或诉求。空洞的抱怨或指责除了情绪宣泄，没有太多建设性的价值，并且容易把谈判变成争吵。

强人所难

谈判者不应该强人所难，也就是说，不应该强迫对方接受超过对方能力或突破对方底线的要求。谈判者一定要设身处地地为对方着想，考虑对方的困难和感受。谈判者强人所难，不但使对方反感，而且显然是不可能取得成功的。

钻牛角尖

商业谈判往往涉及很多事项和利益维度，谈判者在谈判过程中不应该盯住一个事项不放。当在某一事项上存在分歧，暂时无法达成一致时，双方可以先把这个事项放在一边，先讨论其他事项，最后双方再来集中讨论未决事项。

固执僵化

商业谈判中，谈判者不能固守某一个立场或某一个方案，而是在必要的时候考虑进行一定的变通或调整，允许一定的灵活性。谈判者更应该关注的是自己的立场背后的真正利益。

欺骗或误导

谈判者绝不可欺骗或误导对方。欺骗或误导行为会损毁谈判者的个人声誉和双方之间的关系。很多国家的法律规定，合同谈判中如有欺骗或误导行为，所签订的合同可以被认定为无效。

人格评判

谈判者不应对对方的人格进行评判。人格评判会妨碍谈判者客观地看待对方，不利于有效地和对方进行谈判。

忘记自己的谈判目标

谈判者有时可能被谈判现场的强烈情绪所左右，陷入立场或观点的争执，而忘记自己在谈判中的真正利益和目标。这是谈判者应该避免的。

假设对方不会改变立场

谈判者不应该假设对方不会改变立场。根据谈判模型，对方的立场和对方的底线之间一般存在一定的距离，也就是说，对方一般有一定的让步空间，换句话说，对方的立场一般是可以改变的。

假设对方说的全是真的

谈判者也不应该假设对方说的全部是真的。对于对方所言，谈判者需要加以思考和甄别，否则容易上当。

企图榨取所有的利益

谈判者不应该企图榨取交易中创造出的所有利益，而是应该让对方也获得其中一部分利益，这有利于建立并加深双方的关系。

不给对方出路

商业谈判中，谈判者应该给对方留一条可行的出路。如果谈判者把对方逼到墙角，使其无路可走，那么对方唯一能做的就是拼死搏斗。

谈判礼仪之"忌"

不注意个人形象

在商业谈判中，谈判者的衣着形象、仪态、举止应符合身份和场景，以体现对对方的尊重和对谈判的重视。

接待纰漏

接待方应特别注意接待过程中的细节，防止出现瑕疵和纰漏，例如接机迟到、会议室座位次序错误、姓名错误等。

谈论禁忌话题

谈判者应避免谈论政治、宗教、种族、年龄、收入、疾病等可能引起争议或不快的话题。

不善聆听

谈判者在聆听对方讲话时应热情、专注，并给予对方适当的反馈，而不能漫不经心、面无表情。

打断对方

谈判者应尽量避免在对方讲话时打断对方。确实需要打断对方时，谈判者应该先举手示意，然后口头说明打断对方的原因，再开始说自己要说的内容。

违背宗教、文化习惯

谈判者应事先了解对方的宗教信仰、文化习惯等方面的信息，防止触犯对方在宗教、文化、习俗等方面的禁忌。

离席时行为不当

谈判者在结束谈判、离开谈判场地时，应该将桌面收拾干净，将座椅复位，然后迅速离场。

合同订立之"忌"

轻视合同

商业谈判的直接成果是双方签署的商业合同。谈判者应该理解商业合同的重要性,高度重视合同的签订和履行。完善的合同是双方成功合作的基石,糟糕的合同是双方合作的风险之源,失败的履约是双方合作的灾难。

畏惧合同谈判

一些谈判者担心严谨、认真的缔约谈判会影响双方之间的关系。其实,在缔约阶段严谨、认真的谈判不会影响关系,反而会增加双方之间的信任。缔约之后的违约才是双方关系的"杀手"。

草率缔约

一些谈判者因为急于完成谈判,与对方签订有缺陷的合同,而寄希望于履约过程中遇到问题时再商量,这是十分危险的做法。签约前是双方谈判的最好时机;签约之后,双方被绑定在一起,双方都没有了替代选项,谈判的难度会大大增加。

未签约,先开工

"未签约,先开工"是对双方都不利的做法,是被很多公司明令禁止的行为。在未完成签约的情况下开始工作,显著增加了双方的风险,并且大大增加了顺利完成谈判的难度。

第十章

商业谈判之"力"

要想在商业谈判中取得满意的结果，谈判者需要拥有各种克服困难、排除障碍、实现目标的"力量"，我将其合称为商业谈判之"力"。

本章讨论以下五种商业谈判之"力"：

- 商业谈判中的硬实力。
- 商业谈判中的情绪力。
- 商业谈判中的认知力。
- 商业谈判中的影响力。
- 商业谈判中的关系力。

商业谈判中的硬实力

何为硬实力

修昔底德在《伯罗奔尼撒战争史》中记录了雅典人在试图说服米洛斯人臣服时所说的一段话：

"当今世界的通行规则是，公正的基础是双方实力均衡；同时我们也知道，强者可以做他能够做的一切，而弱者只能忍受他必须忍受的一切。"[1]

这段话广为流传,被很多人认为道出了有史以来国际政治关系中的一个残酷而冰冷的现实:实力即地位,弱国无外交。

在商业活动中,市场主体之间的互动逻辑显然不同于国际政治关系,但是在商业合作和谈判中,"硬实力"同样是决定自己的谈判地位和效能的极为重要的客观基础。

商业谈判中的"硬实力",是指谈判者所拥有的实质性能力,它可以决定或影响谈判双方的底线和成交区间。

具体来说,商业谈判中的硬实力包括以下四个方面的能力:

- "给予"的能力,即通过自己的技术、经验或资源为对方提供独特价值的能力。
- "惩罚"的能力,即通过行使某种力量使对方受到惩罚的能力。
- "竞争"的能力,即超越同行,成为对方的优先选项的能力。
- "选择"的能力,即不依赖对方、选择其他替代选项的能力。

当谈判者拥有强大的硬实力的时候,谈判会变得轻松而简单。

商业谈判中硬实力的来源

商业谈判中,谈判者的硬实力主要来自以下方面:

- 卓越的产品或服务,即谈判者拥有具有差异化功能、优良的性能和客户体验的产品或服务。
- 优越的市场地位,包括谈判者拥有的品牌影响力、市场份额、

---

[1] [古希腊] 修昔底德. 伯罗奔尼撒战争史. 徐松岩译注. 上海:上海人民出版社,2017.

供需关系等。例如,商业综合体中的主力店由于其规模大、知名度高,可以吸引大量客流,在店面租赁谈判中拥有优越的地位,一般不仅可以免交租金,还可以获得不少装修补贴。
- 强大的核心能力,包括谈判者的核心技术、管理体系、客户关系等。

案例10-1 [1]

苹果公司的商业成功得益于其代工合作伙伴的大规模、高效率生产。富士康公司是苹果公司的一个重要的委托加工合作伙伴,在高峰时拥有一百多万名员工。在苹果公司和富士康公司的合作中,双方的力量严重不平衡,苹果公司凭借其在品牌、技术等方面的硬实力,在定价、交付时间等方面拥有控制权。2012年,富士康公司的营业利润率只有1.5%,而同年苹果公司的营业利润率高达39.3%。

在富士康公司和其员工的关系中,员工处于弱势地位。于是富士康公司把压力转嫁给员工,迫使员工承受过大的工作压力和过长的工作时间。

- 核心资源,包括谈判者的资金、人力资源、社会资源等核心资源。
- 替代选项。谈判者如果拥有较多的、较优的替代选项,就拥有"选择"的能力,就拥有更高的谈判地位。

---

[1] Jenny Chan, et al. *The Politics of Global Production: Apple, Foxconn and China's New Working Class*[J]. Asia-Pacific Journal, August 2013.

第十章 商业谈判之"力"

案例 10-2

隧道掘进机（Tunnel Boring Machine，TBM）是一种高度自动化、智能化的隧道施工重大技术装备（在我国，习惯上将用于软土地层的隧道掘进机称为"盾构机"）。隧道掘进机的制造工艺复杂，技术附加值高，造价高昂，长期以来，国际上只有德国、美国、日本、法国、加拿大等少数国家的企业具有能力生产。1997年，中国修建秦岭隧道，采用隧道掘进机施工。中国承包商的可选供应商很少，议价能力弱，最后决定购买德国维尔特公司制造的岩石掘进机（全长256米，重约1 750吨），价格高达每台3.5亿元。

21世纪初，中国开始自主研发隧道掘进机。依托中国巨大的市场和快速提升的装备制造能力，经过二十年的发展，中国成为世界第一大掘进机生产国。中国生产的掘进机不但在中国市场替代了国际品牌，而且远销海外。

中国掘进机产业的崛起，重塑了全球隧道掘进机的供需格局。承包商有了更多的选择，而制造商之间的竞争使掘进机的价格不断下降。目前普通的掘进机的价格为每台大约3 000万元，仅为20世纪末进口隧道掘进机价格的十分之一。

谈判者如何提升自己的硬实力

强大的硬实力是每一个谈判者所渴求的，但是硬实力的打造和提升绝非易事。谈判者可以通过以下三种方式提升自己的硬实力：

- 通过长期的、有策略性的艰苦努力，日积月累，提升自己的基础实力。

案例 10-3

英特尔公司原来的主要业务是存储芯片。20世纪70年代初期，英特尔几乎享有90%的市场占有率。但进入80年代，日本公司凭借后发优势，以超大的投入和惊人的高效，迅速地吞噬存储芯片的市场份额，这使得英特尔公司的市场占有率很快跌落到20%以下。

1985年，英特尔公司CEO安德鲁·格鲁夫（Andrew Grove）力排众议，果断决定放弃公司赖以发家的存储器产品，转而进军全新的微处理器市场。作为"存储器之王"的英特尔公司随风而逝，而一个崭新的、更为强大的微处理器帝国诞生了。到1992年，英特尔公司在微处理器方面的巨大成功使它成为世界上最大的半导体公司。

- 通过并购、投资、招聘等方式，较快地建立自己的硬实力。
- 在一定的条件下，谈判者可以通过充分挖掘现有资源的潜力，或通过有预见性的安排，快速增强自己的硬实力，例如：

  ○ 谈判者可以通过发现更多的替代选项来增强自己在缔约谈判中的硬实力。
  ○ 商业人士可以通过在合同中增设某些合同条款来增强自己在变更、索赔、结算、收款谈判中的硬实力。
  ○ 商业人士在履约过程中注意及时收集、整理书面证据，可以增强己方在变更、索赔、结算、收款谈判中的硬实力。
  ○ 银行可以在贷款合同中要求贷款人提供抵押物，从而增强自己在收款时的硬实力。

商业谈判中的情绪力

"任性"的情绪

情绪是一种驱使我们采取行动的强烈冲动。典型的情绪包括快乐、悲伤、愤怒、恐惧、惊讶等。

情绪是动机的源泉之一。它能激励人的行动，提高人的行动效率。适度的情绪兴奋，可以使身心处于最佳状态，推动个人有效地完成任务。

没有七情六欲、喜怒哀乐，人生将变得如同一张白纸，毫无意义。此外，如果没有情绪，人将因失去动力而无法生存。

情绪的一个重要特征是"迅猛而草率"。情绪源于人类进化过程中应对外部危险的"应急机制"，情绪发动的速度很快，以利于动员身体迅速对外界变化做出反应。强烈的情绪需要耗费巨大的能量，所以不能长时间维持，一般消退得也很快。所以管理情绪的一个基本方法是当意识到情绪升温时撤离引发情绪的"火源"，然后"滚烫"的情绪就会迅速冷静下来。

情绪对谈判的影响

由于谈判涉及高利益和高风险，所以在谈判中，谈判者时常会产生比较强烈的情绪。情绪会影响谈判者的行为和谈判的结果。

积极的情绪可以增强谈判者之间的信任，减少敌意，使双方更愿意做出让步，使谈判更具有灵活性，从而有利于达成协议和加深关系。

而强烈的负面情绪（例如焦虑、恐惧、沮丧等）可能成为达成优质协议的障碍，这是由于：

- 强烈的负面情绪使人的思考能力骤降。强烈的情绪来临时，全身血液冲向四肢，使人做好"逃跑"或"战斗"的准备，大脑严重缺血，思考能力急剧减弱。
- 强烈的负面情绪可能使谈判者的注意力集中在引发该情绪的局部事项上，而丧失全局视野。
- 强烈的负面情绪可能使谈判者的目标从达成协议转向攻击对方。

在商业谈判中，谈判者需要营造积极情绪，有效应对消极情绪，减少情绪对谈判的不利影响，利用情绪提升谈判的效能。

情绪力是指谈判者在谈判中觉知、理解、分析、管控情绪的能力。谈判者的情绪力包括以下五个方面的能力：

- 认识自己情绪的能力。
- 管控自己情绪的能力。
- 自我激励的能力。
- 对他人的耐心。谈判者需要有忍耐和包容他人的能力。
- 对他人的同理心（又称共情、移情）。同理心，是指设想自己处于他人的地位，并试图体会他人感受的能力。

如何提升谈判中的情绪力

如何营造积极情绪

谈判者自己和对方都有积极情绪，可以大大提升合作的意愿。谈判者可通过以下方式营造积极的情绪：

- 袒露自己。适度袒露自己有利于建立安全感、赢得信任。
- 认同对方，例如认同对方的观点和情绪、肯定对方所做的努力和取得的成绩、认可对方的能力等。
- 建立联结。真诚关心对方，寻找双方的共同点、相似点，强调共同的利益，使用共同的语言。
- 尊重对方的自主权。谈判者在做出决定前先征求对方的意见，给对方多项选择，不把自己的决定强加给对方。
- 尊重对方在行业、组织、团队中的角色和地位。
- 双方共同面对客观的困难，而不是相互针对对方。

如何应对自己的消极情绪

当意识到自己有消极情绪的时候，谈判者可以采取以下应对措施：

- 识别触发自己消极情绪的事件，并重新审视和解读该事件。
- 缓慢地从10倒数到1。
- 深呼吸。
- 暂停谈判。
- 找一个理由离开现场，例如去卫生间或打一个电话。
- 恰当地表达情绪。情绪可以为谈判者和对方提供很多信息。恰当地表达情绪有利于谈判的推进，而不当的情绪表达可能破坏谈判过程。谈判者在表达情绪时，应该仔细地描述情绪，不要评判或指责对方。

如何应对对方的消极情绪

当对方出现消极情绪（例如愤怒）时，谈判者可采取以下应对措施：

- 评估对方产生消极情绪的原因。

- 对对方的情绪表示理解，并对双方当下遭遇的困难表示遗憾或歉意，可以这么说："你看起来对我们还没有达成协议感到很沮丧。你为这个合同投入了这么多的时间和心血，我能理解你现在的感受。对于目前这个局面，我也感到很遗憾。"
- 保持冷静，不要和对方争执。对方可能希望通过表现强烈的消极情绪引发你的回应，使你愤怒或失态。这时不要让对方达到其目的，谈判者应该保持冷静，安静地和对方保持目光接触，如同什么也没有发生。对方看到其招数没有奏效，就会停止其"表演"。
- 询问对方或提出建议，可以这么说："你看起来非常生气，能告诉我是为什么吗？"或者"现在的氛围好像有一点'过热'，我们暂停讨论，休息一下，行吗？"这个方法可以给双方一个机会冷静下来，重新聚焦于正常的谈判议题。
- 有时沉默是最好的选择。当对方处于强烈的情绪之中，有时已经无法进行正常对话，这时谈判者可以保持沉默，等待合适的时机（当对方愿意聆听时）来临时再开口说话。
- 不可"以怒制怒"。如果对方使用突破底线的侮辱性语言，那么谈判者不要用同样的语言回应对方，应该清晰地要求对方停止其行为，可以这么说："请不要使用这种沟通方式。"
- 暂停谈判，可以这么说："我们都需要冷静一下。我建议今天先谈到这里，等合适的时候我们再谈。"
- 不受外物干扰，牢记谈判目标。对方的行为非己方所能掌控，己方能做的是专注于自己的谈判目标。无论对方如何行事，谈判者都应该尽全力实现期望的谈判结果。
- 积极倾听对方。有些人变得暴戾是因为他们觉得没有人理解自己、没有人尊重自己，于是提高音量，试图引起他人关注。如果谈判者试图从对方的视角看，提出探寻性问题，真诚了解对方的诉求，那么这将有助于软化对方的态度。
- 清晰、坚定而自信地陈述自己的想法，展示自己的内在力量，而不应该迟疑、躲闪。软弱会使对方得寸进尺。
- 在可接受的范围内做些让步，给对方面子。

案例10-4

伟恩笛公司项目管理总监格伦召集手下的几位员工讨论正在进行的项目的进展。项目经理戴夫和另外4位项目经理参加会议。这时戴夫刚刚收到其手下的两名重点培养的"90后"员工的离职申请，情绪十分低落。

格伦在讲话的时候，戴夫心神不宁地看了一下手机。格伦平时特别重视会议中的礼仪和规则。他立即严肃地告诉戴夫不要在会议中查看手机。

这时戴夫突然发飙。他突然站了起来，眼睛瞪着格伦喊道："我看一下手机天会塌下来吗？你说的话就是圣旨吗？"然后转身离开了会议室。会议室里的其他人面面相觑，目瞪口呆。

戴夫很快就冷静下来，他对自己刚才的行为感到莫名其妙。他十分后悔，赶紧给格伦发了一则道歉短信。

商业谈判中的认知力

人类的认知力是十分有限的。苏格拉底说："我知道我什么也不知道。"

在商业谈判中，谈判者的决策依据是其"认知的"现实，而不是"真实的"现实。例如，谈判者决策时所依据的底线和成交区间，是谈判者"认知的"底线和成交区间，而不一定是"真实的"底线和成交区间。因此，谈判者认知错误将导致谈判中决策失误，谈判者需要提升自己的认知力。

谈判中认知力的不足主要有以下三种表现形式：

- 认知盲区。
- 认知局限。
- 认知偏误。

谈判中的认知盲区

在商业谈判中，谈判者可能完全无视某些事物或事物的某些方面，并且自己还没有意识到自己的无视（"不知道自己不知道"）。这种认知盲区可能导致谈判者出现重大错误或损失。

商业谈判中的认知盲区可能包括：

- 谈判者认识不到事物的价值。
- 谈判者认识不到事物的机会。
- 谈判者认识不到事物的风险。
- 谈判者认识不到事物的代价。

案例10-5

在案例2-20中，某中国公司投标欧洲某国的工程项目。业主在招标文件中明确以下合同条款：

- 合同语言为当地语言。
- 无预付款。
- 固定总价，不允许任何变更。

- 违约金无上限。
- 材料价格上涨的风险全部由承包商承担。
- 争议解决方式为在当地法院起诉。

这些苛刻的合同条款中的每一条都是一个深不可测的"陷阱"。可是该中国承包商的决策者对这些风险视而不见,铤而走险,以超低的价格、苛刻的条件签订合同,最终导致项目惨败。

谈判中的认知局限

有时,谈判者虽然对事物有一定程度的认知,但是对事物的认知存在局限。这也会导致谈判的决策风险。例如:

- 谈判者只看到眼前利益,而没有看到长远利益。
- 谈判者只看到自己的利益,而没有看到对方的利益。
- 谈判者只看到局部利益,而没有看到总体利益。
- 谈判者只看到先后顺序,而没有看到因果关系。
- 谈判者只看到表象,而没有看到表象背后的实质。
- 谈判者只看到立场,而没有看到立场背后的利益。
- 谈判者只看到观点,而没有看到观点背后的情绪。
- 谈判者只看到行为,而没有看到行为背后的动机。

案例10-6

伟恩笛公司项目经理莫磊到东南亚某著名旅游城市出差。一天晚上,莫磊有些空闲时间,他想到城市商业区转转,买点东西。他在宾馆门口搭乘一辆出租车,请司机把他送到他事先在手机地图上选定的某地标场所。

莫磊上了出租车之后,发现司机可以说流利的英语,就和司机攀谈起来。司机主动向莫磊介绍当地的情况,特别是一些有特色的购物和消费场所。司机的介绍很生动、形象,把一些场所描述得十分有吸引力。莫磊庆幸自己遇到了一位热情并且有文化的司机。他随即改变了计划,请司机直接送他到司机刚才提到的一个购物场所。但是他很快发现,这个地方似乎没有司机描述得那么好。

后来当地的朋友告诉莫磊,这些出租车司机都有自己的"关系商户",司机每带一位顾客到商户,都会从商户处获得"介绍费"。莫磊没有意识到出租车司机"热情的介绍"背后的动机,轻易地相信了司机的话。

谈判中的认知偏误

认知偏误(cognitive bias)是指由于自身或环境的原因,我们的认知和现实之间存在偏差的现象。谈判中常见的认知偏误包括:

- 锚定效应(anchoring effect)。我们在做决定时非常依赖第一眼看到的信息。我们把首先看到的信息对认知的影响称为锚定效应。谈判者的第一次出价往往会产生强烈的锚定效应。

- 框架效应(framing effect)。对于同一个事物,我们采用不用的方式来观察和描述它,会导致我们对它产生不同的判断。我们把特定的观察、描述、解读事物的方式对认知的影响称为框架效应。

- 对比效应(contrast effect)。当我们把两个不同的事物摆在一起时,我们感知到两者的差异比看上去的差异大。我们把两个事物之间的对比对人的认知的影响称为"对比效应"。例如,餐馆的葡萄酒单上常常有几款价格特别高的葡萄酒,紧接着的是一些价格较低的葡萄酒,相比之下,顾客会觉得价格较低的葡萄酒特别经济实惠。

- 确认偏误(confirmation bias)。我们倾向于寻找并记住能证实

第十章 商业谈判之"力"

我们看法的信息。我们把这种倾向称为"确认偏误"。
- 稀缺效应（scarcity effect）。当人们意识到供应稀缺或有限时，需求会更强烈。谈判者常通过设置截止日期、限制供应数量等方式制造稀缺性。

如何提升谈判中的认知力

谈判者可以通过以下方式提升认知力。

洞察

谈判者应该善于对事物进行深入的观察，并在此基础上进行分析，做出判断，发现现象背后的本质、偶然性背后的必然性、诱惑背后的陷阱、风险背后的机会。

案例10-7

2008年，全球金融危机全面爆发，非洲某国的大型社会住房项目避无可避，该项目业主B企业遭遇财务困境，拖欠大笔应付给承包商的工程款。大部分承包商不得不选择中止施工，以防止产生更大的损失。

中国某大型国有承包商A公司在充分分析国际以及东道国形势、业主的需求，以及企业内部资源后，得出"风险在可承受范围内"的结论。

A公司主动和当地政府沟通，双方协定，A公司继续施工，和B企业共渡难关。该国总统对此极为感动和赞赏，表示在未来十年内将把A公司视作该国首选合作伙伴。

由于很多承包商撤退，市场上出现原材料价格、劳工价格下降等诸多积极因素，利润激增。

几年后，金融危机势缓，A公司在该项目中取得巨大成功，并且在该国后续项目的获取时享有特殊优势,迅速成为该国市场份额最大的国际承包商。

兼听

谈判者应该善于听取多方面的信息,包括:

- 来自内部的反馈,包括来自下级、同事、上级的反馈。
- 来自外部的反馈,包括来自外部合作方、外部咨询顾问、其他相关方的反馈。
- 谈判对手的反馈,包括来自谈判对手内部的使用者、购买者、影响者、决策者的反馈。

听取多方面的信息,从多个视角观察事物,可以减少认知的盲区和局限。

三思

古人云:三思而后行。谈判者在做出决策、采取行动之前,应对事物进行细致思考、深度思考、反复思考,避免在威胁或时间压力之下匆忙做出决策,或在强烈的情绪下"激情决策"。

复盘

每完成一件事情,我们都应该进行反思、回顾、复盘,从而提高自己的认知能力。

商业谈判中的影响力

影响力是指一个人改变他人思想和行为的能力。在商业谈判中，谈判者需要让对方接受自己的提议，动员对方和自己合作，因而需要具有修炼自己的影响力。

影响力的来源

大约在公元前350年，亚里士多德提出了影响他人的三个要素，如图10-1所示：

- 理性（logos）：用逻辑和论证来影响他人。
- 感性（pathos）：用情绪来影响他人。
- 德性（ethos）：用人品和理念来影响他人。

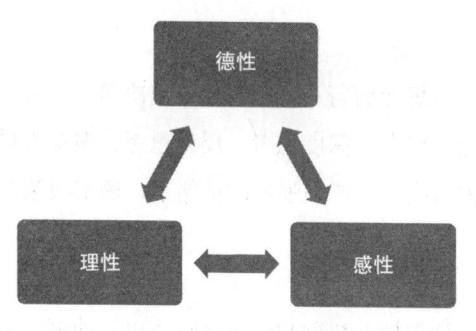

图10-1 影响他人的三个要素

一般来说，人的影响力由以下七个层次的力量构成：

- 武力。
- 利益。

- 逻辑。
- 关系。
- 能力。
- 品德。
- 信仰。

其中，武力常用于军事领域，利益、逻辑、关系、能力和品德常用于商业领域，信仰常用于政治和宗教领域，如图10-2所示。

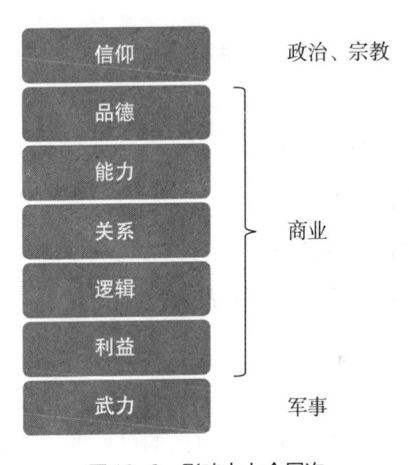

```
信仰         政治、宗教
品德  ┐
能力  │
关系  ├─ 商业
逻辑  │
利益  ┘
武力         军事
```

图 10-2　影响力七个层次

谈判者如何提升自己的影响力

予之以利

谈判者应清晰地呈现给予对方的利益，例如：

- 强调自己的方案可为对方提供的价值，包括直接价值、间接价值、近期价值、远期价值、确定价值、不确定价值。
- 告知不合作可能给对方带来的损失。

晓之以理

谈判者应以逻辑和专业性打动对方,例如:

- 扎实的专业知识基础和经验。
- 结构化的、有逻辑的表达。
- 有说服力的客观证据。
- 合同和法律依据。

动之以情

谈判者应用"情绪"打动对方,例如:

- 使用鲜活的案例和故事。
- 引起对方的情绪共鸣。
- 体察、理解对方的感受。
- 以热情、友好、关心、尊重的态度对待对方。

服之以能

谈判者应用"能力"来增强自己的可信度,例如:

- 以往业绩。
- 知识、技能。
- 专业资格、专业声誉。
- 行业奖项。
- 职位、社会地位。

案例10-8

安迪当年在担任项目经理为客户提供咨询服务的时候,以"乐于分享知识"著称。对于较大规模的项目,安迪和团队一般常驻项目现场,有比较多的时间和客户的团队在一起工作。在项目现场,安迪不仅帮助客户的团队解决遇到的各种技术问题,还经常主动向客户的团队和合作方的团队分享国际上先进的方法、经验、工具、模板,以及书籍、资料等,并倡导项目各方开展读书沙龙、专题分享会等跨组织的学习活动,从而有利于营造出积极融洽的项目氛围,并快速提升客户项目的专业化水平。客户的项目团队很自然地把安迪当作"老师"对待,而不是当作一个普通的"乙方"。因此,安迪和客户的团队协调工作以及处理变更、结算、付款等商务事项,也就都非常顺利。

服之以德

谈判者应用品德增强自己的可信度,例如:

- 诚实、守信。
- 忠诚、可靠。
- 前后一致。
- 品德修养。

商业谈判中的关系力

关系是一种可预期的人际互动方式和状态。哈佛大学一项长达80年的研究表明,影响人生健康和幸福的最重要的因素是与他人之间的良好关系,特别是亲密关系。

一家企业的兴旺发达,离不开与客户、其他各相关方的深度联结和良好关系。在商业谈判中，谈判者之间的良好关系可以使谈判者更愿意分享信息，更愿意开展互惠行为，使谈判更具创造性，双方更能取得双赢的结果，因而有利于谈判成功，而成功的谈判又能进一步改善双方之间的关系。

谈判者的关系力包括以下三个方面的能力：

- 建立关系的能力。
- 维持关系的能力。
- 加强关系的能力。

如何建立关系

认识新朋友

商业人士需要通过多条途径结识新的朋友，例如：

- 参加行业活动。
- 通过朋友介绍。
- 借助校友网络。
- 借助专业组织。

坦诚沟通

谈判者要花时间和对方在一起，打开心扉，坦诚沟通，加强了解，建立信任，减少戒备。

提供帮助

根据"互惠原理"（principle of reciprocity），人们倾向于以类似的行为来回报他人对我们所做的行为。当我们帮助对方时，对方会产生帮助我们的动机。多帮助对方，相当于为自己的"感情账户"充值，有利于建立两个人之间的联结。

请求帮助
寻求对方的帮助也是建立关系的一个有效方法。根据"富兰克林效应"（Franklin Effect），当一个人帮了别人一个忙后，这个人会不自觉地对被帮助的人产生好感，以"合理化"自己的行为。需要注意的是，千万不可强人所难。

发起合作
谈判者可以从小的项目开始，发起一次合作。一旦开始合作，双方之间就形成真正的商业关系。

如何维持关系
坦诚不欺
诚实是维持关系的基本条件。欺骗和谎言是关系的终结者。

信守承诺
诚信履约是对商业人士的基本要求。失信、违约将极大地损害关系。

保持互动
双方应保持活跃的沟通，经常交流、见面、走动，定期问候，时常赠送礼品，定期发送公司、行业相关的资讯等。

如何加强关系
尊重对方
任何人都渴望得到其他人的认可、信任、尊重。多给予对方真诚的赞美、尊重，将有利于加强双方之间的关系。

帮助对方成功

解决对方的问题，帮助对方成功，将赢得对方的感激和认可，从而加强双方之间的关系。

超过对方预期

当对方体验到的价值大于其预期时，对方将感到惊喜，双方的关系将得到加强；当对方体验到的价值等于其预期时，对方无感，对关系没有影响；当对方体验到的价值小于其预期时，对方感到失望，双方的关系将遭到损害。

案例10-9

王总是中国超高层建筑领域的优秀领导者。21世纪初，王总担任上海某著名超高层建筑总承包商联合体的负责人，不但解决了很多技术上的挑战，而且和项目的众多参与方，包括国际设计方、国内设计方、结构顾问、机电顾问、供应商、专业分包商等建立了良好的关系。王总特别强调把"饼"做大，善待各参与方，让大家都"名利双收，皆大欢喜"。十年后，王总又被委以重任，担任北京某地标性超高层建筑的业主方负责人。当王总的新项目招标采购时，业内的一流公司踊跃参与投标，可以说是"振臂一呼，应者云集"，大家都愿意和王总这样的领导者合作。在这个新项目中，王总迅速凝聚了数百家国际一流的咨询公司、设计院、承包商、供应商，各方精诚协作，项目提前竣工。

王总的个人品牌和在以往项目中与各方建立的良好关系，在这个超大规模工程项目实施和管理的过程中，又一次展现了神奇的力量。

结语

二十多年前，我和谈判结下"不解之缘"；如今，我的"全局谈判"方法体系已经使数以万计的学员和商业人士受益；未来，我希望帮助更多的人掌握谈判这项必不可少的人生技能，使事业更成功，生活更美好。

谈判到底是什么

谈判到底是一项什么性质的活动呢？

- 谈判是复杂的项目。一桩谈判是一个典型的项目，谈判涉及多个维度的利益和敏感的人际关系，其复杂度往往超过普通的项目。不过像其他项目一样，谈判这个项目成功的关键也是计划。
- 谈判是深度沟通。谈判是一种高强度、深层次的沟通，所有关于沟通的原则都适用于谈判。
- 谈判是共同决策。谈判者应能克服情绪的影响，在决策中保持理性，特别是需要知道什么时候应该放弃。
- 谈判是全局思维的体现。普通的谈判者常常为己方的得失忧心忡忡；高效能的谈判者能同时考虑对方和己方，以及双方周围的环境。
- 谈判是营造关系。谈判是基于关系的"无限循环游戏"：良好的关系有利于谈判成功；成功的谈判将加强关系；谈判的成果是新的合作关系的开端；成功的合作会催生新的谈判机会。谈判和关系就会如此循环往复，并扩展、深化。

何为成功的谈判

一桩成功的谈判需要符合以下标准：

- 双方都获得有利的结果，即实现双赢局面。这里所说的"有利的结果"是相对于"没有达成交易"这种情形而言的，而不是相对于自己的"理想结果"或者"对方的结果"而言的。
- 双方的谈判结果均优于各自选择了最佳替项的结果。
- 双方的行为得体合宜。
- 谈判的成本低于谈判所创造的价值。
- 谈判结果可实施。对于商业谈判而言，谈判的成果一般是双方签订的商业合同。这份合同应该清晰、完善，便于实施。
- 谈判之后双方的关系获得加强。检验双方关系是否得到加强的一个简单的标准是：下一次合作机会来临时，在都有其他选项的情况下，双方都愿意再次和对方合作。

谈判的最高境界是"不谈判"。正如战争的最高境界是"不战而屈人之兵"，谈判的最高境界是"不谈而得人之心"。当双方之间的理解和信任达到很高的程度时，相互体贴、认同，彼此心领神会，沟通行云流水，无须刻意谈判。

何为优秀的谈判者

优秀的谈判者通常具备以下特征：

- 充分计划和准备谈判，并在谈判过程中不断收集新的信息，持续调整计划，持续准备谈判的下一步。
- 善于从全局的视角考虑问题，同时考虑对方和己方的需求。
- 有同理心，真诚替对方着想。
- 善于发现共创价值的机会。这需要谈判者具有广阔的视野、敏锐的头脑、开阔的胸襟，以及积极的心态。
- 善于掌控情绪，能将个人事项和谈判事项分开。
- 善于化解谈判中的障碍和困难。这需要谈判者具有创造力、灵活性和耐心。
- 善于寻求外部支持，例如来自上级、同事、外部顾问、律师、中介、调解人、合作伙伴、政府部门等的支持。
- 拥有诚信、可靠的声誉和口碑。

谈判的精髓

在我看来，谈判的精髓是全局思维，即同时考虑对方和自己。具体来说，全局思维包括以下五个要点：

- 觉人，觉己。谈判者需要觉知对方的资源、痛点和需求，同时要觉知自己的资源、痛点和需求。
- 惠人，惠己。谈判者需要为对方提供价值，同时要为自己提供价值。
- 立人，立己。谈判者需要解决对方的问题，同时要解决自己的问题。
- 达人，达己。谈判者需要帮助对方成功，同时要帮助自己成功。

- 悦人，悦己。谈判者需要使对方开心，同时要使自己开心。

"全局谈判"方法体系

我在总结中外谈判理论、方法和经验的基础上，构建了"全局谈判"方法体系（见图11-1），主要包括以下内容：

- 谈判的三大要素和基本模型，详见本书第二章。
- 谈判的策略，包括分配式谈判的四大策略和共创式谈判的四大策略，详见本书第三章。
- 谈判的过程，包括分析、计划、准备、开场、提议、反馈、磋商、成交这八步，详见本书第四章。
- 谈判实务，包括谈判礼仪、不同类型的商业谈判，以及和不同相关方的谈判，详见本书第五章、第六章、第七章。
- 谈判的效能，包括如何化解谈判难题、谈判之"忌"、谈判之"力"，详见本书第八章、第九章、第十章。

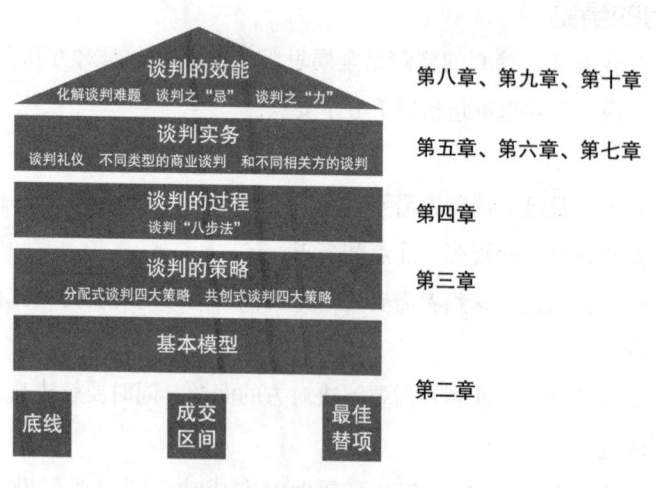

图11-1 "全局谈判"方法体系

谈判力是两个人之间的领导力

领导力是动员一群人为实现共同的目标而自愿奋斗。谈判力是动员对方为解决彼此的问题而自愿合作。谈判力和领导力本质上是一回事。也可以说,谈判力是两个人之间的领导力。

和领导力一样,谈判力不仅仅是一种能力,更是一种心态、一种思维方式下的一系列行为。这些行为包括:

- 构建愿景。谈判者以自己的远见和格局设想双方合作的愿景,并以此激励双方为实现这一愿景而努力。
- 担当责任。谈判者主动地担当实现合作、创造价值的责任,并积极采取行动。
- 影响对方。谈判者以理性、感性和德性影响对方的思想与行为。
- 解决难题。谈判中常常遇到强烈的冲突和困难的局面,谈判者需要直面难题,并且动员对方一起解决难题。

不难理解,很多卓越的领导者同时是优秀的谈判者。

如何成为谈判高手

有志于成为谈判高手的商业人士通过以下步骤来实现自己的目标:

- 悟透谈判——"悟道"。谈判者要学习微观经济学、社会心理学、市场营销、商业沟通、商业决策、合同管理、风险管理、项目管理等方面的基础知识,并结合本书阐述的"全局谈判"方法体系,透彻领悟商业谈判的本质性原理。
- 实践谈判——"行道"。谈判是一项实践技能。谈判者首先要

"爱上谈判"，享受谈判的过程，然后不断地练习和总结，持续提升自己的谈判能力。
- 传授谈判——"传道"。谈判者要将自己的谈判经验、方法分享给自己的同事、伙伴和家人，在帮助他人成长的同时，自己的理解和感悟也会得到进一步的深化。

提升组织的谈判能力

商业领导者不仅仅应该成为谈判高手，更应该采取措施提升整个组织的谈判能力，例如：

- 组织谈判培训和谈判案例分享。谈判是世界上赚钱最快的商业活动之一，有效的谈判培训可以获得很高的投入产出比。
- 构建适合业务的谈判流程。典型的谈判流程可能包括分析谈判议题、调查关键信息、开发最佳替项、制订谈判计划、掌控谈判过程、化解谈判难题、签订合同、复盘总结等环节。
- 制定适宜的谈判成效评价标准。谈判的评价标准可能包括交易模式、谈判计划、谈判实施、谈判行为、双方关系、合同等方面。
- 建立积极开放、全局思考、共创价值、互相尊重的谈判文化。

致谢

感谢我的父亲和母亲，是他们用行动教给我慷慨和善良，并激励我读书改变命运。

感谢我的妻子和女儿，是她们为我提供前行的动力，使我成为现在的自己。

感谢我的老师和朋友，他们的帮助和启迪是我的无价珍宝。

感谢母校中国地质大学让我通过读书改变了自己的命运。深切缅怀我的硕士研究生导师张大伦先生。感谢母校加拿大麦吉尔大学管理学院使我转型为一名管理者。南希·阿德勒（Nancy Adler）教授在领导力课程上的教导至今音犹在耳，振聋发聩。

感谢瑞士玛格巴集团首席执行官马丁·E. 巴赫曼先生为本书作序。感谢清华大学王守清教授、北京外国语大学国际商学院牛华勇院长、君合律师事务所合伙人周显峰律师、中建国际建设有限公司总法律顾问李志永先生、北京极北光企业管理咨询有限公司管理合伙人李雪松先生命笔向读者推荐本书。感谢北京交通大学中国企业兼并重组研究中心主任张秋生教授、资深项目管理专家吴之昕先生、资深领导力专家李萃女士提供的支持和指导。

感谢来自各行业的李杰、郝桂林、孙养俊、胡惠梦、郑鸥、纪刚、李文杰、马笑航、斯黛拉·陈（Stella Chen）、吴烨、蔡明、李鑫、傅文智、吕良和、檀柯、张汇川、杨义东、朱珂、胡娅、马文玢、马一丹、郭伟达、方繁盛、李学峰、杨宸鸣、李红、张立红等专家接受我的访谈或提供素材。

感谢中国人民大学商学院2023级MBA班"谈判研学小组"成员吕敬坤、施小文、陈雨旭、田宗梅、曹恺頔、吉健、袁野、陈红、赵婷、范沛提供的谈判研学输出成果。

感谢中信出版集团策划编辑陈刘澍先生的严谨而高效的支持协作。感谢王志宇、刘菁、张曼姿、罗芳、梁玉、梁玉洁、陈兰兰、刘钢、杨浩、王少峰、威尼弗雷德·帕斯卡（Winifred Pascal）、李萌等朋友提供的宝贵帮助。